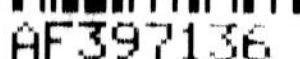

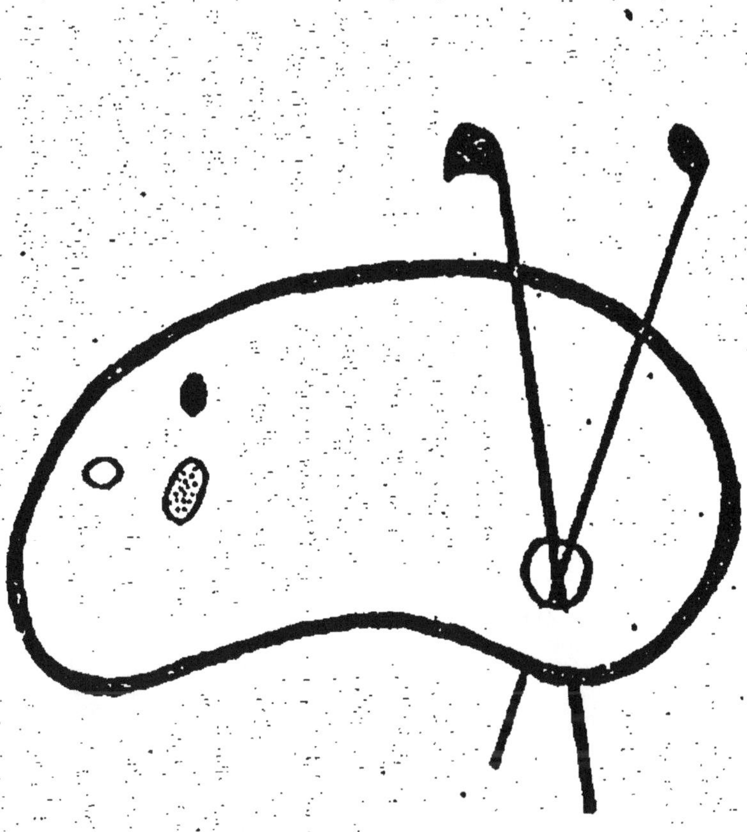

DEBUT D'UNE SERIE DE DOCUMENTS
EN COULEUR

Couverture inférieure manquante

Indice décimal : 3 : 15

BIBLIOTHÈQUE SOCIOLOGIQUE INTERNATIONALE
publiée sous la direction de M. RENÉ WORMS,
Secrétaire Général de l'Institut International de Sociologie.

VI

CONSCIENCE ET VOLONTÉ

SOCIALES

PAR

J. NOVICOW

MEMBRE ET ANCIEN VICE-PRÉSIDENT
DE L'INSTITUT INTERNATIONAL DE SOCIOLOGIE

PARIS

V. GIARD & E. BRIÈRE

LIBRAIRES-ÉDITEURS

16, rue Soufflot, 16

—

1897

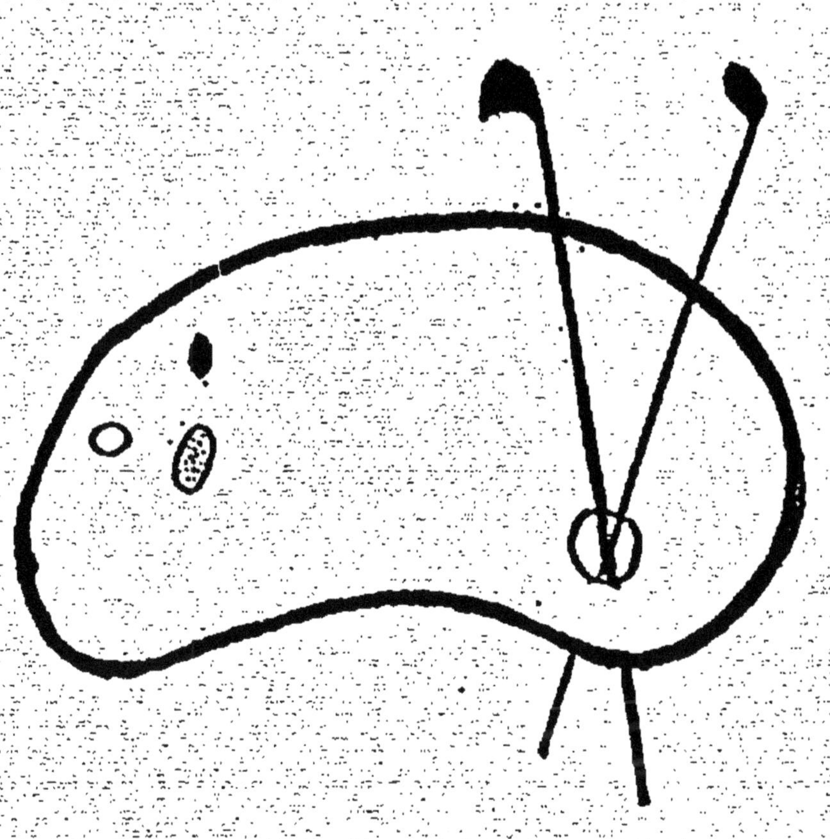

FIN D'UNE SERIE DE DOCUMENTS
EN COULEUR

CONSCIENCE ET VOLONTÉ SOCIALES

OUVRAGES DU MÊME AUTEUR

Une Définition de l'Art. Paris, Plon, 1882. Brochure.

La Politique Internationale. Paris, Félix Alcan 1886. Un volume in-8°.

Le Protectionnisme. Saint-Pétersbourg, 1890. Un volume in-8° (en russe).

Les Luttes entre Sociétés humaines et leurs phases successives. 2ᵉ édition, Paris, Félix Alcan, 1896. Un volume in-8°.

Les Gaspillages des Sociétés modernes. Paris, Félix Alcan, 1894. Un volume in-8°.

La Guerre et ses prétendus bienfaits. Paris, Armand Colin et Cⁱᵉ, 1894. Un volume in-12.

Essai de Notation sociologique. Paris, Giard et Brière, 1895. Brochure.

La Question de l'Alsace-Lorraine. Paris, Félix Alcan, 1895. Brochure.

La Federazione europea. Milan, Verri, 1895. Brochure.

BIBLIOTHÈQUE SOCIOLOGIQUE INTERNATIONALE
publiée sous la direction de M. RENÉ WORMS,
Secrétaire Général de l'Institut International de Sociologie.

VI

CONSCIENCE ET VOLONTÉ

SOCIALES

PAR

J. NOVICOW

MEMBRE ET ANCIEN VICE-PRÉSIDENT
DE L'INSTITUT INTERNATIONAL DE SOCIOLOGIE

PARIS

V. GIARD & E. BRIÈRE

LIBRAIRES-ÉDITEURS
16, rue Soufflot, 16

—

1897

CONSCIENCE ET VOLONTÉ
SOCIALES

LIVRE PREMIER

CHAPITRE PREMIER

La théorie organique des sociétés.

Les sociologues sont divisés actuellement en deux écoles. Pour les uns, les sociétés sont des organismes; pour les autres, la comparaison entre l'agrégat biologique et social est une simple métaphore privée de toute réalité objective.

L'école organique jeta un vif éclat il y a une quinzaine d'années. A cette époque elle semblait devoir remporter une victoire complète et rallier toutes les opinions. Depuis, elle a perdu du terrain. Des analogies, établies d'une façon trop superficielle, trop factice et parfois même un peu puérile, l'ont beaucoup déconsidérée.

Est-ce à dire que cette école doive succomber définitivement? Nous ne le croyons pas. Pour abattre une théorie, il faut lui opposer une théorie contraire, contenant une plus grande somme de vérité. Or les adversaires de l'école organique, les partisans de l'école qui pourrait être appelée ethnographique, se sont contentés de critiquer. Ils n'ont pas opposé affirmation à affirmation, thèse contre thèse. Ils ont démoli sans rien édifier.

En effet, si les sociétés ne sont pas des organismes, que sont-elles donc? Les ethnographes ne le disent pas. N'est-il pas absurde de supposer qu'un agrégat d'êtres vivants rentre dans le domaine de l'inorganique? Alors l'étude des sciences sociales devrait relever seulement de la physique, de la mécanique et de la chimie? Ou bien les sociétés ne relèveraient d'aucune science positive? Quand tout dans l'univers est régi par des lois générales, seules les sociétés humaines feraient exception. Cette manière de voir est anti-scientifique au premier chef. Si l'école ethnographique ne parvient pas à formuler une théorie rattachant la sociologie à une science plus générale, cette école aura fait banqueroute complète.

Selon l'école ethnographique, la sociologie est une science complètement indépendante. Elle doit se borner à rassembler des faits dans son seul domaine, à les classer et à en déduire, si c'est possible, des lois générales.

Mais d'abord quels faits? L'histoire en a réuni des millions et des millions. On succombe sous la masse énorme des documents accumulés. Et pourtant, d'autre part, les faits les plus indispensables à connaître n'ont jamais été recueillis.

Puis, disent les ethnographes, il faut classer les faits. Mais précisément là est la grande difficulté. Pour classer, il faut posséder une méthode. Quand il s'agit d'objets visibles on peut encore faire des classifications empiriques. Tournefort partageait les plantes en herbes et en arbres. Il accordait une valeur exagérée à un caractère extérieur. Pourtant, si artificielle que fût cette classification, c'en était une. Mais comment classer les faits sociaux? En botanique on a trouvé une classification rationnelle en se basant sur les organes génitaux des plantes. Quelle base prendre en sociologie? L'école ethnographique ne nous en donne aucune. Elle classe les faits d'une façon purement empirique. Elle examine tour à tour ceux qui se rapportent au mariage, à la propriété, à la morale, à la religion. Pourquoi ces catégories et non pas d'autres? Elles sont purement arbitraires. La propriété, par exemple, peut se ramener aussi bien à la classe des phénomènes économiques qu'à celle des phénomènes juridiques.

On le voit, l'école ethnographique est incapable de sortir de l'empirisme. Elle ne peut élaborer aucune méthode naturelle, parce qu'elle n'a aucun principe rationnel de classification.

Il nous parait, au contraire, que la théorie organique est appelée tôt ou tard à triompher d'une façon définitive. Seule elle rattache la sociologie, sans solution de continuité, à des sciences plus générales. Or, comme la nature est une, cela seul démontre, a *priori*, que la théorie organique contient une plus grande somme de vérité. Quand elle sera débarrassée des erreurs de détail et des exagérations, elle rendra les services les plus signalés. Seule elle sera le fil d'Ariane qui nous conduira à travers le labyrinthe si compliqué des phénomènes économiques et politiques ; seule elle donnera une méthode positive à la sociologie. En effet, si les sociétés sont des organismes, les lois biologiques s'appliquent à elles comme à tous les êtres vivants. Dès qu'on formule cette proposition, on entre dans le domaine des réalités concrètes. Car, si les lois de la biologie ne s'appliquent pas aux sociétés, celles-ci planent dans le vide sans se rattacher à rien. On nage alors en pleine fantaisie, on tourne le dos à la science.

Examinons maintenant les principales objections que l'on oppose à la théorie organique.

On dit : un individu est un ensemble de parties vivantes rattachées les unes aux autres d'une façon effective ; c'est un tout *concret*. Or il n'en est pas de même des sociétés. Ici les éléments composants ne sont pas rattachés les uns aux autres ; les sociétés forment un tout discret, donc elles ne sont pas des organismes.

Pour montrer toute la fausseté de cette argumentation, il nous suffit de faire une hypothèse.

Supposez que nous puissions examiner le corps d'un homme à travers un instrument donnant un grossissement d'un million. Ou, ce qui revient au même, supposez notre corps examiné par un être doué de raison comme nous, mais un million de fois plus petit. Pour cet être le corps d'un homme ferait l'effet d'un agrégat de matière ayant 1.685 kilomètres de longueur et 380 kilomètres de largeur, soit 640.000 kilomètres carrés. Ce corps lui paraîtrait avoir les dimensions que l'empire d'Autriche-Hongrie a pour nous. Il est évident que les éléments de notre corps ne formeraient pas un tout concret au point de vue de cet observateur. Ils lui sembleraient séparés par des intervalles plus grands que ceux qui séparent les hommes dans beaucoup de régions de notre globe. De plus toutes les particules de notre corps paraîtraient animées de vitesses vertigineuses. Le corps entier lui ferait l'effet de se déplacer parfois dans l'espace à raison de 22.000 kilomètres à la seconde (1).

Notre observateur devrait faire de nombreux et de longs voyages pour visiter les différentes parties du corps humain et pour en acquérir une représentation d'ensemble. Il devrait se donner beaucoup de peine pour comprendre l'unité de ce mécanisme. Pendant une longue période il affirmerait certainement que chaque jambe forme une région complètement différente de l'autre, comme pour nous la Grèce et l'Italie, par exemple.

La notion de l'espace est purement relative. Nous affirmons qu'un objet est concret ou discret selon que nous voyons ou que nous ne voyons pas les intervalles qui séparent ses unités composantes. L'amas stellaire dont notre soleil fait partie nous paraît un tout discret

(1) Dans un train express, l'homme se déplace avec une vitesse de 80 kilomètres à l'heure. Amplifié d'un million de fois, comme cela paraîtrait à notre petit observateur, cela ferait 80 millions de kilomètres à l'heure, soit 22.000 kilomètres à la seconde.

parce que les étoiles, dont il est formé, nous semblent séparées par des distances énormes. Un amas stellaire lointain nous parait un tout concret, parce que les distances entre ses étoiles ne sont pas perceptibles pour notre organe visuel.

On ne peut pas baser des classifications scientifiques sur la conformation de notre œil. Quand donc on vient affirmer que les sociétés ne sont pas des organismes, parce que leurs éléments composants ne *nous* paraissent pas se rattacher les uns aux autres, on commet une grossière erreur.

On pourra s'en convaincre encore davantage en faisant comme une contre-épreuve. Imaginons que nous puissions réduire la Grande-Bretagne, par exemple, au millionième de sa grandeur réelle. Elle nous ferait l'effet d'un objet de forme bizarre ayant 1 mètre 6 centimètres de long et 45 centimètres dans sa plus grande largeur. Nous ne pourrions pas classer cet objet dans le monde vivant, parce que pendant des siècles nous n'y apercevrions presque aucun changement. Une chose pourtant pourrait nous faire réfléchir. A chaque printemps cet objet se couvrirait, par endroits, de certaines taches verdâtres (les champs cultivés) dont il nous serait difficile de nous expliquer l'origine. Après avoir un peu changé de couleur, ces taches disparaîtraient au bout de quelques mois (après la moisson). En nous armant de forts microscopes, nous verrions encore d'autres changements (les constructions, les nouveaux canaux, les nouvelles routes, etc.). Si l'optique parvenait à créer des instruments produisant des grossissements énormes, nous finirions par apercevoir des espèces de microbes, ayant environ 0 m. 000001685 de hauteur dont le travail produirait les taches vertes si énigmatiques. Si, après de longs travaux, nous pouvions constituer une microsociologie et nous représenter plus ou moins la vie des Anglais, pourrions-nous contester que la Grande-Bretagne forme un tout concret ? Les microbes sembleraient y pulluler, à des distances peu appréciables.

Non, les distances qui séparent les hommes, dans l'état actuel de la population de notre globe, n'empê·chent pas les sociétés d'être des organismes. Nous le répétons, la notion de l'espace est purement relative. Dans certaines villes, très peuplées, les hommes nous semblent, même à nous, entassés les uns sur les autres.

On peut montrer le rôle insignifiant de la distance encore à un autre point de vue. Imaginez deux cellules placées côte à côte, mais n'ayant *aucune* communication entre elles. Elles formeront deux organismes séparés aussi bien que si elles étaient sur deux planètes différentes. Au contraire, les Néo-Zélandais et les Anglais font partie, aujourd'hui, du même organisme social, parce qu'ils ont une masse d'intérêts communs de l'ordre économique, politique et intellectuel et parce qu'ils sont en perpétuelles relations les uns avec les autres. C'est la circulation vitale et non le voisinage matériel des parties qui constitue l'unité organique.

On fait une autre objection : les sociétés ne sont pas des organismes parce qu'elles sont composées d'êtres pensants tandis que les corps biologiques sont compo·sés d'éléments seulement vivants.

Cette objection est bien enfantine.

La matière se présente à nous sous forme de sys·tèmes atomiques possédant des degrés très divers de complexité. Quelques-uns de ces systèmes offrent seulement des mouvements de l'ordre chimique ; d'autres, des mouvements, plus complexes, que nous qualifions de vitaux. Peut-on contester que le corps humain ne soit un organisme parce que les cellules dont il est formé possèdent toutes de la sensibilité ? Le corps humain est un être doublement composé, un agrégat de parties vivantes. Les sociétés sont des organismes triplement composés, formés d'unités pos·sédant les mouvements chimiques, vitaux et psychi·ques. Si on refuse aux sociétés le nom d'organisme parce qu'il s'y ajoute l'élément nouveau de la conscience, on est en droit de refuser ce nom au corps humain parce qu'il s'y ajoute l'élément nouveau de la sensibilité. Une société est composée d'unités possédant la pensée comme un animal est composé d'unités possédant la vie, voilà tout. « Affirmer que la série des « organismes végétaux » et des « organismes animaux » peut être continuée par l'addition d'un troisième terme, les « organismes sociaux », ne veut dire en aucune façon que la société est un animal ; pas plus que le terme « organisme animal » ne signifie que les animaux sont des plantes. Le terme « organisme social » indique d'une façon plus abstraite l'existence dans les sociétés de certains principes de cohésion qui unissent leurs éléments constituants de manière à composer un organisme nouveau d'un ordre particulier (1). »

D'autres objections contre la théorie organique viennent de l'ignorance de la physiologie. « Si l'on parle d'organisme non par analogie, mais comme d'une chose vivante et réelle, dit le baron Garofalo, on ne conçoit pas que les parties de cet organisme puissent être en lutte entre elles. Une seule lutte interne existe dans les corps organisés, celle qui tend à l'élimination des éléments étrangers non assimilables (2). » Le baron Garofolo est mal informé. Au contraire, une lutte constante et perpétuelle a lieu entre les cellules de l'organisme animal. Les plus fortes éliminent constamment les plus faibles. Nous assistons même parfois à de véritables batailles rangées entre les différents éléments histologiques. Plusieurs maladies ont pour cause le triomphe trop complet d'un groupe de cellules sur un autre. La discorde est parfois au sein

____

(1) A Small et G. Vincent. *An introduction to the Study of Society.* Chicago, 1894, p. 88.

(2) *La Superstition socialiste*, trad. Dietrich. Paris, Alcan, 1895, p. 155.

de nos corps comme elle est au sein de nos États (1).

On essaye encore de tourner la théorie organique en ridicule. « Les membres d'une agrégation sociale peuvent s'en détacher et vivre pour leur compte ; mais quant au corps humain, a-t-on jamais vu un pied marcher séparé du corps,... un cerveau isolé du crâne se souvenir et penser » (2). On pourrait répondre à M. R. de Sterlich : Vous prenez la bouture d'une plante, vous la greffez sur une autre ; elle vit et se développe. A-t-on jamais vu la main d'un homme greffée sur le corps d'un autre ? Donc le corps d'un homme n'est pas un organisme. L'objection de M. de Sterlich montre seulement que les fonctions sont moins différenciées dans le corps social que dans le corps animal. Elles le sont cependant déjà dans une certaine mesure. A-t-on jamais vu, demanderons-nous à notre tour, une nation composée uniquement de prêtres, de philosophes et d'artistes ? Comment ces gens-là pourraient-ils vivre s'il n'y avait à côté d'eux des cuisiniers, des agriculteurs, des artisans et des manœuvres ?

Mais nous pouvons poser beaucoup d'autres questions à nos adversaires.

Tout d'abord comment une collectivité d'êtres vivants peut-elle cesser d'être vivante ? On ne peut donc pas contester que les sociétés soient des êtres vivants. Or dès qu'il y a vie, il y a organisation. Si donc les sociétés sont vivantes, elles sont des organismes. Les sociétés humaines ne sont pas de simples juxtapositions d'individus, comme des amas de grains de sable. On doit reconnaître que nous y voyons une certaine division du travail, que les différentes fonctions

(1) Voir à ce propos : W. Roux, *Der Kampf der Theile im Organismus* ; E. Metchnikof, *La lutte pour l'existence entre les diverses parties de l'organisme*, dans la *Revue scientifique* du 10 septembre 1892, et Y. Delage, *La structure du protoplasme et l'hérédité*. Paris, Reinwald, 1895, p. 739.

(2) Cité par M. Garofalo, *la Superstition sociale*, p. 81, note.

y réagissent les unes sur les autres, tout comme dans l'organisme biologique.

A coup sûr, les organismes sociaux sont complètement différents des organismes animaux. Il n'y a aucune ressemblance morphologique entre les uns et les autres. Il est puéril de vouloir établir des similitudes de ce genre ; mais les ressemblances *biologiques* sont complètes. Toutes les lois de la vie s'appliquent aussi bien à ces agrégats de cellules que nous appelons plantes ou animaux qu'à ces agrégats d'individus que nous appelons sociétés.

Les physiciens ont émis deux hypothèses sur la nature de la lumière. Au XVIIe siècle la théorie de l'ondulation était le plus en faveur ; puis ce fut la théorie de l'émanation. De nos jours, après Fresnel, la théorie de l'ondulation a de nouveau le dessus. Mais si l'une de ces théories est vraie, l'autre doit être fausse. A un certain moment les partisans de la théorie ondulatoire ont pu ne pas avoir produit des arguments assez probants pour démontrer la vérité de leur hypothèse. Mais, quand ils ont trouvé ces arguments, la théorie de l'ondulation est devenue un fait acquis à la science. Elle a cessé alors d'être une affaire d'appréciation personnelle pour chaque physicien.

Il en est de même de la sociologie. Elle ne pourra se constituer en science exacte que si sa généralisation dernière cesse d'être une affaire d'appréciation personnelle. Elle se constituera quand elle aura une généralisation rationnelle. Or l'école ethnographique n'en donne aucune. Donc cette école n'a pas d'avenir. Tôt ou tard, elle sera entièrement désertée. Tous les sociologues se rallieront à l'école organique. Alors seulement la science sociale sera établie sur une base inébranlable. Tant qu'on n'admet pas la théorie organique, les sociétés semblent planer au-dessus de la nature. La porte est ouverte à l'arbitraire, à la fantaisie et à l'empirisme. Chacun arrive avec son petit système personnel et on ne voit pas pourquoi celui de Jean doit être plus mauvais que celui de Paul (1).

La théorie organique met fin à cette anarchie. Elle oblige d'abord d'étudier la biologie. Alors on se trouve en présence de faits concrets et positifs. Cette étude à elle seule est déjà une excellente discipline pour l'esprit. Mais elle a un avantage encore plus précieux : elle fournit une méthode. La somme d'inconnues existant en biologie est prodigieuse. Cependant la science ne craint pas de s'aventurer tous les jours dans ce domaine immense. Mais les nouvelles explorations ne sont pas faites au hasard. Elles sont entreprises d'une façon systématique basée sur la méthode comparée.

Il faut procéder de même dans la science sociale si on veut rester sur un terrain solide. Sans la théorie organique, la sociologie est comme une plante sans racine ; avec cette théorie, elle se rattache à l'arbre magnifique de la science moderne qui commence aux plus simples manifestations de l'activité chimique et aboutit, sans aucune solution de continuité, aux plus grandioses spéculations de l'esprit humain.

Nous voulons apporter dans les pages qui suivent une contribution à la théorie organique des sociétés, précisément dans l'une des branches où elle est le plus contestée. Nous montrerons combien sont profondes et réelles les analogies entre la conscience individuelle et sociale ; nous montrerons qu'elles sont fondées sur des bases identiques.

---

(1) Tous les jours, par exemple, on augmente les attributions de l'État. Si on était imbu de la théorie organique on ferait juste le contraire. On comprendrait que la différenciation des fonctions est le but qu'il faut poursuivre avec le plus d'ardeur.

CHAPITRE II

La Conscience individuelle et la Conscience sociale.

Nulle part on n'a plus contesté l'analogie entre l'organisme biologique et social que dans le domaine de la conscience.

« Il n'y aucune comparaison possible, dit M. P. Leroy-Beaulieu (1), entre les cellules du corps humain n'ayant qu'une vie végétative et mécanique, et les individus qui sont des êtres intellectuels, moraux et libres. Dans le corps humain, le système nerveux et particulièrement le cerveau sont les seuls centres de volonté et de pensée. Le pied ni la main ne pensent ni ne veulent... L'absurdité de toutes ces comparaisons physiologiques, quand on y cherche autre chose que d'ingénieuses et vagues illustrations, saute aux yeux de tout homme instruit. » M. Bresson dit de son côté : « L'homme a un cerveau, organe central, visible, tangible de ses perceptions, de ses sentiments, de ses pensées, de ses volitions, une personnalité fortement accusée et une conscience claire, persistante de cette unité personnelle; tandis que manifestement il n'y a rien d'équivalent dans une société quelconque, où l'on ne trouve ni sensorium commun, ni conscience, ni moi social (2). » Enfin tout récemment M. Izoulet, dans sa

---

(1) *L'État moderne et ses fonctions*, Paris, Guillaumin, 1890, p. 28.

(2) *Trois Évolutions*, Paris, Reinwald, 1888, p. 216.

Cité moderne, s'exprime comme il suit : « Quoique dans le corps physique tout ne soit pas conscience, dans le corps politique tous les citoyens deviendront élite (1). » Donc il n'y aura pas de sensorium social.

Nous allons tâcher de démontrer tout à l'heure combien sont erronées les opinions des auteurs que nous venons de citer. Mais on nous permettra d'abord une petite digression.

Nous comprenons parfaitement pourquoi M. P. Leroy-Beaulieu est opposé à la théorie organique. Il combat pour l'individualisme. Persuadé que la théorie organique favorise l'étatisme, il lui est opposé. Cela montre une fois de plus combien la science sociale est difficile à édifier. Un chimiste ne se préoccupe plus jamais des conséquences d'une théorie scientifique. Il peut étudier la nature sans aucune arrière-pensée et lui arracher le secret de ses lois. Il n'en est pas ainsi pour les sciences sociales. Les esprits les plus éclairés peuvent difficilement se débarrasser d'une préoccupation personnelle en les étudiant. Aussi la découverte des lois sociales est rendue infiniment plus difficile.

Dans le cas qui nous occupe, il ne s'agit pas de savoir, en effet, si la théorie organique favorise nos aspirations, nos goûts et nos désirs personnels, il s'agit de savoir si elle est vraie ou fausse.

M. P. Leroy-Beaulieu repousse la théorie organique parce qu'il trouve « qu'il faut traiter comme une fantaisie, ou même comme une niaiserie, cette allégation que l'État est au corps social ce que le cerveau est à l'individu » (2). M. Leroy-Beaulieu a mille et mille fois raison. Cette assimilation est des plus grossières. Nous dirons plus, elle est complètement fausse. Non, certes, l'État n'est pas le cerveau social. Mais comment M. Leroy-Beaulieu ne comprend-il pas qu'on ne peut pas re-

(1) Cité par le *Journal des Économistes*, avril 1895, p. 86.
(2) *Op. cit.*, p. 30.

pousser une théorie parce qu'on en a fait une fausse application ? Il aurait dû raisonner comme il suit : les gouvernants sont parfois les gens les plus ignorants d'une société, donc le gouvernement ne peut pas être complètement assimilé au cerveau. Au lieu de cela, il conclut : les gouvernants sont parfois plus ignorants que les gouvernés, donc les sociétés ne sont pas des organismes. Mais après avoir repoussé la théorie organique, il en reconnaît implicitement la vérité presque à chaque page de son livre. Il dit que les sociétés ne sont pas des êtres artificiels qu'un législateur peut modifier à son gré ; il reconnaît que « l'État est sans doute un appareil régulateur et de coordination pour certaines fonctions essentielles » (1). Pour lui, « la société est un être plastique qui jouit d'une merveilleuse facilité à s'adapter au milieu, à créer les organes qui sont indispensables à sa conservation ou à ses progrès » (2). On le voit, tout le temps des expressions physiologiques (3).

M. Leroy-Beaulieu raisonne comme il suit : la théorie organique favorise l'étatisme, donc la théorie organique est fausse. Ce syllogisme vaut cet autre : la notion de la mobilité de la terre favorise l'athéisme, donc la terre est immobile.

D'autres publicistes ne sont pas plus logiques que M. Leroy-Beaulieu. Le baron Garofalo conclut aussi :

(1) *Op. cit.*, p. 3o.
(2) *Ibid.*, p. 41.
(3) M. P. Leroy-Beaulieu soutient les mêmes opinions dans son récent et savant *Traité d'Économie politique* (Paris, Guillaumin, 1896, t. IV, p. 672). Il traite, entre autres, les assimilations entre l'organisme biologique et social de *frivoles*. Cependant il en fait un grand usage lui-même. Parlant des migrations de pays à population rare dans les pays à population dense, il se sert, par exemple, du terme d'*endosmose* (p. 529). Vingt lignes après avoir contesté « toute similitude entre les cellules du corps humain et les individus » au sein des nations, il dit qu'il faut en venir à la constatation que « l'État est un *organisme* qui est mis dans la main de certains hommes » (p. 672). Dans tout le cours de son traité, il parle constamment d'*organisme économique*.

la théorie organique favorise le socialisme, donc cette théorie est fausse (1).

Nous avons dit que ce genre de conclusions est anti-scientifique au premier chef. La science examine les *faits* sans se soucier aucunement des conséquences. Mais, de plus, le syllogisme de M. Garofalo pêche autant contre la simple logique que celui de M. Leroy-Beaulieu. Ces deux publicistes négligent d'autres considérations qui ont aussi leur importance. Il faut examiner d'abord si les socialistes et les étatistes, en se prévalant de la théorie organique, le font à bon droit. Or on peut affirmer qu'il n'en est rien. Nous sommes convaincus, pour notre part, que la théorie organique mène à l'individualisme le plus tranché.

« Dans le corps animal le cerveau pourvoit à ce que chaque cellule reçoive une alimentation proportionnée au travail qu'elle est appelée à accomplir. L'État socialiste, où le gouvernement distribuerait les richesses aux citoyens, en raison directe des services rendus à la communauté, ressemblerait davantage au corps humain que notre organisation sociale actuelle. Aujourd'hui chaque individu doit pourvoir lui-même à ses besoins. Il faut établir une similitude complète entre le corps biologique et le corps social en faisant distribuer les subsistances et les autres objets de consommation par l'État ». Ainsi parlent les socialistes. A cause de cela le baron Garofalo condamne entièrement la théorie organique.

Or, il suffit de considérer d'une façon un peu plus attentive le mécanisme de la vie animale pour voir que toutes les similitudes établies par les socialistes sont complètement fausses. En effet, que se passe-t-il, par exemple, quand un homme a faim ? Le cerveau met en mouvement, par l'intermédiaire du système nerveux, un ensemble de cellules musculaires qui accomplissent une série de mouvements produisant la capture et l'in-

____

(1) *Superstition socialiste*, p. 79 et 81.

gestion d'une certaine quantité d'aliments. Quand ceux-ci se sont transformés en sang les globules vont distribuer directement la nourriture à toutes les cellules, comme les marchands distribuent les denrées dans nos sociétés. Le cerveau n'opère pas la distribution. Au contraire, il reçoit lui-même sa part de nourriture tout comme les autres organes. Le corps humain ne ressemble donc, en aucune façon, à l'État idéal rêvé par les socialistes.

Si la théorie organique est vraie, les socialistes ont raison de s'en prévaloir ; mais il ne s'ensuit en aucune façon que la théorie socialiste soit vraie, car la théorie organique et le socialisme sont loin d'être équivalents.

Enfin, si la théorie organique a pour conséquence inévitable le socialisme et si la théorie organique est *vraie*, il est aussi inutile de combattre le socialisme que de combattre l'attraction universelle.

Voilà une série de raisonnements logiques auxquels les publicistes de l'ancienne école n'ont pas songé.

Les erreurs de M. Leroy-Beaulieu nous montrent la vraie voie du salut. Elle est dans la théorie organique. Si ce savant économiste s'était donné la peine d'étudier les faits biologiques, il aurait vu immédiatement que le corps animal existe pour les cellules qui le composent, car ces cellules sont antérieures à la formation de l'agrégat. De même l'État existe pour l'individu et non l'individu pour l'État, par la raison toute simple que l'individu est antérieur à l'État. Non seulement la théorie organique n'est pas opposée à l'individualisme, mais c'est en elle, au contraire, qu'il peut trouver son appui le plus sûr, son fondement scientifique. La théorie organique favorise les visées de M. Leroy-Beaulieu. Celui-ci repousse comme un ennemi son plus précieux et son plus puissant allié.

Abordons maintenant les arguments de nos adversaires. Les sociétés ne sont pas des organismes, affirment-ils, parce qu'elles sont composées d'éléments cons-

cients, tandis que les corps animaux sont composés d'é-
léments insconscients.

Tout d'abord nous devons répondre qu'on ne parlera
jamais un langage scientifique tant qu'on n'admettra
pas la relativité des phénomènes naturels (1).

« Les ciliaires ne sont que de simples cellules, dit
M. Ernest Haeckel (2), cependant ils ont une sensibilité
très délicate ». Entre la sensibilité et la conscience il y a
seulement une différence de degré ; l'une provient de
l'autre.

Les corps animaux sont formés de cellules. Si chacune d'elle n'avait pas une conscience particulière, si
obscure et si restreinte qu'on veut l'admettre, jamais
une conscience générale n'aurait pu se former dans
l'agrégat entier.

Chaque cellule de notre corps possède un certain degré de conscience. D'abord elle sait absorber la nourriture qui lui est nécessaire ; elle combat les cellules voisines ; enfin elle accomplit la série des fonctions qui
lui sont dévolues dans l'économie générale de l'organisme. Tout cela en temps normal. Vienne un accident,
les cellules pourvoient aussi, dans une certaine mesure,
aux besoins de la communauté, de leur propre initiative,
sans attendre les ordres du cerveau. Ainsi quand une
lésion s'opère dans l'épiderme, les cellules épithéliales
élaborent un nouveau tissu avec une rapidité redoublée.
« Dans les grossesses extra-utérines les parois abdomi-
nales ou la trompe forment un placenta maternel tout

(1) Et tout est relatif parce que les catégories que forme notre
esprit sont en grande partie arbitraires et subjectives. Dans la nature, il n'y a pas de substance animée ou inanimée ; il y a des
atomes, des mouvements d'une diversité infinie, des systèmes
d'atomes à tous les degrés possibles de complexité. C'est nous
qui posons des bornes subjectives en disant : jusqu'ici c'est le
règne minéral, à partir de ce point commence le règne végétal
ou animal. La preuve que ces limites sont purement arbitraires,
c'est qu'il est impossible de les marquer d'une façon précise. Elles
varient constamment selon nos opinions personnelles.

(2) *Histoire de la Création naturelle*, trad. Letourneau, Paris,
Reinwald, 1884, p. 316.

à fait inattendu » (1). Tout cela n'est-il pas la preuve que les cellules des corps animaux possèdent un certain degré de conscience ? M. Leroy-Beaulieu dit : « Dans le corps humain le système nerveux et particulièrement le cerveau sont les seuls centres de volonté et de pensée. Le pied ni la main ne pensent ni ne veulent. » Le savant économiste confond les *membres* avec les *organes*. Comme il n'y a aucune ressemblance morphologique entre les organismes animaux et sociaux, les sociétés n'ont à coup sûr rien qui corresponde aux bras ou aux jambes. Mais si on considère les *organes*, la proposition de M. Leroy-Beaulieu devient manifestement fausse. Non seulement chaque organe, mais encore chaque cellule de notre corps a de la sensibilité et de la volonté. La preuve c'est que chacune de ces cellules agit. Non seulement « le cerveau n'est pas le seul centre de volonté », mais au contraire, il ne participe qu'à une part absolument infime des actions qui assurent la vie de notre corps.

Mais si chaque cellule possède une certaine sensibilité et une certaine volonté, elle n'a certainement pas la représentation de la totalité de notre individu. Elle fait partie d'un groupe sans en connaitre la structure, le mécanisme et les limites, sans savoir même qu'elle en fait partie. Les cellules du cerveau ont seules cette représentation d'ensemble et pour cette raison, le cerveau est le sensorium commun.

Cependant les représentations du cerveau sont loin d'être complètes. Tout d'abord il ne suit pas le précepte socratique; il ne se connait pas lui-même. Jusqu'à nos jours (et qui sait pour combien de temps encore) le mécanisme de la pensée reste la chose du monde la plus obscure et la plus mystérieuse. Notre cerveau possède aussi une connaissance très médiocre de la structure et du fonctionnement de la plupart de nos organes. L'existence d'un certain nombre d'entre eux lui échappe même

_____

(1) Y. Delage, *La Structure du protoplasme*, p. 355.

entièrement. Par exemple, en temps normal, nous ne sentons pas notre glande pinéale et notre rate.

Pour connaitre l'anatomie de notre corps il nous faut prendre une voie indirecte : disséquer les corps des autres. Sans cela notre cerveau aurait des notions extrêmement vagues sur l'ensemble de notre personne (1).

De ce qui précède on voit que chaque cellule a un certain degré de conscience et de volonté; que la représentation du corps entier est l'apanage exclusif du sensorium; mais que cette représentation est possédée par lui de la façon la plus imparfaite.

Nous allons retrouver tous ces faits dans l'organisme social.

Nos adversaires disent : les sociétés ne sont pas des organismes parce qu'elles sont composées d'éléments conscients. Oui, conscients de *leur vie individuelle*, mais *nullement conscients de la vie collective du groupe dont ils font partie*. Ici l'analogie avec le corps animal est complète. De même qu'une cellule fait partie d'un être sans le savoir, des millions d'individus font partie d'un État sans en avoir aucune représentation. Des millions d'hommes, même en Europe, n'ont aucune notion de géographie. De nombreux Russes ne savent certainement pas que leur empire s'étend de la Vistule à l'Amour et de l'Océan Glacial aux steppes de la Caspienne. De plus, pour connaitre un pays, il ne suffit pas d'avoir une représentation de ses frontières géographiques, il faut encore avoir une représentation de ses institutions et de leur fonctionnement. Or les individus qui ont cette dernière représentation, même dans les pays les plus civilisés, sont encore une infime minorité. Des millions d'hommes en Angleterre n'ont jamais entendu parler de la reine Victoria. Ils ne savent donc pas qu'il y a un souverain, que ses pouvoirs sont subordonnés à ceux d'un Parlement composé de

---

(1) Ces lignes ont été écrites en mai 1895. Depuis la découverte des rayons de Roentgen, tout cela va changer.

deux Chambres, etc. Mais en admettant même que tous les habitants d'un pays reçoivent une instruction très étendue et acquièrent une représentation complète de la société dont ils font partie, est-ce que cela renverse-rait la théorie organique ? Nullement. La relativité des phénomènes naturels fera valoir ses droits. Quand bien même, tous les hommes, composant une société, au-raient conscience de son unité, il y aura des degrés à cette conscience. Certains hommes connaitront tou-jours mieux que d'autres les rouages de la machine gouvernementale, parce qu'ils en auront fait une étude ou une occupation spéciale. M. P. Leroy-Beaulieu con-nait mieux le fonctionnement des finances françaises que M. Daudet. Un ministre, s'il reste un certain temps au pouvoir, sera amené à connaitre l'organisation de certains services publics, mieux qu'un capitaine à long cours. Considérez de plus que, dans les sociétés les plus civilisées, des masses d'individus ne *veulent* pas s'oc-cuper de politique. Cela veut dire qu'ils ne s'intéres-sent pas au fonctionnement du gouvernement, donc qu'ils ne *veulent* pas le connaitre. Ajoutez encore que les hommes au pouvoir ont la possibilité, grâce à leur situation même, de savoir beaucoup de choses inacces-sibles au commun des mortels. Je puis m'intéresser au-tant que le ministre de l'agriculture à l'état des récoltes dans mon pays ; mais le ministre reçoit des rapports de toutes les provinces. Je ne puis pas avoir autant de rensei-gnements. Par conséquent le ministre pourra avoir plus vite que moi une notion complète sur l'état des campa-gnes.

On le voit, si tous les hommes qui composent les sociétés sont des êtres conscients, ils ne le sont pas dans la *même mesure* par rapport au groupe dont ils font partie. Ceux qui possèdent la représentation la plus exacte de cette collectivité *constituent le sensorium social* (1).

<hr>

(1) M. H. Spencer conteste aussi l'existence du sensorium so-

MM. Bresson et Leroy-Beaulieu se trompent donc quand ils affirment qu'il n'existe pas dans les sociétés un organe analogue au cerveau individuel. Cet organe existe; seulement il n'est pas composé uniquement par le gouvernement, mais par ce qu'on appelle communément l'élite sociale. —

Ce qui est vrai de la conscience l'est à plus forte raison de la volonté. Chacun de nous en a une. En nous réveillant chaque matin nous songeons à la manière dont nous emploierons notre journée. Nous avons toujours un but que nous nous proposons d'atteindre. Mais l'immense majorité des individus, au sein des sociétés, ont des volitions *individuelles*. Ils ont pour objectif d'opérer un changement dans leur propre existence. Ils n'ont pas en vue de transformer les institutions sociales. Ceux qui poursuivent ce dernier but sont toujours peu nombreux dans un pays. Eh bien ! précisément cette minorité compose le *sensorium social*.

Mais poursuivons notre comparaison.

De même que le cerveau a une conscience incomplète de l'organisation du corps, de même l'élite sociale n'a pas une conscience complète (et ajoutons ne l'aura jamais) de l'organisation et du fonctionnement de l'orga-

cial. Pour lui la différence fondamentale entre le corps animal et la société, c'est que dans le premier « la conscience se concentre dans une petite partie de l'agrégat », tandis que dans la seconde « elle se trouve répandue partout ». L'illustre philosophe anglais confond aussi la conscience de la vie individuelle avec celle de l'ensemble du groupe. On voit de suite les motifs qui guident son opinion, car il conclut : « puisqu'il n'y a pas de sensorium social, il s'ensuit que le bien-être de l'agrégat, considéré à part de celui des unités, n'est pas une fin qu'il faille chercher ». (*Principes de Sociologie*, Paris, Alcan, 1879, tome II, p. 20). M. Spencer soutient cette opinion pour défendre l'individualisme. Mais nous le demandons, la santé du corps humain serait-elle possible si les cellules qui le composent étaient malades? Considérer le tout *en dehors* des parties est une pure abstraction. L'organisme animal existe pour les éléments anatomiques et non les éléments pour l'organisme. Les cellules se sont groupées en organismes, parce que cette combinaison assurait mieux leur survie que l'existence isolée. C'est exactement ce qui a eu lieu pour les sociétés animales et humaines.

nisme social). Nous défions un cerveau humain de retenir les articles innombrables de nos codes modernes. Le recueil des lois de l'empire russe forme seize gros volumes. On estime qu'il contient au delà de cent mille articles. Or chacun d'eux règle les actions des citoyens, donc la structure sociale. Comme la glande pinéale et la rate n'arrivent pas en temps normal à la conscience du cerveau, une série d'institutions n'arrivent pas à la conscience de l'élite. Si instruites que soient les classes dirigeantes, si parfaites que soient les méthodes d'enseignement, jamais l'élite ne possédera une représentation complète de l'organisation sociale à chaque moment donné.

Mais il y a plus. Nous l'avons dit : le cerveau participe à une part absolument infime des actions qui assurent la vie de notre corps. C'est là une preuve de la perfection de notre organisme. De même l'élite participe à une bien faible part des actions qui assurent le fonctionnement de la vie sociale. Celle-ci a pour base la masse énorme des phénomènes économiques. Tous les jours, des millions d'hommes prennent de la nourriture, se préservent des intempéries des saisons, reposent leur corps par le sommeil. Pour satisfaire ces besoins il faut une masse de produits de tout genre et une organisation d'une complexité prodigieuse. Eh bien ! presque tout cela échappe à la conscience de l'élite et, quand cela échappera tout à fait, les sociétés seront arrivées au point culminant de perfection.

On a souvent comparé le gouvernement au cerveau. C'est bien à tort. Le gouvernement remplit seulement une des nombreuses fonctions du cerveau. On sait que nos organes reçoivent leur alimentation, grâce à l'afflux de sang envoyé par le cœur. Chacun d'eux cherche à accaparer la plus grande somme possible de substances alimentaires. La lutte est continuelle entre les organes. Il arrive parfois que l'un d'eux accapare une quantité de sang supérieure à sa dépense nécessaire. Alors il y a hypertrophie d'une part, mais atrophie de l'autre. L'or-

gane frappé d'anémie ne peut plus fonctionner réguliè-
rement. Un état pathologique se produit et la sensation
en est transmise aux centres nerveux sous forme de douleur. Par une série d'appareils dont il serait trop long
de parler ici, le cerveau peut régler l'afflux du sang dans
tout le corps. Quand il est averti qu'une répartition dé-
fectueuse (nous allions dire injuste) s'est opérée, il restreint l'afflux de sang à l'organe qui en a trop et l'active
pour celui qui en a trop peu. D'autre part quand un organe produit un travail supplémentaire, il a besoin
d'une nourriture plus abondante. C'est encore le cerveau qui règle la dose. On peut lui appliquer textuellement ce que M. Leroy-Beaulieu dit du gouvernement :
« Il est un appareil régulateur et de coordination pour
certaines fonctions essentielles ». Il est manifeste que si
si le cerveau ne réglait pas à chaque instant l'afflux de
sang nécessaire à nos organes, la vie deviendrait immédiatement impossible. L'anarchie s'introduirait dans
notre corps et la mort s'ensuivrait à bref délai. La fonction régulatrice est donc d'une importance capitale. Et
pourtant c'est une des moindres affaires du cerveau, s'il
est permis de s'exprimer ainsi. Celui-ci est surtout absorbé
par sa tâche intellectuelle et sensitive. La fonction régulatrice est si complètement subordonnée, malgré son
immense gravité, qu'elle est devenue entièrement *inconsciente*. Chacun de nous sait ce qu'il sent et ce qu'il
pense. Mais il a fallu de longues et de patientes recherches physiologiques pour nous faire comprendre la
fonction régulatrice du cerveau. Bien entendu, avant la
connaissance de la circulation du sang, on ne pouvait
même pas la soupçonner.

Les localisations du cerveau paraissent désormais un
fait acquis à la science. Les cellules qui élaborent le
sentiment et la pensée sont en connexion très étroite
avec celles qui produisent les mouvements du corps,
cependant elles en sont distinctes.

Quand on compare le cerveau au gouvernement, on
fait preuve d'ignorance de la physiologie. C'est à l'élite

et non au gouvernement qu'il faut comparer le cerveau. Celle-ci en a exactement les fonctions. Sa grande affaire est d'élaborer les pensées et les sentiments de l'agrégat social. Elle préside aussi, dans une certaine mesure, aux mouvements sociaux, mais les personnes qui font partie du gouvernement ne sont presque jamais celles qui élaborent les idées et les sentiments.

La fonction gouvernementale n'est pas encore devenue inconsciente dans nos sociétés, comme elle l'est devenue dans le corps humain. Les sociétés sont des organismes assez récents. La lutte pour l'existence n'a pas encore eu le temps d'éliminer les moins parfaites et de laisser survivre seulement les mieux organisées. Mais il est facile de démontrer que la perfection est dans l'inconscience. Masse de gens, même parmi ceux qui ont une représentation très nette du groupe politique dont ils font partie, ne veulent pas s'occuper des affaires de l'État. Plus les gouvernements se perfectionneront moins on s'en occupera. En effet, si le citoyen n'est molesté en aucune façon par ceux qui détiennent le pouvoir, il pourra ne jamais penser à eux. La fonction régulatrice deviendra alors inconsciente au sein des sociétés comme elle l'est déjà devenue dans le corps humain.

Abordons maintenant une autre objection contre la théorie organique.

« La matière du cerveau est une autre matière que celle du pied ou de la main ; les éléments en sont tous différents : la fameuse substance grise, qui lui donne sa capacité directrice et intellectuelle, est tout autre que la substance des membres. Au contraire, les molécules qui forment l'État concret et dirigeant ne sont pas d'une autre nature que les autres molécules sociales », dit M. Leroy-Beaulieu (1).

Encore ici le savant économiste se trompe au point de vue physiologique. Dans l'embryon humain il y a

____

(1) *L'État moderne et ses fonctions*, p. 30.

un moment où toutes les cellules se ressemblent. Les unes deviennent plus tard le tissu cérébral, les autres le tissu musculaire. A un certain moment la substance chimique de toutes les cellules est la même, mais elles acquièrent ensuite les structures les plus variées. La différenciation des éléments histologiques est poussée beaucoup plus loin que celle des éléments sociaux. Mais, encore ici, c'est une question de degré. On ne saurait contester qu'il se produit aussi des différenciations au sein des sociétés. Certains métiers ont pour conséquence des déformations des bras et des jambes parfaitement apparentes. D'autres produisent des déformations déjà plus difficiles à observer, cependant appréciables encore. De même les occupations mentales ont pour résultat des différenciations incontestables : le cerveau d'Auguste Comte n'était certes pas semblable à celui de son domestique. Mais les différenciations cérébrales échappent par leur infinie petitesse à nos moyens grossiers d'investigation.

En règle générale (il y a d'importantes exceptions à coup sûr) l'horizon mental d'un individu se modifie avec la place qu'il occupe dans la hiérarchie sociale. Un ministre des affaires étrangères sait à un certain moment des choses qu'un simple particulier ne peut pas connaître. Eh bien ! cette différence d'horizon mental constitue précisément la différenciation sociale qui correspond à la différenciation des cellules au sein de l'organisme animal. Les différenciations sociales sont certes encore très faibles, mais le progrès aura précisément pour effet de les accroître. Un jour viendra, sans doute, où on exigera des membres du gouvernement des connaissances et des conditions d'indépendance qui les différencieront grandement du reste des citoyens.

Pour ce qui est des poètes, des littérateurs, des savants, des philosophes, des prêtres, des artistes et des grands seigneurs, dont l'ensemble compose l'élite sociale, ces individus sont dès aujourd'hui grandement différenciés des masses populaires. Parce que les sociétés sont des organismes infiniment moins parfaits que le corps humain, on n'est pas en droit de contester qu'elles soient des organismes. Les polypes hydraires, qui ont une seule poche pour accomplir toutes les fonctions vitales, ne peuvent pas être rangés pour cela dans le règne minéral.

Pour en finir avec les objections de nos adversaires, signalons encore celle d'un sociologue à demi rallié à notre doctrine.

« Ce n'est pas à un organisme que ressemble une société, dit M. Tarde (1), mais plutôt à cet organe singulier qui se nomme un cerveau..... la comparaison spencerienne entre l'organisme et la société est déjà démodée...... elle est artificielle et forcée dans les détails ».

M. Tarde ne pourra pas contester que le cerveau soit quelque chose d'organique et de vivant. Si les sociétés sont des êtres d'une nature semblable, elles sont organiques et vivantes... donc des organismes.

Voici maintenant les objections de M. Tarde. « On compare le réseau télégraphique au système nerveux ! Le réseau des chemins de fer et des routes au système circulatoire ! Mais les nerfs, mais les fibres nerveuses, mais les vaisseaux sanguins font partie de l'organisme. Est-ce que les fils de fer, les rails, les files de wagons font partie de la société ? »

Cette objection comme celles de M. Leroy-Beaulieu provient de ce que l'on n'a pas fait attention à la nature des phénomènes biologiques. *Tout organisme est composé de parties plus ou moins vivantes ou même non vivantes ou, si l'on veut, de parties se trouvant à des degrés de vitalité les plus divers.* Tout organisme est une société de cellules protoplasmiques, doublées d'un certain outillage. Les cellules recueillent diverses substances dans le milieu ambiant (interne ou

____

(1) *La Logique sociale.* Paris, Alcan, 1895, p. 127 et aussi à la préface, p. VIII.

externe) les élaborent et les font servir à leurs fins. Ainsi se forment les coquilles des mollusques. Dans le corps humain les os, la peau, les cheveux sont élaborés par des cellules particulières qui ont transformé des éléments tirés du dehors. Toutes ces substances ne sont pas absolument vivantes ; elles survivent aux cellules qui les ont élaborées comme une cabane survit à celui qui l'a construite ou un habit à celui qui l'a confectionné. On peut aussi rappeler les liquides contenus dans le corps humain. Le sang, par exemple, est semblable aux denrées alimentaires répandues dans les sociétés.

« S'il y a un organisme, dit M. Tarde (1), ce n'est point la société, c'est le tout formé par la société d'une part, et, d'autre part, son territoire cultivé avec les routes et les canaux qui le sillonnent, avec sa faune et sa flore assujetties, ses animaux et ses plantes domestiques, et ses forces physiques captées. » Rien n'est plus exact. C'est toujours ainsi que l'ont compris les adeptes de la théorie organique. MM. Spencer, Schaeffle, Lilienfeld, de Greef ont toujours entendu par organisme social un ensemble formé par les hommes et ce qu'on appelle soit *milieu intercellulaire* (expression de M. Lilienfeld), soit *outillage* (2).

---

(1) *Op. cit*, p. 128.

(2) M. René Worms dans son récent ouvrage intitulé *Organisme et Société* (Paris, Giard et Brière, 1896) n'est pas de cet avis. Il y a une distinction à faire. Tous les objets matériels se trouvant sur le territoire occupé par une société ne font pas partie de son organisme, mais seulement ceux qui ont été façonnés par les hommes pour leur usage. Il en est exactement de même d'ailleurs pour les corps animés. L'eau qui a pénétré entre la coquille d'une huître ne fait pas partie de son organisme, mais les particules calcaires tirées de cette eau et incorporées dans la coquille de l'huître en font partie très certainement. Les mauvaises herbes qui poussent dans les campagnes, les animaux sauvages qui habitent les forêts, les minéraux contenus dans le sein de la terre ne font pas partie de l'organisme social. Mais le blé planté par l'homme, les animaux domestiqués par lui, le fer transformé en machines, en font partie très certainement. L'expression de M. de Lilienfeld, *milieu intercellulaire*, ne nous paraît pas suffisamment exacte. Le terme *outillage* nous semble préférable. Sans

M. Tarde est induit en erreur par l'anthropomorphisme. « Qu'on nous montre des peuples où des hommes alignés et se tenant par la main forment d'une ville à l'autre des chaînes électriques, au lieu de nos conducteurs métalliques, et où d'autres hommes circulent d'une ville à l'autre en longues processions continuelles et entrecroisées, au lieu de nos trains de voyageurs et de marchandises ! »

Les nerfs sensitifs et moteurs se composent d'une série de cellules formant comme un ruban, mais séparées par des distances relativement considérables. Elles projettent des filaments allant à l'encontre les uns des autres. Ces filaments sont une espèce d'outillage. L'analogie est complète avec ce qui a lieu dans les sociétés. Les hommes sont réellement alignés le long d'un chemin de fer ou d'une route. A chaque dix ou quinze kilomètres il y a une gare occupée par un personnel plus ou moins nombreux. A chaque passage à niveau il y a un gardien, à chaque kilomètre un cantonnier. Seulement ces hommes (pas plus que les cellules nerveuses dans notre corps) ne sont pas en contact immédiat. Les distances qui les séparent paraissent rompre, pour M. Tarde, le lien organique qui les unit. C'est là une pure apparence. Si les cantonniers ne se tiennent pas par la main, ils communiquent soit par la voix soit par l'intermédiaire de l'outillage mécanique. Tous ces individus concourent à une action commune et c'est précisément ce qui constitue leur unité au sens biologique du mot. Encore ici la distance matérielle n'a aucune importance (1).

doute il est bien difficile de dire où commence l'outillage social, mais la même difficulté se présente pour l'outillage biologique. Dans tous les cas l'origine des deux outillages est absolument analogue.

(1) La notion de l'individualité est une des plus discutées en biologie, mais elle devient très claire, dit M. Perrier, si on considère les animaux comme des colonies. « Toute colonie dont les membres sont en continuité de tissus est en réalité un individu ». (*Le Transformisme*, Paris, J.-B. Baillière, 1888, p. 161). Que signifie

M. Tarde reconnaît que les sociétés où règne l'esclavage sont comparables à des organismes (1). Mais nous le demandons, où finit l'esclavage ? Il traverse des phases innombrables allant d'une subordination complète à une subordination purement nominale. Le servage est aussi une forme de l'esclavage. Or des milliers de rapports, les plus divers, peuvent s'établir entre un serf et son seigneur. Enfin, l'esclavage est-il vraiment supprimé dans nos sociétés ? Nous dirons plus, le sera-t-il jamais ? Pour les socialistes, les salariés sont des esclaves. Nous estimons de notre part que le système protecteur crée un véritable esclavage, puisqu'il oblige certains individus d'abandonner à certains autres une part de leur bénéfice sans aucune compensation. Si les sociétés sont des organismes aussi longtemps que l'esclavage y subsiste, il faut reconnaitre que toutes les sociétés modernes le sont encore. Elles le seront même toujours, parce que l'on ne pourra jamais supprimer complètement le parasitisme.

Il est difficile de déterminer dans le corps animal où finit la république des cellules vivantes et où commence cette continuité de tissus ? Evidemment que les unités composantes exercent une action les unes sur les autres, car les cellules d'un tissu sont séparées par certains espaces. Dans le corps humain les cellules sont en continuité de tissus, donc elles forment un individu. Maintenant l'enfant au sein de la mère et la mère sont-ils un seul ou deux individus ? Il y a continuité entre ces deux êtres. L'enfant au moment où il prend le sein de sa nourrice, deux animaux au moment de l'accouplement sont en continuité de tissus. Forment-ils un être unique ? Tous ces contacts produisent des phénomènes physiologiques particuliers. En quoi l'action exercée par la parole diffère-t-elle, en somme, de l'effet exercé par d'autres rapports ? N'est-il pas arbitraire de diviser les contacts en physiques et en moraux ? Tout contact moral ne peut s'exercer que par l'intermédiaire d'une action matérielle (vibration lumineuse ou sonore, combinaisons physiques ou chimiques). L'individu s'arrête, évidemment, où s'arrête l'action réciproque des parties composantes. Mais où s'arrête cette action ? Voilà ce qu'il est impossible de déterminer. Tout cela montre que l'individu biologique est aussi en perpétuel devenir comme les sociétés et qu'il échappe comme elles à une définition rigoureuse.

(1) *Logique sociale*, p. 151.

l'outillage, c'est-à-dire l'ensemble des substances subordonnées aux besoins de l'organisme. Il en est exactement de même dans les sociétés. Une maison, une route, une machine, un télégraphe sont incontestablement des outils inanimés. Mais les outils peuvent être aussi animés, comme les animaux domestiques. Enfin, les esclaves sont aussi des outils. M. Tarde le reconnaît lui-même. « Il existe au Congo un grand commerce de chair humaine ; les esclaves sont engraissés et vendus comme animaux de boucherie ». Ici, certains individus sont, on le voit, des objets alimentaires pour certains autres. Il est impossible de déterminer à quel moment la subordination sociale cesse de mériter le nom d'esclavage. Même dans les pays où l'esclavage existe à titre d'institution sociale reconnue par la loi, il n'est pas éternel. Des hommes esclaves la veille, peuvent devenir libres le lendemain. D'autre part des hommes libres la veille peuvent cesser de l'être le lendemain. On le voit, pas plus dans l'organisme social que dans l'organisme biologique il n'est possible de déterminer exactement où commence l'outillage. C'est une analogie de plus.

M. Tarde est égaré comme M. Leroy-Beaulieu par des considérations d'une nature politique. « Si les sociétés étaient des organismes, dit l'auteur des *Lois de l'Imitation*, le progrès social s'accompagnerait non seulement d'une différenciation, mais d'une inégalité croissante ; la tendance égalitaire de toute société qui atteint un certain niveau de civilisation serait inexplicable ou devrait s'interpréter comme un symptôme de recul social » (1). M. Tarde confond ici deux choses différentes : l'égalité devant la loi et l'égalité économique et sociale. Le cerveau n'a aucune préférence pour l'estomac, le foie, ou le poumon. Tant qu'il fonctionne d'une façon normale, il distribue le sang à ces différents organes dans la *juste* mesure de leurs besoins. Si

____

(1) *Logique Sociale*, p. 128.

un organe travaille davantage, il lui octroie un afflux de
sang plus grand. L'égalité de tous les organes devant le
cerveau correspond à l'égalité des citoyens devant la loi.
Tout privilège mène à l'anarchie. Le pays le plus parfait serait précisément celui qui ressemblerait le plus
au corps humain. Mais cette égalité devant la loi n'a
absolument rien à faire avec l'égalité sociale. Ici l'inégalité est en raison directe de la civilisation. Un pays
n'a pas de législation sur la propriété littéraire. Un auteur écrit un roman qui est un chef-d'œuvre incompa-
rable. Il est vendu à des millions d'exemplaires ; mais
l'auteur n'en retire aucun bénéfice et meurt sur la
paille. Au contraire, dans un pays civilisé, possédant
une législation sur la propriété littéraire, l'auteur d'un
livre bénéficie de la vente de chaque exemplaire et
l'homme de génie peut avoir un revenu proportionnel
à ses mérites. L'inégalité des fortunes sera donc plus
grande dans le pays civilisé que dans le pays barbare (1).

Mais il n'y a pas que l'inégalité économique. Autrefois un prince du sang, fût-il un crétin, jouissait de
privilèges qu'un simple particulier, fût-il un homme
de génie, ne pouvait jamais obtenir. Le sentiment de
l'égalité mine de plus en plus les privilèges de cette
nature. Mais il les mine parce qu'ils sont injustes. Par
contre, plus une société est civilisée, plus elle honore le
talent et le génie. Elle dresse des statues à ses hommes
illustres ; elle leur prodigue les distinctions honorifi-
ques de leur vivant. Un grand artiste, un grand orateur arrive-t-il dans une ville : la foule se précipite à sa
rencontre ; on le fête, on l'acclame. Bref on le traite
d'une façon entièrement différente des simples particuliers. C'est donc un accroissement d'inégalité. Mais

(1) Nous ne considérons pas ici les causes qui poussent à une
plus égale répartition des richesses en raison directe du développement économique. Ces faits sont incontestables, mais ils regardent
plutôt les grandes moyennes. Cela ne contredit pas le fait signalé
dans le texte. La justice la plus parfaite suppose une récompense
proportionnée au mérite.

M. Tarde ne contestera pas que ce genre d'inégalité ne soit en raison directe du progrès social.

Nous croyons avoir réfuté les objections de nos adversaires. Le lecteur sera convaincu, nous l'espérons, que les profondes analogies, signalées entre l'organisme, individuel et social, sont réelles et non imaginaires.

CHAPITRE III

Le Sensorium social.

I

Nous avons parlé au chapitre précédent du sensorium social. Nous devons rechercher maintenant comment il se forme.

Nous l'avons déjà indiqué, le sensorium social est composé par les personnes qui possèdent la représentation du groupe social entier et qui ont des volitions se rapportant à lui. Mais nous devons maintenant analyser ces faits de plus près.

Pour ce qui est de la représentation, elle comporte trois éléments : l'espace, le temps et la structure.

On peut acquérir la représentation d'un pays par deux moyens : l'un direct, en le visitant personnellement, l'autre indirect, en étudiant les descriptions qui en sont faites. Quand il s'agit de vastes États comme l'empire romain dans le passé et l'empire britannique dans le présent une connaissance directe devient presque impossible. Mais la connaissance indirecte est elle-même très difficile. L'étude de la géographie est assez peu répandue. Chaque citoyen a la représentation directe d'une ou plusieurs communes et une représentation un peu plus vague d'une province ou d'une région. Ceux qui connaissent d'une façon nette la géographie de leur pays tout entier sont assez peu nombreux. Eh bien ! sans cette connaissance on n'a pas la représentation

exacte de l'organisme dont on fait partie et on ne peut
pas être considéré comme appartenant à l'élite ou sensorium. Sans doute beaucoup d'hommes d'État, même
célèbres, connaissent imparfaitement la géographie de
leur pays, sans parler de celle des autres. Lord Palmerston ne savait pas où étaient situées les colonies
anglaises. Mais ces hommes peuvent avoir, par contre,
une foule d'autres notions sur leur patrie qui font pour
ainsi dire compensation. Et puis, il faut le dire une fois
pour toutes, dans la science sociale, les affirmations
tranchées et géométriques sont impossibles. Les sociétés sont des êtres d'une complexité inouïe, toujours en
mouvement, toujours changeants. Ce que l'on en dit
doit toujours s'entendre d'une façon approximative.
Certaines propositions, vraies dans les lignes générales,
peuvent ne pas s'appliquer à chaque cas particulier.

Si l'être vivant oubliait immédiatement les impressions qui lui viennent du dehors, il n'y aurait jamais
eu de conscience ; conscience et mémoire sont deux
termes inséparables. De même si les hommes oubliaient
immédiatement ce qu'ont fait leurs devanciers, il n'y
aurait jamais eu d'organisme national (1). Par conséquent, pour avoir la représentation exacte d'une nation,
il faut connaître, non seulement son présent, mais encore son passé. L'étude de l'histoire doit s'ajouter à
celle de la géographie. Ceux qui se représentent les
transformations de leur patrie dans le passé, peuvent
seuls être considérés comme faisant partie du sensorium
social. La connaissance de l'histoire est un nouveau
crible qui rejette un grand nombre d'individus en dehors de l'élite. La mémoire des masses est parfois d'une
très courte durée. Un Russe cultivé, par exemple, connaît les plus petits détails de l'invasion française de 1812.
Il sait comment Napoléon est entré à Moscou ; quels

(1) On pourrait peut-être même dire d'organisme social. En
effet, les collectivités animales se maintiennent aussi par une opération de la mémoire, mais passée le plus souvent à l'état d'instinct.

propos il y a tenus à différentes personnes, ce qu'il a fait les jours suivants, etc. Nous avons eu l'occasion de causer, il y a quelques années, avec un paysan du gouvernement de Smolensk. Il ne connaissait pas même le nom de Napoléon. Il savait seulement, d'une façon très vague, que les Français avaient envahi la Russie un certain nombre d'années auparavant.

On est même étonné parfois de voir comment le souvenir du passé disparait vite. Milan a subi pendant près de deux siècles la domination espagnole. Le peuple ne s'en souvient presque plus. Cependant elle a pris fin seulement en 1714. Sans l'écriture et les arts du dessin, les traditions nationales s'effaceraient avec une rapidité incroyable.

Enfin, pour faire partie de l'élite, il ne suffit pas de connaitre la géographie et l'histoire de son pays, il faut en connaitre encore, au moins superficiellement, la structure sociale et politique.

Les renseignements sur les institutions d'un pays sont de nouveau puisés à deux sources : la pratique et l'étude. De nombreux individus sont appelés à prendre une part plus ou moins directe aux affaires de leur commune. Ils comprennent, tant bien que mal, le fonctionnement des affaires locales. D'autres hommes, déjà moins nombreux, peuvent être élus aux conseils d'arrondissement et aux conseils généraux. Enfin quelques centaines d'individus sont élus sénateurs et députés. Dans toutes ces circonstances, et dans quelques autres qu'il serait trop long d'énumérer ici, la pratique directe des affaires peut donner la connaissance des institutions politiques du pays.

Bien entendu, cette connaissance s'acquiert mieux par une étude systématique. Mais cela demande plus de peine. Aussi les gens versés dans le droit civil et constitutionnel sont fort peu nombreux.

Un cas analogue à celui de la géographie se présente de nouveau. On peut avoir une idée assez vague de l'organisation politique de son pays et faire cependant partie de l'élite sociale, quand on a un nombre considérable d'autres notions sur sa patrie. Cependant, ceux qui connaissent les lois ont une immense supériorité sur ceux qui ne les connaissent pas. De là vient la grande importance acquise par les avocats dans presque tous les pays civilisés.

Pour vouloir une chose, il faut naturellement en avoir une représentation. Ceux qui ne se représentent pas un ensemble comme les États-Unis ou la Russie, ne peuvent pas avoir de volitions concernant cet ensemble.

Le phénomène de la volition est plus avancé dans la série psychologique que celui de la conscience (1). Aussi, il est plus complexe. Il en est de même dans les sociétés. Cela nous oblige, dès le principe, à diviser les volitions sociales en deux catégories : les volitions passives (qui pourraient plus proprement être appelées désirs), et les volitions actives. De plus, on peut encore classer les volitions en locales et structurales, et subdiviser ces dernières en particielles ou générales. Par exemple, on peut désirer certaines modifications dans sa commune, sans en concevoir pour l'État tout entier. D'autre part, on peut vouloir la suppression d'un impôt particulier sans pouvoir se faire une idée sur une réforme complète du système financier.

On obtient donc le tableau suivant :

Volitions..	Locales		Passives.
			Actives.
	Structurales. . .	Particielles.	Passives.
			Actives.
		Générales.	Passives.
			Actives.

Presque tous les adultes ont des désirs concernant

(1) D'une façon très générale, cette série est formée comme il suit : sensation, perception, conscience, désir, volition, passion, folie.

leur propre commune. Sur une route mal entretenue on est cahoté et couvert de poussière. Naturellement, on la voudrait bien pavée, pour s'éviter ces désagréments. Quand un village manque d'eau, tous les habitants désirent une fontaine. A la base, la volition sociale est presque universelle. Mais à mesure qu'on avance dans la série établie à la page précédente, les rangs s'éclaircissent. Il ne suffit pas de désirer qu'une route soit pavée pour qu'elle le soit. Il faut s'agiter, agir sur les conseillers municipaux, présenter des projets, se faire élire soi-même, au besoin, pour les soutenir. Les individus capables d'accomplir ces actions sont, naturellement, moins nombreux que ceux qui désirent voir une route pavée.

Passons aux volitions de l'ordre structural. Chacun de nous éprouve un désagrément en payant les impôts. Chacun de nous serait enchanté d'en être débarrassé. Mais ceux qui s'agitent pour faire supprimer un impôt sont déjà moins nombreux que ceux qui désirent sa disparition. Enfin, ceux qui agissent en vue d'opérer une réforme générale des institutions d'un pays sont toujours une infime minorité. Peu de personnes désirent des transformations structurales, mais un bien plus petit nombre encore sont capables de formuler nettement leurs volitions.

Dans cette pyramide, qui a la presque-universalité des citoyens à la base et quelques rares individus au sommet, à quelle hauteur faut-il établir la ligne de démarcation du sensorium social ? Il va sans dire qu'une ligne absolument nette est impossible à tracer. D'abord parce qu'en sociologie il ne peut pas y avoir, en général, de lignes bien tranchées, ensuite parce qu'il faut prendre en considération le lieu et le moment. Dans une société très éclairée, la ligne descend plus bas ; elle remonte plus haut dans une société barbare. De plus, comme il s'agit d'un être vivant, cette ligne n'est pas immuable. A tout instant, il y a des individus qui pénètrent dans l'élite sociale, d'autres qui en sortent.

Cependant, on peut donner cette définition approximative : Font partie du sensorium tous ceux qui ont des volitions soit passives, soit actives, concernant l'ensemble du groupe social.

Les individus, classés dans la catégorie de l'élite par suite de leurs volitions, englobent nécessairement ceux qui s'y trouvent par suite de leurs représentations. En effet, pour désirer, par exemple, la réoccupation de l'Alsace-Lorraine, il faut savoir que cette province existe. Il faut donc en avoir une représentation, si vague qu'elle soit.

Quand le monde extérieur produit une sensation en nous, le courant nerveux semble suivre deux canaux différents : l'un, celui de la perception, de l'image, de l'idée et de la généralisation; l'autre, celui du sentiment et de l'état d'âme. Puis ces deux canaux paraissent comme se rejoindre pour alimenter le courant qui va du dedans au dehors : le désir, la volition, la passion, la folie.

Eh bien ! le sensorium social ressemble extraordinairement sous ce rapport au cerveau individuel.

B possède la représentation de l'ensemble de son pays. Il est informé d'un événement qui vient de s'y passer. Cet événement lui suggère différentes idées (canal intellectuel), mais, de plus, il fait vibrer en lui la gamme des sentiments dont les gradations sont les suivantes :

> Joie,
> Plaisir,
> Bien-être,
> Satisfaction,
> Contrariété,
> Malaise,
> Souffrance,
> Douleur.

Chez B, les impressions ressenties à l'égard de la société ont acquis une grande acuité. La prospérité générale lui cause plus de satisfaction que sa prospérité individuelle. Si une action peut lui être agréable, mais si elle est préjudiciable à son pays, il s'abstient de la commettre pour s'éviter une souffrance. Cet état d'âme s'appelle le patriotisme. Les hommes qui l'éprouvent composent précisément le sensorium social. Si un pays possède un nombre considérable d'individus de cette espèce, il a comme un système nerveux très développé, et peut être classé très haut dans l'échelle des organismes sociaux.

II

Dans les pays nouveaux, les fonctions économiques apparaissent avant les autres. Les émigrants qui sont allés peupler le Dakota ont d'abord ensemencé les champs, bâti des maisons, établi des chemins de fer. Le premier souci a été de mettre en valeur le territoire récemment colonisé. Pendant un certain temps, les préoccupations de l'ordre matériel ont régné presque exclusivement. Il en a été ainsi à l'origine de toutes les sociétés.

Quand l'exploitation d'un territoire a fait des progrès, il arrive un moment où certains hommes acquièrent de la richesse. Ils n'ont plus besoin de travailler toute la journée pour se procurer le pain quotidien. Il se produit alors un fait d'une importance énorme : la formation d'un organe nouveau, l'*élite* intellectuelle.

Cet organe se différencie lentement de l'organe économique. Dans les sociétés on ne peut pas tracer de limites absolues. Aucun homme ne peut se débarrasser complètement des préoccupations financières. Les plus riches doivent donner une partie de leur temps à l'administration de leur fortune. Cependant l'apparition du loisir crée les phénomènes les plus complexes. L'inaction est la pire des souffrances. L'homme cherche à employer sa journée pour éviter l'ennui. S'il ne travaille pas à acquérir la richesse, il appliquera ses facultés à d'autres objets. Alors apparaît dans la société, le cortège immense des plaisirs, qui va depuis les bons festins et la danse, passant par les arts, la littérature et les sciences, pour aboutir à l'extase et au mysticisme.

Le temps qu'un homme accorde à ses besoins intellectuels est très variable. A la rigueur, on peut dire que le dernier des paysans leur accorde un certain nombre d'heures dans sa vie. Il y a dans chaque individu une conscience sociale à l'état latent. Mais elle peut se développer dans la mesure la plus diverse. Selon cette mesure, chaque individu peut être classé dans l'organe économique ou dans l'organe intellectuel.

Quand on donne une partie de son temps à la culture mentale sans cesser de s'occuper de la production de la richesse, on fait partie d'une classe intermédiaire qui a surtout des volitions sociales passives. Si, au contraire, on s'adonne en entier à la production des idées et des sentiments ou à la direction politique de son pays, on passe dans la classe des individus à volitions actives.

Nous ferons observer que cette dernière classe est impossible sans l'existence de la précédente. Un homme se fait peintre. S'il possède une fortune personnelle, il fait de l'art en amateur ; s'il n'en possède pas, il est obligé de vivre du produit de son talent. Mais il faut pour cela que certaines gens éprouvent de la jouissance à posséder ses tableaux et des richesses pour en payer l'acquisition. Il en est de même des savants, des philosophes, des prêtres. L'existence de ces individus est impossible sans une classe riche qui les entretient directement ou indirectement.

Pour passer dans le *sensorium* social, il faut donc posséder une certaine richesse. Mais, bien entendu, cette notion est aussi relative. Tel millionnaire, travaillant jour et nuit à augmenter le nombre de ses millions, reste dans la classe économique ; tel penseur, se contentant de pain et d'eau, fait partie de l'organe intellectuel.

L'état de civilisation d'un pays joue aussi un rôle considérable en cette circonstance. Des générations nombreuses ont accumulé dans certains centres une masse d'instruments de culture et d'étude : musées, laboratoires, bibliothèques, etc. Cet outillage diminue l'effort nécessaire pour acquérir l'instruction supérieure et rabaisse la ligne où commence l'élite.

Le *sensorium* social se ferme naturellement par la différenciation de la classe économique (1). Ceux qui ont des richesses et du loisir s'occupent des questions intellectuelles, morales et politiques. Mais l'existence d'hommes de cette espèce ne suffit pas encore pour constituer le *sensorium* social. Il faut, de plus, que ces individus aient de la *notoriété* ou, en d'autres termes, que leur existence soit connue, qu'ils affectent la conscience sociale (2).

Ce fait se produit d'une façon naturelle. Voyez ce qui se passe dans le plus petit village. Au milieu d'habitations plus ou moins semblables, il y en a toujours quelques-unes qui sont plus luxueuses, plus jolies et mieux entretenues que les autres. Elles attirent les regards et tout le village connait leur propriétaire. C'est un des exemples les plus simples de la genèse de la notoriété. La richesse est un de ses éléments principaux. Qui ne connait aujourd'hui la famille des Rothschild?

(1) Ce processus de formation naturelle s'observe constamment en biologie et en sociologie. Le premier anneau des annélides forme naturellement la tête. « Imaginons une horde complètement dépourvue d'organisation, dit M. Herbert Spencer (*Principes de Sociologie*, trad. Cazelles, Paris, Alcan, 1883, t. III, p. 421), demandons-nous ce qui doit arriver quand il faut décider une question d'intérêt public. Les individus assemblés rentreront dans deux groupes. Les plus âgés, les plus forts, les plus sagaces formeront un plus petit groupe qui dirigera les discussions; les jeunes, les plus faibles, les gens sans autorité se borneront au rôle d'auditeurs ». La même chose se produit dans toute réunion d'hommes. Les plus hardis se mettent en avant et dictent leurs volontés. Ils forment naturellement la tête. Les plus timides se soumettent aux volontés d'autrui et obéissent.

(2) *Noble* vient de *noscere*. Le *noble*, par étymologie, est donc le *connu*.

Bien entendu la notoriété a aussi d'autres sources : les services rendus à la société, le mal qui lui est fait, les talents de toute nature, la situation politique, etc.

L'Angleterre est le pays où l'on peut le mieux observer comment une certaine *élite* parvient à affecter la conscience sociale. Tout le monde y connait les Darby, les Argyll, les Devonshire et les autres familles éminentes. Les journaux illustrés publient des dessins de leurs demeures. Quand les chefs de ces familles se marient, les mêmes journaux donnent leur portrait, celui de leur fiancée, quelquefois même des gravures représentent la cérémonie nuptiale et l'endroit où ils passent leur lune de miel. D'autres événements de la vie des lords (les noces d'or, par exemple) sont aussi relatés dans les journaux. La presse quotidienne tient les Anglais au courant des faits et gestes des grands seigneurs. Leur personnalité affecte donc la conscience sociale presque tous les jours (1).

Cependant pour former une aristocratie, dans le véritable sens de ce mot, la richesse seule ne suffit pas. La richesse peut provoquer la notoriété par l'étonnement, mais elle peut provoquer en même temps la haine. Pour former une véritable aristocratie, il faut qu'il s'établisse entre les optimates et la foule un faisceau composé de tous les sentiments sympathiques : admiration, affection, orgueil, dévouement. Or, pour arriver à ce résultat, il faut que l'optimate joigne des avantages moraux à ses avantages matériels.

« Pour les Anglais, dit Taine (2), un vrai gentleman

(1) « De judicieux observateurs ont remarqué, dit M. E. d'Eichthal (*Souveraineté et gouvernement du Peuple*, Paris, Alcan, 1895, p. 254) que, sous l'apparence d'un gouvernement impersonnel, nulle part les personnes ne jouent un rôle aussi considérable que de nos jours en Angleterre. Le plus souvent, le groupement des partis se fait autour de personnalités dominantes envers lesquelles l'opinion de leurs partisans est plus d'une fois arrivée à une véritable *androlatrie*, à un culte qui change parfois d'objet, mais qui reste attaché longtemps au même héros, qu'il soit appelé Palmerstone, Disraeli, ou Gladstone. »

(2) *Notes sur l'Angleterre*, Paris, Hachette, 1880, p. 196.

est un vrai noble, un homme *digne de commander,* intègre, désintéressé, capable de s'exposer et même de se sacrifier pour ceux qu'il guide, non seulement homme d'honneur, mais homme de conscience, en qui les instincts généreux ont été confirmés par la réflexion droite, et qui, agissant bien par nature, agit encore mieux par principe. » Si ceux qui ont la notoriété excitent la haine, on est en présence d'une cause de disjonction sociale qui empêche la formation de l'*élite*. Pour constituer un organe véritable, l'aristocratie doit exciter la gamme entière des sentiments sympathiques. C'est ce qui arrive dans une certaine mesure en Angleterre.

« Le peuple anglais émancipé mit son orgueil à posséder une aristocratie », dit M. Leclerc (1). « C'est à peine si l'amour de la liberté est plus fort en Angleterre que celui de l'aristocratie, dit d'autre part M. Gladstone. C'est une religion ! La grande force de la Chambre des lords, dans l'opinion populaire, ne résulte pas de ses œuvres législatives ni même de la haute valeur personnelle de ses membres, mais de la manière admirable dont une partie considérable d'entre eux accomplit ses devoirs sociaux » (2).

Nous avons avons vu plus haut comment la notoriété s'obtient naturellement par la richesse. De même dans le plus petit village certains hommes se font connaitre par l'intégrité de leur caractère, par leur urbanité et leur loyauté. Peu à peu ils deviennent le point de mire de leurs concitoyens ; ils peuvent parfois provoquer la sympathie, la confiance et leur dévouement.

Quand les qualités morales jointes à la richesse se transmettent dans les mêmes familles pendant plusieurs générations, le prestige de ces familles augmente dans une très forte mesure. Alors il suffit presque de porter

(1) *Les Professions et la Société en Angleterre,* Paris. Colin, 1894, p. 240.
(2) Cité par M. D'Eichtal, *Souveraineté du peuple,* p. 173.

un certain nom pour jouir de la confiance de ses concitoyens. Quand un pays possède un assez grand nombre de familles illustres, le sensorium social a acquis son plein développement.

Tout est relatif ici-bas. Telle demeure, qui paraîtra un palais dans un village, fera la plus modeste figure dans une grande ville. Telles capacités mentales, qui paraîtront remarquables sur une petite scène, sembleront à peine suffisantes sur une grande. Justement à cause de cette relativité, l'organe aristocratique se forme dans tout pays et à tout moment. Dans les plus petites communes il y aura des optimates. On aura beau décapiter tous les grands, il en restera toujours, parce qu'il y aura toujours des hommes supérieurs à la masse générale. Certaines familles sont aujourd'hui le point de mire de tout un pays. On les persécute, on les proscrit, on les extermine. Demain d'autres assumeront leur rôle. Ainsi, en France après la grande tourmente révolutionnaire, des familles bourgeoises comme les Arago, les Grévy, les Carnot formèrent comme une aristocratie nouvelle.

L'aristocratie a des fonctions qu'aucun autre organe ne peut accomplir. Elle élabore les idées, les sentiments et les volitions d'un peuple. Nul n'a mieux défini ces fonctions que John Bright. « Nous ne voulons pas renverser l'aristocratie, dit-il. Nous consentons à ce qu'elle garde le gouvernement et les hautes places. Nous croyons, nous autres bourgeois, qu'il faut, pour conduire les affaires, des hommes spéciaux, élevés de père en fils dans ce but, ayant une situation indépendante et commandante. D'ailleurs leur titre et leur généalogie sont un panache doré, et une troupe se laisse mieux conduire quand son officier porte panache. Mais nous voulons absolument qu'ils réservent toutes les places aux gens capables. Rien aux médiocrités, pas de népotisme. Qu'ils gouvernent, mais qu'ils aient du talent » (1).

(1) Cité par Taine, *Notes sur l'Anglet.*, p. 208.

On confond parfois l'aristocratie avec l'élite. Cependant ces deux termes ne sont pas synonymes. L'aristocratie comprend des individus riches, ayant une puissance ou du moins une influence plus ou moins effective dans l'État, une notoriété attachée plutôt à la famille qu'à la personne, le prestige et enfin un ensemble de qualités morales assez difficiles à définir. L'élite comprend surtout les producteurs de la pensée et du sentiment : les prêtres, les savants, les artistes, etc. Ces individus ont surtout une notoriété personnelle. Ils peuvent mener un train modeste. Leurs productions peuvent jouir d'une popularité immense et leur vie rester cachée. L'élite et l'aristocratie se côtoieront constamment sans se confondre jamais d'une façon complète, car l'esprit souffle où il veut. Un homme de génie peut naitre dans une chaumière, un idiot dans un palais. Mais ces deux classes ne peuvent vivre que l'une à côté de l'autre et l'une par l'autre. Une aristocratie sans haute culture intellectuelle n'est plus digne de ce nom. Elle ne peut donc pas se passer de l'élite qui élabore cette culture. D'autre part, l'élite ne peut presque pas vivre et produire sans le secours de l'aristocratie. Plus l'intimité entre ces deux classes est grande plus l'organisme social est parfait. Le jour où chaque aristocrate, chaque homme riche remplira volontairement et d'une façon désintéressée une fonction intellectuelle ou politique, les sociétés arriveront au point culminant de la perfection.

Le sensorium social comprend en même temps et dans une mesure semblable l'élite et l'aristocratie. Sans cette dernière cet organe n'est pas complet. Différenciation est synonyme de perfection. Les sociétés modernes, si elles voulaient le progrès, devraient tâcher de se donner une puissante aristocratie. Nous observons cependant une tendance diamétralement opposée. D'où vient ce phénomène ?

Il vient d'un défaut de logique et de réflexion.

Un organe peut mal accomplir sa fonction. Alors un

état pathologique se produit. Au lieu de conclure : tel organe accomplit *mal* sa fonction, il faut qu'il l'accomplisse *bien*, on conclut : tel organe nous cause des souffrances, supprimons l'organe nous supprimerons la souffrance. Les anarchistes font ce raisonnement : les gouvernements accomplissent mal leur devoir, ils causent des maux aux sociétés, donc il faut supprimer les gouvernements. Ils ne s'inquiètent pas de savoir si un organisme peut se passer de la fonction régulatrice, ils ne s'aperçoivent pas qu'en bonne logique, on devrait arriver à ceci : les gouvernements sont mauvais, donc il faut les améliorer.

Dans beaucoup de pays les aristocraties sont loin de remplir leur rôle d'une façon satisfaisante. Elles causent de nombreuses souffrances aux masses populaires ; on a donc conclu : supprimons les aristocraties.

On nous permettra de signaler rapidement quelques-uns des principaux défauts des aristocraties.

En tout premier lieu vient l'exclusivisme. Or une aristocratie *fermée* est une absurdité, une *contradictio in terminis*. En effet, si l'aristocratie ne comprend pas l'élite d'une nation, elle cesse de mériter son nom. Par conséquent, il faut tâcher de supprimer l'exclusivisme de la noblesse, non la noblesse elle-même, il faut tâcher d'extirper le mal, non l'organe. C'est ce qui s'est accompli dans une certaine mesure en Angleterre. La plupart des notabilités de ce pays sont successivement introduites dans les rangs de la noblesse par les titres de baronnet et de lord que leur octroie la reine.

L'aristocratie est basée en partie sur l'hérédité ; donc, disent ses adversaires, sur une injustice. L'homme au moment de sa naissance se trouve à un échelon très élevé de la série biologique. Il reçoit par hérédité, sans se donner aucune peine, les facultés les plus précieuses. Qui trouve cela regrettable? A-t-on jamais déploré que nous ne passions pas dix fois plus de temps à gravir les degrés du développement psychique ? Nous raisonnons autrement dès qu'il s'agit des faits sociaux. Un homme arrive à la majorité ; il possède une grande fortune ; il a reçu une excellente éducation ; il a des connaissances variées et des sentiments délicats. Il possède tout cela sans s'être donné aucune peine. Il y a tout lieu de se réjouir qu'il y ait des hommes de cette espèce. Il est regrettable même qu'ils ne soient pas dix fois plus nombreux. Eh bien ! non ; nous trouvons cela mauvais. Nous demandons que chaque individu recommence pour son propre compte le travail qui l'élève de la médiocrité à la richesse, puis à la culture intellectuelle. C'est le contraire, cependant, que nous considérons comme désirable au point de vue physiologique.

Comment ne voit-on pas que notre jeune aristocrate est pourvu d'avantages qui le rendent apte à exercer des fonctions sociales de la plus haute importance ? X ou Z peuvent ne pas remplir ces fonctions. Ils peuvent employer leur temps et leur argent en dissipations et en débauches. Dans ce cas X et Z méritent la réprobation, voire même la perte de leur rang. Mais il ne s'ensuit pas que l'organe aristocratique soit un mal. Quand un homme jouit d'une haute situation sans la mériter, il y a injustice ; mais il n'y en a aucune à occuper la place de son père si on en est digne.

Une des fonctions de l'élite est d'élaborer les idées de la société. Elle doit trouver des conceptions nouvelles dans toutes les branches du savoir humain. Une aristocratie rétrograde et misonéiste peut être assimilée à une armée composée de lâches. La mission du soldat est de combattre, même au péril de sa vie. S'il fuit à la première apparition de l'ennemi, il accomplit le contraire de sa fonction. De même quand une aristocratie est rétrograde, elle fait l'opposé de son devoir. La société est alors dans un état pathologique. La prospérité d'un pays dépend de la manière dont l'aristocratie accomplit sa fonction véritable, comme la santé d'un homme dépend de la manière dont son cerveau accomplit la sienne.

Il y a des aristocraties rétrogrades (1), comme il y a des armées lâches. Est-ce à dire qu'il faille supprimer ces deux organes sociaux ? Personne ne le propose pour l'armée. Non, il faudrait faire en sorte que les aristocraties soient progressistes et les militaires braves (2).

Un des attributs des personnes composant le sensorium social est de mettre les intérêts de la communauté au-dessus de leurs intérêts individuels. Cependant il y a, hélas ! beaucoup d'aristocraties, qui font preuve de l'égoïsme le plus étroit et le plus opiniâtre. Elles mettent, à cause de cela, la santé de l'organisme social dans le plus grand péril. Eh bien ! la conclusion n'est pas qu'il faut supprimer l'aristocratie, mais qu'il faut la rendre désintéressée, afin de favoriser la vigueur du corps politique.

Par cela seul que pour faire partie de l'élite il faut mettre les intérêts généraux au-dessus des intérêts particuliers, une *aristocratie privilégiée* est un terme contradictoire. Se faire octroyer un privilège, en effet, c'est causer un tort, un dommage à la communauté.

Mais il ne faut pas confondre le privilège avec le droit à une rémunération supérieure en raison des services rendus.

Une place est donnée à l'examen. X et Z se présentent. A l'épreuve, X triomphe de la façon la plus brillante. On lui donne la place. X n'obtient dans ce cas aucune faveur bien qu'il puisse recevoir des émoluments fort considérables. X entre simplement en possession de son droit. Il y aurait eu privilège, si la place avait été accordée à Z, dont les capacités, à l'examen, se seraient montrées inférieures à celles de son concurrent.

(1) On doit reconnaître malheureusement qu'elles le sont presques toutes en ce moment en Europe. C'est là un symptôme de maladie sociale des plus graves.

(2) Pour ces derniers on y a songé depuis longtemps. La bravoure s'obtient par l'entraînement de la discipline.

Il est une autre raison pour laquelle l'*aristocratie et le privilège* doivent s'exclure inévitablement.

Nous avons vu qu'un attribut de l'élite est de jouir de la confiance et de la sympathie du reste de la nation. Or, du moment qu'il y a privilège, il y a, comme conséquence inévitable, antagonisme et haine. Voilà pourquoi tant d'aristocraties dans le passé n'ont pas pu se constituer à l'état d'organe nettement différencié accomplissant sa fonction d'une manière satisfaisante (1). C'étaient des nids de privilégiés. A cause de cela les aristocraties furent haïes par les peuples et ne parvinrent pas à occuper dans l'État la place qui leur eût été dévolue, si elles avaient réellement compris leur intérêt.

Le véritable aristocrate devrait avoir horreur du privilège comme d'une souillure. Ce mot de *privilégié* devrait lui faire le même effet que celui de lâche appliqué à un soldat. Il n'en est malheureusement pas ainsi. Les aristocraties semblent s'acharner après le privilège. Encore tout récemment la noblesse prussienne votait une proposition tendant à exonérer les grands propriétaires d'une partie de l'impôt foncier. Les aristocrates sont devenus plus aveugles que des taupes. Ils mettent comme un acharnement à tourner le dos à leur intérêt véritable. Ils devraient repousser le privilège comme un déshonneur, ils le recherchent, au contraire, avec la plus grande âpreté. Ils ne voient pas que le privilège, en provoquant la haine, leur fait perdre préci-

(1) Ainsi les boyars en Russie ne purent pas former d'aristocratie puissante, en partie, à cause du privilège qui leur fut conféré de posséder des serfs. Ce privilège était trop excessif. Il fut accordé à une époque trop récente, en pleine lumière de l'histoire. Catherine II donna encore des serfs à ses favoris. Le peuple russe n'oublia pas la liberté enlevée, en 1596, sous Boris Godounof. Le servage n'était pas une institution se perdant dans la nuit des temps. Le *dvorianine* (noble) fut haï à bon droit. Jusqu'à ce jour, cette classe ne provoque aucune sympathie dans le peuple russe. Par conséquent elle ne peut pas former de véritable aristocratie. Le droit de posséder des serfs mettait le *dvorianine* russe hors de pair, mais en sens inverse, si on peut s'exprimer ainsi, comme une mauvaise action met hors de pair celui qui l'a commise.

sément le plus précieux attribut de leur caste. Tout cela montre une fois de plus combien les sociétés sont encore des organismes imparfaits.

La noblesse anglaise s'est seule rapprochée plus ou moins du type d'une véritable aristocratie. Le servage a disparu insensiblement en Angleterre vers le xivᵉ siècle. Les lords n'eurent plus, à partir de cette époque, aucun de ces avantages exceptionnels qui sautent aux yeux des foules. « Aucun privilège ne distingue la gentry anglaise au xviᵉ siècle, dit M. Boutmy, aucune charge publique ne lui est épargnée. Les mœurs n'auront plus tard aucune violence à se faire, la loi n'aura rien de nouveau à dire pour que tous ceux qui participent d'une certaine éducation et surtout de certaines habitudes, liées à un certain degré de fortune, s'y trouvent admis comme de plein droit (1) ». Longtemps la Chambre des communes est restée un rouage assez modeste de l'organisation politique de l'Angleterre. La Chambre des lords était la vraie gardienne des libertés publiques. On ne saurait le contester, l'admirable constitution britannique est l'œuvre de l'aristocratie. Les lords avaient arraché aux rois pour leur propre avantage une série de garanties fort précieuses : justice rendue par les pairs, *habeas corpus*, droit de réunion, liberté de la presse, etc. Les lords avaient stipulé ces garanties non-seulement pour eux-mêmes, mais pour tous les citoyens. Ils comprirent (et c'est là leur grand mérite) qu'elles auraient été complètement vaines si elles avaient constitué le privilège d'une caste peu nombreuse.

Une autre chose a contribué à donner un mauvais renom à l'aristocratie. Beaucoup de fortunes dans cette classe proviennent des sources les plus impures et les plus haïssables : conquêtes brutales, vols à main armée, odieux abus de la force, malversations de toute sorte, pillage éhonté des deniers de l'État, spéculations

____

(1) *Le développement de la Constitution en Angleterre.* Paris, Plon, 1887, p. 185.

véreuses, dons accordés à des favoris ou des favorites, complaisances d'alcôve, etc.

Une association d'idées s'est donc formée parfois entre l'aristocratie et ces turpitudes. Cependant cette association n'est pas juste. Il faudrait nous indigner contre les fortunes mal acquises et mettre au ban de la société ceux qui en sont devenus les possesseurs. Il faudrait empêcher les actions abominables énumérées plus haut et en punir les auteurs avec la dernière sévérité... mais cela ne signifie pas qu'il ne faut pas d'élite sociale.

Beaucoup de personnes dans nos sociétés ont acquis leur fortune d'une façon honnête. Elles seules devraient être admises dans l'aristocratie. Autant les voleurs méritent notre haine, autant ceux qui ont su acquérir de grandes fortunes sans avoir jamais vécu au détriment de leurs concitoyens, méritent de notre admiration et de notre sympathie.

Un dernier reproche qu'on fait aux aristocrates, c'est de mépriser le travail. Aristocrate et désœuvré sont presque synonymes. Naturellement cela excite l'animosité des classes laborieuses. On ne saurait le contester, beaucoup de grands seigneurs, imbus des traditions anciennes, dédaignent la production économique. Ils croient déroger en faisant de l'industrie ou du commerce. Ce préjugé est un legs du passé. On croyait autrefois que le moyen le plus rapide de s'enrichir était le brigandage à main armée, la prédation. Qui dit plus *rapide* dit plus efficace. La production économique fut dédaignée non pas en tant que travail, mais en tant que travail moins lucratif. La guerre est aussi un labeur et des plus durs. Pour conquérir l'or du Pérou, par exemple, Pizarro et ses compagnons se sont soumis à des fatigues inouïes. Les ouvriers les plus accablés de besogne vivent en sybarites en comparaison des soldats en campagne. Cependant, loin de mépriser les labeurs militaires, les aristocrates s'en sont toujours glorifiés. Ils ne méprisent donc pas le travail, en général, mais certain genre de travaux en particulier. On

croyait autrefois que la guerre donnait des profits et
les labeurs militaires étaient honorés. On reviendra de
cette erreur et alors les labeurs militaires seront mépri-
sés. Autrefois les aristocrates dédaignaient aussi les travaux de l'esprit. Savoir lire et écrire leur paraissait une
besogne de clerc. Aujourd'hui le plus grand seigneur
serait heureux et fier de faire un chef-d'œuvre littéraire ou artistique. Néanmoins le préjugé contre le travail existe encore chez beaucoup de nobles. Or, nos
sociétés sont devenues des ruches travailleuses. Les
frelons, qui mettent leur point d'honneur à ne rien
faire, provoquent, à bon droit, l'antipathie des classes
inférieures.

Pour toutes ces raisons les aristocraties ont suscité
de profondes animosités. La haine a empêché de voir
les services immenses que rend cette classe sociale. A
proprement parler les grandes familles d'un pays sont
comme ces piliers puissants qui soutiennent les voûtes
hardies des cathédrales gothiques et qui leur permettent de s'élancer vers le ciel. L'aristocratie peut
seule fournir les freins et les contrepoids. Si les gouvernements touchent les hautes têtes, l'émotion est
énorme dans la société, car les grands personnages
sont connus de tout le monde. Dans une démocratie
nivelée, le pouvoir peut frapper impunément des
hommes obscurs et le despotisme est presque inévitable.
D'autre part les familles historiques puissantes se créent
une clientèle qui leur donne une grande force de
résistance. Quand l'aristocratie fait défaut la société est
un être amorphe, sans ossature, sans organisation. Il y
a des animaux sans cerveau, mais ils sont aux derniers
échelons de la hiérarchie vitale. Il y a des sociétés sans
classe aristocratique nettement différenciée, mais elles
sont aux derniers échelons de la civilisation. Quand
une société ne possède pas une élite assez nombreuse,
soyez sûrs que sa vie ne sera ni très brillante ni très
longue.

Il est intéressant de comparer à ce point de vue le

peuple le plus aristocratique de l'Europe au plus démocratique, l'Angleterre à la Turquie. Les Turcs fondent leur État au XIIIe siècle ; ils passent en Europe au XIVe. Ils ont des armées formidables. Ils marchent de victoire en victoire. En moins de deux siècles ils font en Orient ce que Charlemagne avait vainement tenté en Occident : ils reconstituent l'unité romaine. Soliman le Magnifique possédait non seulement tous les territoires ayant appartenu autrefois à Arcadius, mais encore beaucoup d'autres provinces qui n'avaient jamais obéi au fils de Théodose. Soliman était le plus riche et le plus puissant souverain de son temps. Tout tremblait devant lui. Considérons maintenant l'Angleterre. Au XIVe siècle son roi régnait sur une partie des îles Britanniques et sur une partie de la France méridionale. A l'époque de Soliman le Magnifique (1520-1566) les rois d'Angleterre étaient réduits à un territoire ne dépassant pas 180.000 kilomètres carrés, c'est-à-dire peut-être à peine le dixième ou le quinzième des possessions du Sultan. De nos jours la Turquie a accompli le cycle complet de son évolution vitale. Elle se maintient seulement par la rivalité des puissances européennes. Sans cela elle aurait certainement déjà disparu de la carte de l'Europe. Ce ne sont pas les armées du Sultan qui ont empêché les Russes d'entrer à Constantinople en 1878. Ils auraient pu alors démembrer l'empire ottoman, si on les eût laissés faire. Ainsi au bout de six siècles de vie nationale la Turquie est arrivée à la caducité. Voyez au contraire les Anglais. Ils possèdent aujourd'hui le plus vaste empire qui ait jamais existé sur le globe : le cinquième de toutes les terres émergées, le quart des habitants de la planète (1). De plus l'Angleterre ne donne aucun signe de décrépitude. Elle est, au contraire, pleine de sève, de vigueur

_____

(1) L'ensemble des continents et des îles a 155 millions de kilomètres carrés, l'empire britannique en a 26 ; sur un milliard et demi d'êtres humains la reine Victoria a 381 millions de sujets.

et de jeunesse. Les destinées qui l'attendent encore, elle et ses colonies, semblent pour ainsi dire illimitées. Après quatorze siècles de vie nationale, l'Angleterre ne donne même aucune trace d'affaiblissement. On ne peut certes pas attribuer la différence des destinées de la Turquie et de l'Angleterre à un seul facteur: l'absence d'une classe aristocratique, mais on ne peut pas contester que ce facteur n'ait joué un rôle considérable.

Une comparaison entre l'Angleterre et la France est aussi féconde en enseignements.

Par suite des excès de la Révolution, de la journée du 10 août, des massacres de septembre, des exécutions sanglantes de la terreur, l'aristocratie française a été violemment arrachée du sol (1). Plus tard, sous la Restauration, on a essayé de réparer quelques-unes des plus fortes iniquités commises par les Jacobins. Mais, depuis 1830, l'aristocratie française s'est retirée en grande partie sur un Mont-Sacré. La France n'a plus été gouvernée par ses grandes familles historiques et le vaisseau de l'État a subi, hélas ! de bien cruelles avaries.

On a donc méconnu les services que peut rendre l'aristocratie. Il n'est pas fatalement nécessaire qu'elle soit exclusive, rétrograde et âprement égoïste et bornée. Quand elle a ces défauts, on est en présence d'un état pathologique, non de l'état normal. L'aristocratie peut être ouverte, généreuse, désintéressée, libérale et progressiste. Quand elle n'a pas ces qualités, elle ne peut pas accomplir sa fonction et la société dépérit. La Pologne nous offre le triste exemple d'une société ruinée par les vices de son aristocratie. Mais les désastres de la nation atteignent aussi à la longue la classe supérieure.

(1) Il est vrai de dire que l'aristocratie française remplissait bien mal son devoir. Sous Louis XIV les fonctions publiques lui avaient été retirées. Elle avait renoncé à ses fonctions tout en gardant ses privilèges. Devenue une classe parasite, elle était haïe avec raison par les classes laborieuses.

L'intérêt bien entendu de cette dernière lui dicterait une conduite patriotique. Qui songerait, en effet, à lui disputer le gouvernement si elle employait sa puissance pour le bien général. Un pays possédant une élite très différenciée et accomplissant son devoir réaliserait des économies énormes. Son activité vitale en serait accrue dans une limite incommensurable.

Mais comment amener l'aristocratie à accomplir son devoir ? Ici le gouvernement est absolument impuissant. Deux facteurs peuvent seulement produire ce résultat : l'opinion publique et la science. L'opinion publique a une puissance énorme. Tous ceux qui la bravent sont écrasés à la longue. Quand l'opinion sera plus éclairée, elle imposera à l'aristocratie une conduite toute différente de celle qu'elle tient généralement aujourd'hui.

D'autre part si les aristocrates agissent encore d'une façon si contraire aux intérêts des nations, c'est qu'elles croient agir dans l'intérêt de leur caste. On tient aux privilèges, par exemple, parce qu'on les croit profitables. Quand les aristocrates comprendront combien ils leur sont funestes, combien ils diminuent leur prestige et leur force, ils n'en voudront plus. Mais la science peut seule découvrir ce qui constitue l'intérêt bien entendu de chaque citoyen. Par malheur les sciences sociales en sont à leur début. Elles ont encore bien peu d'autorité.

III

Nous venons d'examiner comment, grâce à la richesse et au loisir, certains individus constituent le sensorium social. Mais cet organe est encore alimenté par un autre canal : le gouvernement.

Pour qu'un homme puisse passer sa journée à rendre la justice ou à faire la guerre, il faut nécessairement qu'il ait de quoi vivre ou que d'autres se chargent de son entretien. Le premier cas peut se produire s'il a une fortune personnelle. S'il n'en a pas, d'autres doivent pourvoir à ses besoins. Mais, par cela même qu'un individu ne produit plus de la richesse par lui-même, il se différencie de la classe économique. Entre-t-il en plein pour cela dans le sensorium social ? C'est ce qu'il convient d'examiner avec soin.

Nous l'avons vu, un des principaux attributs de l'élite est la richesse. Or les grandes situations politiques la procurent bien souvent. D'une part, il est juste de rémunérer les hauts fonctionnaires par de gros traitements; de l'autre, les places supérieures dans le gouvernement permettent des bénéfices licites ou illicites très considérables. L'argent donne le pouvoir, le pouvoir l'argent. Les hauts fonctionnaires déploient parfois un luxe qui rivalise avec celui des familles les plus opulentes. Le monde administratif et le monde nobiliaire se confondent souvent. Pourtant, il ne faut pas s'y tromper. Il y a une différence fonda-mentale entre eux. Un ministre peut recevoir de très gros traitements, mais son revenu est éphémère ; il le possède seulement pendant qu'il occupe sa charge. Si le ministre acquiert une grande fortune par des moyens illicites, il ne peut pas faire partie de l'élite, puisque celle-ci, par la nature des choses, implique l'honorabi-lité. Considérez de plus que les hauts fonctionnaires ne sont pas très nombreux. La plus grande partie des serviteurs de l'État vit dans une médiocrité qui frise parfois le dénuement (1).

Nous avons vu que pour faire partie de l'élite, il faut posséder des représentations concernant l'ensemble du groupe social.

A coup sûr, par cela seul qu'il plait à un individu d'entrer dans l'administration publique, le Saint-Esprit ne descend pas sur lui et il n'acquiert pas des repré-sentations d'une façon miraculeuse. Aussi voit-on des

(1) En France, sur 527.000 fonctionnaires, 212 reçoivent 25.000 francs par an et au-dessus.

masses de fonctionnaires d'une ignorance crasse. Nous l'avons dit, Lord Palmerston ne savait même pas où étaient situées les colonies anglaises. On pourrait multiplier ces exemples. M. P. Leroy-Baulieu a mille fois raison, les individus qui gouvernent l'État ne sont en rien supérieurs aux autres citoyens. On peut même démontrer que, par la nature des choses, ils seront toujours inférieurs à l'élite sociale.

Voici pourquoi. Un jour on comprit que des fonctionnaires ne possédant pas la représentation complète de l'État ne pouvaient pas bien gouverner. On exigea d'eux cette représentation et on institua un examen. Mais quelles matières devait-il comprendre ? Qui pouvait trancher cette question ? Évidemment ce ne pouvait pas être les individus occupés à gouverner l'État. Ce furent des spécialistes, les penseurs et les savants. Les gens du métier auront toujours des idées plus larges et plus nettes sur les matières qui doivent comporter l'examen d'État. En d'autres termes, ils seront toujours en avance sur les fonctionnaires publics.

Mais, naturellement, plus haut on s'élève dans la hiérarchie administrative, plus l'horizon mental doit s'étendre. Un simple percepteur des contributions indirectes peut être plongé dans les ténèbres les plus épaisses, mais un ministre de l'intérieur ou des affaires étrangères apprend, naturellement, un grand nombre de choses concernant l'ensemble de la patrie. Gambetta, président du Conseil, avait certainement une vue plus large des intérêts de la France que Gambetta, avocat sans causes (1). Cependant, même les plus hauts fonctionnaires ne seront jamais l'élite intellectuelle d'une société. Dans le cerveau, les cellules qui élaborent la pensée et le sentiment sont différentes de celles qui président aux mouvements du corps. Il en est de même des sociétés. L'art et la science seront éternellement des choses distinctes. L'homme, capable de

(1) Voir page 19.

concevoir un plan de réforme, est bien rarement l'homme capable de le réaliser. Le penseur et le politique seront toujours deux individus différents, car ils doivent posséder des qualités qui s'excluent. Le plus grand ministre est l'homme capable de réaliser les aspirations de ses contemporains. Il ne peut pas créer ces aspirations, parce que, s'il passait son temps à méditer et à penser, il n'en aurait plus pour agir (1). Si intelligente que soit l'administration d'un pays, il y aura toujours une classe dont l'horizon mental sera plus étendu : celle des penseurs et des savants. Cela vient de la loi biologique de la différenciation des fonctions. Par conséquence le gouvernement ne pourra jamais s'identifier complètement avec l'élite sociale.

Une autre circonstance empêche de confondre le gouvernement avec l'élite. Nous avons dit (page 37) que pour faire partie de cette dernière, il faut posséder des volitions se rapportant à l'ensemble de la société. Or, on doit le dire, si étrange que cela puisse paraitre à première vue, un grand nombre de gouvernants peuvent n'avoir aucune volition de ce genre. Les souverains tout d'abord. Quelques-uns d'entre eux ont régné pendant de longues années et sanctionné de nombreuses lois sans manifester aucun désir politique. Charles II d'Espagne savait à peine lire et écrire. Les affaires publiques lui inspiraient le plus profond dégoût et le plus insurmontable ennui. Il n'écoutait jamais les rapports de ses ministres. Ce souverain, pendant vingt-cinq ans, n'eut certainement pas une seule volition sociale. On peut en dire autant de Louis XVI. Son journal en fait foi. Pendant les journées les plus décisives de la Révolution, il note seulement le nombre de lièvres qu'il a tués. Louis XVI s'intéressait surtout à la serrurerie. Il eût été sans doute bien embarrassé de formuler un ensemble de *desiderata* concernant le

(1) Voir page 105.

gouvernement de son royaume. Ce qui vient d'être dit des souverains s'applique aussi aux fonctionnaires à tous les degrés de la hiérarchie. Combien d'entre eux n'ont d'autre souci que de vivre au jour le jour en réalisant les bénéfices les plus grands possibles, en d'autres termes, combien ont des volitions indivi duelles mais non sociales ?

Une caractéristique de l'élite est de posséder le sentiment de la vie de l'agrégat (voir plus haut, p. 37). Cela pousse à mettre les intérêts de l'association au-dessus des intérêts personnels. Or, dès qu'un homme devient fonctionnaire pour vivre des produits licites ou illicites de sa place, il cesse de faire partie de l'élite de par la nature des choses. Une supposition va le démontrer. Un individu occupe un poste dont la suppression, il le comprend, serait avantageuse à sa patrie. S'il donne sa démission, il met les intérêts généraux au-dessus des intérêts particuliers, et cesse immédiatement d'être fonctionnaire ; s'il ne la donne pas, il met ses intérêts particuliers au-dessus des inté-rêts généraux, et cesse immédiatement de faire partie de l'élite.

Pour ce qui est de la notoriété, les hautes fonctions politiques en donnent certainement. Beaucoup de per-sonnes savent les noms des ministres en fonction. Mais cette notoriété n'est pas aussi répandue que celle de l'aristocratie et elle est beaucoup plus éphémère. Nombre d'Anglais qui connaissent les ducs de West-minster, les Somerset, les Sutherland, n'ont jamais entendu parler de M. Chamberlain ou de M. John Morley. De plus, toutes ces grandes familles restent tandis que les ministres passent.

A part les ministres, les autres fonctionnaires arrivent rarement à impressionner la conscience sociale. Leur notoriété est donc nulle et, à ce point de vue, ils ne peuvent pas être considérés comme faisant partie de l'élite.

Les fonctionnaires peuvent aussi obtenir rarement

la confiance et la sympathie des citoyens. Il en est
ainsi de par la nature des choses. Il y aura toujours
(et nous ajouterons, il devra toujours y avoir) antagonisme entre les gouvernants et les gouvernés. Ceux
qui viennent nous prendre une partie de notre avoir par
l'impôt ne peuvent guère être accueillis avec une sympathie bien extraordinaire. Quand le public est récal-
citrant, le gouvernement est poussé à diminuer le
prix de ses services. Les peuples devraient être insa-
tiables d'économies. Si parfait que soit un rouage
administratif, il y a toujours moyen de le perfectionner encore, c'est-à-dire de le rendre moins coûteux. Si
donc l'antagonisme entre gouvernants et gouvernés
est dans la nature des choses, les fonctionnaires payés
ne jouiront jamais de la sympathie et de la confiance
des citoyens à l'égal de l'aristocratie. Les fonctionnaires ne font donc pas partie de l'élite sociale dans
toutes les acceptions que comporte ce terme.

La perfection de l'organisme est en raison directe de
la différenciation des fonctions. Un pays où la fonction
politique ne s'est pas encore séparée de la fonction
économique ne peut pas atteindre le plus haut degré
possible de prospérité.

Tout d'abord, dans une société très civilisée, la vie
se complique d'une façon extraordinaire. Chaque nouvelle branche de l'activité humaine exige, en se déve-
loppant, une organisation spéciale. Le trafic local et
international, par exemple, provoque la création de
chambres de commerce, de tribunaux spéciaux, de
jurys d'arbitrages etc. Le nombre des fonctions devient
énorme avec les progrès de la civilisation. S'il faut les
rétribuer toutes, la charge se fait accablante pour le
contribuable. Or, on le sait, passé certaines limites, la
fiscalité arrête le développement de la richesse, c'est-à-
dire provoque la mort lente de la société. Pour qu'une
nation puisse prospérer, il faut qu'un grand nombre de
fonctions ne soient pas rétribuées (comme celle de
membre de la chambre des communes en Angleterre,

par exemple). Mais, bien entendu, pour que ces fonctions gratuites puissent être remplies, il faut qu'il y ait dans la société beaucoup d'hommes riches ayant des loisirs. Trois moteurs peuvent faire agir un individu : le désir du bien-être personnel (intérêt économique), le désir d'organiser la société selon ses idées (intérêt politique) enfin le désir de la notoriété, ou, en d'autres termes, les satisfactions d'amour-propre. Quand une société ne contient pas assez d'individus chez qui le moteur honorifique passe au premier plan, cette société est gouvernée par les politiciens de profession en vue d'un bénéfice pécuniaire. Ce régime mène forcément à l'exploitation la plus grande possible du contribuable.

Il est curieux d'étudier ce fait dans les pays neufs, où l'aristocratie ne s'est pas encore nettement différenciée. Rien de plus intéressant à cet égard que les États-Unis d'Amérique. New-York peut nous servir d'exemple. Cette ville n'est pas gouvernée en réalité par son conseil municipal, issu de l'élection populaire ; elle est gouvernée par M. Richard Crooker « par l'intermédiaire de Tamanay-Hall, pour le profit de M. Richard Crooker d'abord, de Tamanay Hall ensuite, du peuple en dernière ligne. C'est un fait acquis que le despotisme règne à New-York et que le pouvoir y a changé de main aussi complètement qu'en France au VIII° siècle, alors que les maires du palais se substituèrent aux souverains légitimes » (1).

Voici comment cela est arrivé. Au commencement de ce siècle quelques individus, de leur propre initiative, fondèrent un club politique qui siégea à Tamanay Hall. Peu à peu, grâce à sa bonne organisation, il prospéra. De grands pouvoir furent attribués au président, le *bos*. Ce cercle prit la direction du parti démocratique et devint une puissance. Actuellement son organisation est com-

____

(1) C. de Varigny. *Revue des Deux-Mondes* du 15 avril 1895. Cet article est du plus haut intérêt pour le sociologue.

plète. Un comité général de cinq mille membres en élit un autre de soixante. Tamanay Hall dispose du conseil municipal de New-York et de la législature de l'État. Pour obtenir une loi, une place, pour ne pas être molesté il faut payer des redevances. Les revenus de Tamanay Hall sont fort considérables. M. Crooker vit comme un nabab. C'est justement en vue de procurer de gros bénéfices que fonctionne Tamanay Hall.

Voilà donc les producteurs d'une ville immense payant un tribut à celui qui tient en main les fils de l'administration. C'est l'exploitation du grand nombre au profit de quelques individus : au point de vue financier c'est exactement la situation de l'empire turc. Les sujets du Sultan sont aussi imposés de la façon la plus dure au profit de la dynastie régnante et de quelques milliers de fonctionnaires.

Tant que l'organe aristocratique ne s'est pas constitué la politique reste nécessairement un métier. Alors la bande famélique des corbeaux rapaces se jette sur le budget. C'est une véritable curée. C'est à qui s'arrachera le plus gros morceau. L'exemple des Etats-Unis est des plus remarquables. En république, avec la liberté la plus illimitée, avec le droit de réunion le plus complet, les politiciens ont pu se faire allouer près d'un milliard de francs par an, sous forme de pensions pour les vétérans de la guerre de sécession. C'est peut-être l'exploitation la plus éhontée du contribuable que jamais l'histoire ait enregistrée dans ses annales. Quand les finances de l'Union sont désorganisées et le budget en déficit, les Américains payent un milliard de pensions à de prétendus vétérans dont le plus grand nombre n'a jamais vu des batailles autrement qu'en songe. Il est difficile d'imaginer une politique plus scandaleuse, il est difficile de pratiquer le parasitisme sur une plus vaste échelle.

La politique devrait être une besogne de gentilshommes. Nous n'entendons pas par ce mot des privilégiés, mais des gens s'élevant naturellement au-dessus des foules par leur mérite personnel. La politique deviendra un métier propre seulement à partir du jour où il en sera ainsi. Tant qu'elle sera pratiquée par les politiciens, la prospérité sociale restera médiocre. Voici comment M. Leroy-Beaulieu dépeint cette classe d'individus : « Les politiciens contemporains à tous les degrés, depuis les conseillers municipaux des villes jusqu'aux ministres, représentent, pris en masse et la part faite de quelques exceptions, une des classes les plus viles et les plus bornées de sycophantes et de courtisans qu'ait jamais connues l'humanité. Leur seul but est de flatter bassement et de développer tous les préjugés populaires, qu'ils partagent d'ailleurs vaguement pour la plupart, n'ayant jamais consacré un instant de leur vie à la réflexion et à l'observation » (1). Ces paroles sont sévères. Qui contestera, hélas, qu'elles ne soient parfaitement justes ? Que peut-on attendre d'un élément pareil ? Rien que la désorganisation des finances publiques et de l'État.

IV

Nous l'avons vu, l'élite se forme naturellement dans les sociétés, comme le cerveau chez les animaux. Toutes les tentatives pour créer une noblesse artificielle, à coup de décrets, ont échoué de la façon la plus piteuse. Pierre le Grand a voulu former de toutes pièces une aristocratie en Russie. Il a donné à une classe le droit exclusif de posséder des serfs. Il a essayé de lui assurer des revenus considérables provenant de l'exploitation des paysans attachés à la glèbe. Il a institué la primogéniture, pour empêcher le morcellement des fortunes. En retour, il demandait à ces privilégiés d'exercer les fonctions administratives sans rémunération aucune. L'idéal de Pierre Ier était un pays gouverné gra-

(1) *Traité d'économie politique.* Tome IV, p. 618

tuitement par son aristocratie. La tentative de Pierre Ier
a échoué piteusement. Beaucoup de ceux qu'il avait
mis en possession de fortunes considérables se sont
ruinés. Sa noblesse artificielle n'a pas voulu servir
l'État sans rémunération. Les uns se sont dérobés à
cette corvée, les autres en ont fait une source de
profits illicites et scandaleux. Le *dvorianstvo* (noblesse) russe, tel qu'il fut organisé par Pierre Ier
avait un des éléments d'une aristocratie véritable. Il
était une classe ouverte. Tout individu pouvait entrer
au service de l'État et atteindre le quatrième grade qui
donnait la noblesse. Mais ce *dvorianstvo* manquait de
beaucoup d'autres éléments nécessaires pour constituer
une classe d'optimates. De bonne heure le service de
l'État fut envahi non seulement par des personnes
pauvres, mais encore par des personnes d'une honorabilité plus que douteuse. Loin d'être l'élite de la société
ces individus en étaient parfois la lie. Ces gens n'avaient
presque aucune notoriété dans le pays et loin de mériter
les sympathies des masses, ils méritaient au contraire
leur hostilité. Tant qu'ils restaient au service, ils s'atti-
raient la haine du peuple par leur orgueil, leur brutalité
et leurs malversations. S'ils rentraient dans la vie privée
après fortune faite (ce qui arrivait quelquefois), ils
étaient détestés comme propriétaires de serfs. Ainsi
la noblesse bureaucratique de Pierre Ier n'avait ni
grandes richesses, ni notoriété, ni désintéressement ;
elle excitait la méfiance du peuple et son antipathie. Ce
n'était donc pas une aristocratie dans le sens social
de ce mot. Malgré ses privilèges, elle ne put jamais
devenir une *gentry* comme en Angleterre.

Cette tentative de Pierre Ier démontre que les gouvernements ne peuvent pas créer la classe des optimates.
Ils peuvent seulement en favoriser l'éclosion naturelle.
Comment ? En pratiquant la plus stricte justice. Dans un
pays où les personnes et les biens sont protégés d'une
façon efficace, les gens capables peuvent acquérir des
fortunes, dans le temps le plus court possible. En effet,

quand on est sûr de ne pas être frustré de son bien, on n'a d'autres préoccupations que de produire davantage. D'autre part, plus la justice est sévère, moins il y a de fortunes mal acquises, donc moins de *riches* qui ne peuvent pas devenir des optimates, faute d'être assez honorables. Enfin une dernière condition est requise : l'établissement de la plus stricte égalité devant la loi, l'abolition totale de tout privilège (1). Alors les hommes arrivent aux plus hautes situations en provoquant le minimum d'antipathie. Cela leur permet, s'ils accomplissent bien leur devoir social, d'obtenir même la sympathie, l'admiration et le dévouement.

D'un autre côté, si les gouvernements protègent les personnes, cela veut dire qu'ils respectent l'individualité humaine dans ce qu'elle a de plus sacré : la religion et la pensée. Par cela seul, ils favorisent la formation de l'élite. Dans un pays où règne la liberté de conscience, le droit de réunion, la liberté de l'enseignement et de la presse, nul n'a besoin de devenir rampant, hypocrite et bas. Respect de la personne humaine et honorabilité vont toujours de pair.

En un mot, la seule chose que les gouvernements puissent faire pour favoriser le développement de l'élite, c'est d'accomplir, d'une façon satisfaisante, leur fonction essentielle : la justice.

Cela ramène à une vérité bien banale, mais hélas, constamment méconnue, que la santé du corps social (comme celle du corps physiologique) provient uniquement du fonctionnement normal de chaque organe.

On nous reprochera peut-être de nous forger un trop bel idéal. Cette élite de gens riches, éclairés et désintéressés, n'existe, pourra-t-on nous dire, que dans notre imagination. Nullement. Tout est relatif en ce bas monde. Une classe d'optimates se forme nécessairement dans toute société. Mais cette classe peut être

(1) Celle-là n'existe presque nulle part ; aussi nulle part, il n'y a encore d'aristocratie véritable.

bien ou mal organisée ; elle peut avoir beaucoup de mérites ou beaucoup de défauts. Eh bien ! les pays où
l'élite possédera une bonne organisation et de grands
mérites avanceront vite ; ceux où le contraire se produira
avanceront plus lentement ou dépériront. La constatation de ces faits positifs ne comporte pas la moindre
dose d'idéalisme.

Une dernière remarque avant de terminer ce chapitre.

La division des fonctions est conforme aux lois de la
nature. Que gagnent les sociétés en poursuivant l'établissement d'une démocratie égalitaire ? Au lieu d'une
aristocratie avouée, elles ont alors une oligarchie occulte qui a tous les défauts d'une classe nobiliaire sans
avoir aucune de ses qualités. Et, par cela même que
cette oligarchie est occulte, elle est malfaisante. L'exemple de la France le démontre surabondamment.

« Trois ou quatre cents personnes au plus, dit
M. Germain (1), rédigent les programmes et choisissent
les noms des futurs représentants dans chaque département. Ces personnes font, de la politique, une carrière :
elles veulent surtout et avant tout, je ne dirai pas le
pouvoir, mais les places. Ces politiciens trouvent plus
commode de se faire agents électoraux pour arriver
aux fonctions publiques que de s'y préparer par de
longues études. Ce sont ces cinquante mille personnes
qui, actuellement, dirigent le suffrage universel et dis-
posent des sept ou huit millions de voix ». Ainsi on a
voulu supprimer en France le gouvernement de l'aristocratie et on est arrivé à établir celui d'une oligarchie
occulte sans mandat et sans aucune des propriétés
nécessaires pour constituer une classe gouvernementale.

Les considérations qui précèdent suffisent à démontrer, nous l'espérons, la précieuse utilité de la théorie
organique. Si on l'avait conçue depuis longtemps, on

(1) Cité par M. D'Eichthal, *Souveraineté du peuple et gouvernement*, p. 216.

aurait compris que l'élite ou sensorium est un organe indispensable. On aurait analysé ses fonctions, on se serait rendu compte de ce qui constitue l'essence d'une aristocratie. Combien de fautes cela aurait pu faire éviter à l'Europe ! On s'est fort désabusé dans ces derniers temps du régime parlementaire. Cela ne veut pas dire, à coup sûr, qu'on soupire après le despotisme et le régime du bon plaisir. Cela ne veut pas dire qu'on trouve avantageux de voir les pays gouvernés au profit d'une dynastie ou de quelques hauts fonctionnaires. Non, la désillusion vient, au contraire, de ce que le parlementarisme n'assure pas partout, dans une mesure suffisante, la protection des personnes et des biens. Comme toujours, on fait une déduction illogique. On dit : le parlementarisme fonctionne mal, donc, il faut supprimer le parlementarisme. En réalité, il faudrait dire : quand le parlementarisme va mal, la somme de bonheur social se restreint. Pour augmenter notre bien-être, il faut que le parlementarisme fonctionne bien. Or, pourquoi fonctionne-t-il mal ? Parce qu'on ne tient aucun compte des autorités sociales, des optimates. Les parlements de l'Europe continentale et de l'Amérique, loin de contenir l'élite des nations, en contiennent fort souvent la lie.

Les gens délicats ne peuvent pas faire la cour au suffrage universel. Ils la feraient, d'ailleurs, que cela serait sans succès. Si on veut que le régime parlementaire fonctionne bien, il faut aussi donner des droits électoraux à quelques petits corps d'élite, où les gens bien élevés et délicats pourraient poser leur candidature avec quelque chance de succès. En Angleterre, quelques lords, par leur influence, nommaient de nombreux députés à la chambre des communes. Des hommes illustres, ayant laissé leur marque dans l'histoire de l'humanité, sont entrés au parlement par cette voie.

Quand, à la fin du siècle dernier, on commença à établir des constitutions sur le continent, celle de l'Angleterre servit de modèle. Seulement on la copia plutôt dans son aspect extérieur que dans son esprit. On vit les surfaces, les apparences ; on n'alla pas au fond des choses. On établit sur le continent des circonscriptions électorales, basées sur des divisions uniquement topographiques ; on fixa un cens électoral, etc. Tout cela existait, en effet, en Angleterre, mais plutôt à l'état de décor. « Le choix par le peuple, dit M. D'Eichthal (1), a été longtemps fictif. L'autorité politique s'est vue, dans le fait, attachée à un ensemble de conditions sociales, héréditaires ou acquises, dépendant de la naissance, des droits confirmés par une prescription plusieurs fois séculaire, de la désignation par le souverain ou des collectivités puissantes, celles-ci appuyées sur la tradition, sorties toutes vivantes de luttes prolongées contre la royauté, fortifiées par l'esprit de corps, renouvelées par l'accession ouverte à la richesse, à l'éclat de la gloire et du talent, ce qui, tout en constituant un corps aristocratique, le liait à la nation et en même temps, par une longue pratique des affaires, aussi bien locales que générales, ecclésiastiques ou politiques, l'imprégnait des qualités de gouvernement. Au xviii° siècle, chez nos voisins, la nation, prise en masse, était, en fait, dispensée de la difficulté et de la responsabilité du choix de ses représentants. Les membres des communes sortaient *en apparence* de l'élection. En réalité... ils formaient avec les lords une caste qui par divers moyens (quelques-uns des moins louables) assurait la continuité de son influence politique et le dépôt de la puissance parlementaire entre un petit nombre de mains. C'était une véritable oligarchie gouvernementale et gouvernante..., en somme, une classe représentante plutôt qu'une représentation de la nation ».

Les bourgs pourris ne sont plus qu'un souvenir. En Angleterre, c'est le peuple qui, de nos jours, élit effectivement les députés. Mais il les prend, on peut le dire,

____

(1) *Souveraineté du peuple*, p. 103.

dans une catégorie spéciale d'individus, dans cette classe dirigeante qui s'est formée naturellement dans le pays. On n'élit pas un individu s'il ne représente pas une idée ou s'il n'est pas un *gentleman*. Il n'y a plus de bourgs pourris, mais il y a toujours une classe gouvernementale en Angleterre. Elle se recrute on ne sait par qui et on ne sait comment ; elle se forme des notabilités du pays. Tant qu'elle sera aux affaires, tant que l'Angleterre ne sera pas infectée de la lèpre des politiciens, elle peut être tranquille sur ses destinées et son avenir.

On s'est désabusé du régime parlementaire, parce qu'il fonctionne mal ; et il fonctionne mal, parce qu'il est fondé sur l'empirisme le plus grossier. La théorie organique pourra seule faire comprendre que la représentation nationale devra être fondée sur des éléments vivants, sur des groupes ayant une individualité propre et permanente au sein de la société, et non sur des réunions périodiques d'individus qu'aucun lien n'unit entre eux.

Il nous est impossible de ne pas penser à cette occasion au Comte Tolstoy, notre illustre compatriote. Lui aussi aurait évité beaucoup d'inconséquences s'il avait adopté la théorie organique. Elle lui aurait fait comprendre d'emblée que les fonctions mentales sont aussi nécessaires dans les groupes collectifs que les fonctions économiques. Le paysan qui cultive la terre est utile à la société ; le savant qui élabore de vastes spéculations scientifiques ne l'est pas moins.

CHAPITRE IV

Proportion numérique de l'Élite.

Une société dont l'élite est trop faible est condamnée à une vie obscure et végétative ou à une mort prématurée. Mais que faut-il entendre par trop faible ? Est-il possible de donner quelque détermination numérique ? C'est ce que nous allons examiner.

Mais tout d'abord une considération. Nous l'avons vu, le sensorium social est composé pour ainsi dire de plusieurs couches, formées par ceux qui ont des volitions passives ou désirs, et par ceux qui créent et agissent. Encore ici deux catégories : les uns élaborent les pensées et les sentiments, les autres font de la politique et constituent les moteurs de la société. Il nous est impossible de donner des indications particulières sur chacune de ces classes. Nous les examinerons pêle-mêle. Pour les temps tout-à-fait récents, il y aura moyen de jeter un regard, comme à la dérobée, sur les sous-divisions. On verra combien il est difficile d'avoir des renseignements sur l'élite en général et combien ces renseignements sont vagues et indéterminés.

Dans la Grèce antique les travaux matériels se faisaient en majeure partie par les esclaves. Les citoyens étaient une faible minorité s'occupant de politique et combattant sur les champs de bataille. A vrai dire ces *citoyens* composaient, dans une très forte mesure, ce qu'on serait en droit d'appeler l'élite. Voyons donc leur proportion dans une des sociétés les plus démocratiques de la Grèce : Athènes. On y fit un recensement descitoyens en 444 avant notre ère. Il donna 14.000 hommes. Les historiens ne nous disent pas s'il s'agit de 14.000 chefs de famille ou de 14.000 hommes en tout. Les historiens ne s'occupent jamais de pareilles niaiseries. La démographie leur importe fort peu. On doit probablement comprendre 14.000 chefs de famille. Dans ce cas il faut multiplier ce chiffre par cinq pour y faire entrer les femmes et les enfants. Cela donne 70.000 âmes. Ce chiffre parait bien fort. Mais il faut se souvenir qu'à cette époque Athènes commandait à une fédération comprenant au moins quinze millions d'hommes. La proportion se réduit alors dans une très forte mesure. La classe dirigeante était formée par un individu sur 214.

En 309 (en pleine période macédonienne), un autre recensement donne la composition suivante à Athènes : 21.000 citoyens, 10.000 métèques et 400.000 esclaves. Ici notre incertitude est plus grande. Évidemment pour les esclaves on compte en bloc, avec les femmes et les enfants. Autrement il faudrait multiplier le chiffre de 400.000 par cinq. Cela ferait deux millions. Il est absolument impossible que l'Attique ait pu nourrir une population aussi dense (environ 1.000 individus par kilomètre carré; de nos jours le Lancashire en a 700). Il y a donc tout lieu de supposer que les *citoyens* sont aussi comptés avec leurs familles. Il faut alors diviser par cinq, ce qui donne environ 4.000 individus pour la classe dirigeante, soit à peu près 1 pour 1.000 habitants.

Le mot de démocratie est purement relatif. Athènes pouvait en être une par rapport à Sparte, mais à nos yeux Athènes était une oligarchie et même assez étroite. Il en fut de même de Rome et dans une mesure encore plus forte. L'organe vraiment directeur à l'époque de la république est ici le Sénat. Or, les familles sénatoriales furent toujours peu nombreuses. Quelques centaines au plus. Sous l'empire également les affaires étaient aux mains d'une élite fort restreinte. « Mille familles italiennes ou provinciales, dit V. Duruy (1), vinrent s'ajouter aux deux cents familles aristocratiques qui avaient survécu et constituèrent avec elles la haute société romaine, celle où l'on prenait les candidats à toutes les fonctions civiles, militaires et religieuses ».

Les brillantes républiques italiennes du moyen âge sont aussi des oligarchies. Il y avait en Italie, au XIV⁰ siècle, seulement 1.800.000 citoyens actifs. Ce chiffre tomba à 18.000 un siècle plus tard. En 1494, Florence avait 3.200 citoyens sur 90.000 habitants. Sismondi nous explique parfaitement pourquoi le petit nombre de citoyens fut si avantageux au développement intellectuel du pays. « La rapidité avec laquelle s'opérait le renouvellement absolu de toutes les magistratures (un grand nombre duraient seulement deux mois), de tous les conseils appelait dans un fort court espace de temps tous les citoyens, à leur tour, à exercer leur influence sur la chose publique. Il n'y en avait pas un qui pour remplir les devoirs auxquels il serait bientôt appelé, ne dût arrêter son opinion sur la politique étrangère de toute l'Europe, sur celle qui convenait à sa patrie, sur les finances, sur l'administration, sur la législation, sur la justice ; pas un qui ne dût agir d'après cette opinion propre, qui ne pût être appelé à la motiver, qui ne se trouvât ensuite responsable de ce qu'elle lui avait fait faire » (2). Ou, en d'autres termes, les citoyens étant peu nombreux passaient tous aux affaires et acquéraient une connaissance nette des rouages de l'État et des conditions du milieu politique.

Arrivons aux temps modernes. D'après Voltaire sept à huit cents personnes cultivées formaient en France la fleur de la nation ; tout le reste se composait de barbares aux instincts sanguinaires. Cette appréciation nous paraît un peu pessimiste. Elle montre, cepen-

---

(1) *Histoire des Romains*, Paris, Hachette, 1882, tome IV, p. 645.
(2) *Histoire des Républiques italiennes*. Paris, Furne, 1840, tome X, p. 359.

dant, que, dans l'opinion de Voltaire, l'élite était extrêmement restreinte dans son pays.

Pour ce qui est des sociétés contemporaines nous avons quelques notions plus exactes. Les statistiques sur la richesse peuvent nous donner quelques indications indirectes sur la proportion de l'élite. Ainsi en Allemagne sur 11.977.225 contribuables, 43.870 avaient un revenu supérieur à dix mille marks (1). En France, en 1894, sur 6.703.291 cotes personnelles, 133.968 dépassaient 100 francs. Dans tous les pays le nombre des riches est très restreint. Un autre chiffre est intéressant. Sur 1.300.000 étrangers qui habitent la France, 66.000 seulement sont des rentiers, gros et moyens. La France contient quelques-uns des lieux de plaisir les plus attractifs de l'Europe : Paris, Nice, Biarritz, etc. Malgré cela la proportion des rentiers est au reste des étrangers comme 1 à 20.

Pour l'Angleterre, à part les indications de l'ordre économique, nous en avons aussi de l'ordre intellectuel. Selon les calculs de M. Galton (2) il y avait en 1867 dans les Iles Britanniques 850 hommes illustres et 500 éminents. Cela fait 1350 hommes remarquables. Les Iles Britanniques avaient à cette époque une population de 30 millions d'habitants. Cela donne donc un homme distingué sur 22.222 obscurs. Ces indications de M. Galton sont très précieuses, parce qu'elles se rapportent à la partie du sensorium social que nous appelons active. Le nombre de ces esprits d'élite est toujours prodigieusement petit. On peut en donner une autre preuve, malheureusement très approximative. La biographie universelle de Didot comprend environ 100.000 articles. Le globe a actuellement un milliard et demi d'habitants. La durée d'une génération peut être évaluée à 30 ans en moyenne. On a donc 4 milliards et demi d'individus

(1) *Économiste français* du 29 Juil. 1893, p. 132.
(2) *Hereditary genius*, cité dans la *Revue des Deux-Mondes* du 15 avril 1883, p. 767.

par siècle. Multipliez ce chiffre par 22 siècles (les hommes célèbres deviennent surtout nombreux depuis l'épanouissement de la civilisation hellénique), vous aurez 99 milliards. Comme le globe était moins peuplé autrefois qu'il ne l'est aujourd'hui, diminuons ce chiffre de moitié. Nous avons 45 milliards d'hommes ayant vécu sur la terre depuis le temps de Périclès. 100.000 d'entre eux ont été remarquables à un titre quelconque. Cela fait une illustration sur 450.000 hommes. Notez que le dictionnaire de Didot contient la biographie d'un grand nombre de princes qui « se sont seulement donnés la peine de naître ».

Autre indication. On a publié dernièrement une planche contenant les portraits de tous ceux qui se sont distingués à un titre quelconque dans l'art musical depuis le moyen âge jusqu'à nos jours. Cette planche contient non seulement les compositeurs (1), mais encore les virtuoses (la Malibran, la Patti, les autres grandes cantatrices, les chanteurs, les violonistes, etc.) et les théoriciens de l'harmonie. Eh bien ! tous ces individus sont 240 ! Ces hommes si peu nombreux ont fait la musique moderne.

Par ci par là nous trouvons quelques autres indices sur la proportion des personnes qui s'intéressent aux affaires de l'État. En Angleterre les documents parlementaires se vendent aux prix les plus minimes (un sou la feuille d'impression, soit un franc pour un volume de 320 pages). La poste transporte 120 grammes pour un penny. Des documents qui ont coûté 5.600 francs de frais d'impression n'ont souvent pas rapporté plus de 1 franc 50 centimes ! (2)

Nous sommes presque confus de donner des indications si vagues et si peu précises. Nous en demandons pardon au lecteur. Mais la sociologie est encore

---

(1) Et tous y sont, y compris Paer, Campistron et beaucoup d'autres, complètement oubliés de nos jours.

(2) Voir Franqueville, *Le Gouvernement et le Parlement Britanniques*, Paris, Rothschild, 1887, tome III, p. 259.

une science bien jeune. Il arrive souvent d'y fouler des sentiers, non seulement peu battus, mais même entièrement vierges. Personne n'a fait jusqu'à ce jour (à notre connaissance du moins) une étude quelconque sur le sensorium social et personne ne s'est préoccupé de réunir des données numériques à son sujet. Or ce travail excède de beaucoup les forces d'un seul homme. Il excède même les forces des simples particuliers. Les bureaux de statistique pourraient seuls réunir des documents en nombre suffisant.

D'après des données si vagues on ne peut faire que des suppositions bien hypothétiques. Quelle est la proportion de l'élite dans l'ensemble d'une nation ? Elle varie, bien entendu, selon les pays et les époques. Plus grande, là où la richesse et la culture sont plus étendues, elle se restreint dans les pays barbares. L'élite est beaucoup plus nombreuse en Angleterre qu'en Turquie.

Maintenant quelle proportion doit atteindre l'élite pour qu'une société puisse réaliser une somme d'activité vitale suffisante ? Voilà qui est bien difficile à dire. Il nous parait cependant qu'au-dessous du cinquantième ou du vingt-cinquième de la population totale les capacités intellectuelles de la société seraient beaucoup trop faibles. Ainsi un pays de cinquante millions d'habitants (comme l'Allemagne) ne saurait guère avoir une élite inférieure à un ou deux millions d'individus. Bien entendu les enfants et les femmes sont compris dans ce chiffre, car nous parlons ici d'une classe sociale.

CHAPITRE V

L'outillage intellectuel.

Tout organisme, comme nous l'avons dit plus haut,
est composé de cellules vivantes et d'un outillage plus
ou moins complexe (1). Les coquilles des mollusques en
sont une des formes les plus élémentaires. Ces animaux puisent des substances calcaires dans l'eau et les
façonnent par un travail interne.

Dans le corps humain chaque organe est un ensemble
de cellules vivantes, agglomérant autour d'elles de la
matière sous les aspects les plus variés. L'organe puise
cette matière dans le milieu ambiant (externe d'abord,
interne ensuite) et l'élabore d'une façon spéciale. Cette
matière, ainsi transformée, sert aux besoins de l'organe
particulier et, par contre-coup, au corps entier. Ainsi
certaines cellules forment et entretiennent les os, et
édifient le squelette, charpente qui sert d'appui au
corps entier ; d'autres cellules élaborent la peau qui lui
sert d'enveloppe, etc. Nous ne pouvons pas nous étendre
ici sur ce sujet. Qu'on songe seulement à la disposition
de l'œil. On se fera une idée de la complexité des arrangements de la matière dans le corps humain.

Les cellules de chaque organe accommodent la matière
à leurs besoins, elles se créent donc un outillage. L'ensemble des cellules, c'est-à-dire le corps entier, fait
exactement la même chose. Quand un homme se confec-

(1) Voir page 25 et 26.

tionne un vêtement, il se livre à un travail analogue à celui des cellules qui élaborent sa peau (1). L'instrument peut être défini : une certaine quantité de matière arrangée d'une façon spéciale pour les besoins de l'être qui s'en sert. Cette définition convient également à l'outillage biologique comme à l'outillage social. L'un est le prolongement de l'autre sans aucune solution de continuité.

Chaque organe social a son outillage particulier comme chaque organe biologique. L'armée a les fusils, les canons, les forteresses ; la marine les cuirassés, etc.

L'outillage du sensorium social se compose des objets suivants : manuscrits, imprimés, journaux, livres, revues, dessins, gravures, tableaux, photographies, cartes, instruments scientifiques, édifices scolaires, laboratoires, bibliothèques, musées, églises, monuments commémoratifs, etc., etc.

Naturellement l'outillage intellectuel est intimement lié à celui des autres organes. Leur interdépendance est complète. Ainsi la librairie profite de tous les progrès réalisés par les moyens de transport. Sans la machine à vapeur la presse Marinoni, qui imprime soixante mille exemplaires à l'heure, n'aurait pas pu fonctionner dans les localités privées de moteurs naturels comme les chutes d'eau (2). Sans le bon marché du papier, le journal à un sou eût été impossible.

L'outillage et l'organisation exercent constamment l'un sur l'autre une action réciproque. Les serpules exsudent un tube calcaire dans lequel ils s'enferment. Alors « les anneaux qui composent leur corps reçoivent

(1) On peut observer très exactement chez les abeilles le passage de l'outillage biologique à l'outillage social. « La cire est une secrétion qui se fait entre les segments de l'abdomen... Lorsqu'elle commence à exsuder, les insectes s'en débarrassent avec l'aide de leurs compagnes et la ramassent en tas ». On voit ici comment une exsudation (phénomène biologique) devient un produit emmagasiné pour une collectivité.

(2) Il y a cinquante ans les presses à la main tiraient à peine 600 exemplaires à l'heure.

inégalement l'action du milieu ambiant et réagissent sur lui de façons très dissemblables : ils ne peuvent plus jouer tous le même rôle ; il y a un avantage à ce que quelques-uns d'entre eux se spécialisent, et dès lors l'organisme cesse de présenter l'uniformité de structure si frappante chez les annélides errantes : le corps se divise en régions plus ou moins distinctes les unes des autres » (1).

Cette action réciproque de l'outillage sur l'organisation s'observe aussi dans les sociétés. Ainsi nos instruments scientifiques influent sur nos idées, donc, en définitive, sur l'organisation de notre cerveau. Le télescope a prouvé l'unité des lois mécaniques dans tout l'univers visible, le spectroscope l'unité des lois chimiques. Chaque instrument nouveau nous donne une conception plus exacte de la nature et, d'autre part, chaque théorie scientifique nouvelle permet de créer des instruments inconnus auparavant.

L'action de l'outillage n'est pas moins grande sur la structure des sociétés. La poudre à canon a certainement contribué à briser l'organisation féodale. Les engins de guerre si épouvantables, inventés de nos jours, contribueront, peut-être, à hâter la formation de la fédération des peuples de l'humanité. L'imprimerie a sûrement favorisé la démocratisation des États modernes.

L'outillage intellectuel est encore d'une imperfection navrante. Parfois les hommes d'étude manquent des éléments les plus essentiels d'information. « Grâce à l'absence d'organisation qui caractérise les sciences, » dit M. Ward (2), des milliers d'intelligences supérieures consacrent l'activité de leur vie entière à découvrir des vérités non seulement déjà connues, mais qu'on avait même appliquées aux arts usuels au moment où ils ont commencé leurs recherches ».

(1) E. Perrier. *Les colonies animales*. Paris, Masson, 1881, p. 494.
(2) *Dynamic Sociology*. New-York, Appleton, 1883. Tome II, p. 552.

De plus l'outillage mental est encore d'une insuffisance extrême. Même dans des pays aussi avancés
que les Etats-Unis, les bibliothèques publiques contiennent à peine un volume pour deux habitants (1).

Dans la docte Allemagne, il s'est imprimé en 1892,
23.000 ouvrages. En les supposant tirés en moyenne
à deux mille exemplaires, on a 46 millions de volumes,
c'est-à-dire à peine un volume par habitant. Ce chiffre
doit être encore réduit quand on songe que bon nombre
de publications allemandes sont expédiées à l'étranger,
surtout aux Etats-Unis et en Russie.

Considérons maintenant l'influence de l'outillage
intellectuel sur la conscience sociale.

Les livres et les cartes donnent un moyen de nous
représenter la patrie. Le journal, qui nous arrive
chaque matin, nous met au courant des événements
du globe entier. Par le journal nous avons des renseignements sur les malheurs qui frappent nos compatriotes ou sur les chances heureuses qui se présentent pour eux. Chaque matin notre sensibilité
est donc affectée par rapport à notre patrie ou à l'humanité.

Mais examinons de plus près. Commençons par les
effets de l'outillage sur l'extension de la conscience
sociale dans l'espace.

Il est difficile d'estimer à leur juste valeur les services que les cartes géographiques rendent à l'organisation sociale. Quand un pays dépasse l'horizon visuel
de notre œil matériel, une vraie conception de la patrie
n'est possible que par la carte géographique (2). Quand

(1) Il y a actuellement 4,000 bibliothèques publiques aux Etats-
Unis, contenant 31 millions de volumes. Voir le rapport sur l'Exposition de Chicago par M. Le Soudier, Paris, Imprimerie Nationale, 1894, p. 10.

(2) Si Jean-Galéas Visconti pouvait se lever de son tombeau et
s'il pouvait monter sur la flèche de cette cathédrale de Milan dont
il a posé la première pierre, il aurait pu apercevoir presque

nous disons les mots France, Russie, Allemagne, Italie, les cartes de ces pays se présentent généralement à notre esprit. Si les cartes n'existaient pas, les mots Allemagne, France, auraient été associés à des paysages quelconques : à l'aspect d'une place, d'une rue ou d'une campagne. Or cette association eût été des plus fragmentaires, donc des plus fausses. La Provence ne ressemble pas à la Normandie. L'image de la France par la carte est sans doute très succincte, très généralisée, très abrégée; mais elle est exacte. Toutes les proportions y sont maintenues, toutes les relations gardées. Et précisément l'image de la carte est vraie parce qu'elle est réduite. L'esprit humain ne peut pas évoquer en un seul moment des milliers d'images. Il fait des synecdoques perpétuelles, il prend la partie pour le tout. Dans la masse incohérente des images, il en choisit une pour l'associer à une appellation. Eh bien! quand nous associons l'idée de la patrie à l'image de la carte, nous avons un immense bénéfice, parce que nous faisons une association exacte.

Les cartes procurent seules des représentations nettes de nos patries, mais elles étendent notre horizon mental beaucoup au delà. Un homme qui peut évoquer à chaque instant l'image de la mappemonde se représente simultanément *toutes* les patries existant sur notre globe. C'est la condition première pour concevoir et désirer une fédération du genre humain. Malheureusement le nombre de ces individus est très restreint, même dans les pays les plus civilisés. La compréhension des cartes est infiniment plus facile que la lecture, cependant cette compréhension est relativement plus rare. Cela vient peut-être encore en partie de ce que les cartes géographiques sont plus chères que les livres.

Les personnes instruites, habituées à manier des

toute l'étendue de ses anciens États. Mais le roi Humbert n'est plus dans le même cas que l'ancien duc.

atlas, n'y font plus aucune attention. Cela leur parait naturel. Il leur semble qu'on en a toujours manié et qu'il ne peut pas en être autrement. C'est une profonde erreur. Les cartes géographiques n'existaient pas autrefois et les conceptions des hommes étaient tout différentes de nos conceptions actuelles. « Clovis, dit excellemment M. Berthelot (1), ne se représentait pas une *Francia*. Il avait conquis le royaume de Syagrius, l'Aquitaine, l'Alémanie. Tout cela était à lui, mais il ne se le représentait pas pour cela comme une unité politique. Cette faculté que nous avons de voir dans notre esprit la carte d'un pays avec ses frontières, de mettre dans ce cadre une vie nationale, vient de ce que nous savons l'histoire et la géographie, choses inconnues aux Mérovingiens. »

Nous reviendrons sur ce sujet au chapitre XV. Nous nous contenterons de relever ici qu'on ne peut avoir du patriotisme qu'en ayant une représentation de son pays. Or sans cartes géographiques cette représentation est presque impossible à acquérir.

Considérons maintenant les services de l'outillage par rapport au temps.

Nous avons déjà dit que la représentation exacte d'une société suppose la connaissance de son histoire (2). Or cette connaissance est facilité, amplifiée et étendue dans le passé par l'outillage intellectuel. Les livres, les dessins, les collections exposées dans les musées nous donnent des notions plus ou moins complètes sur la vie de nos ancêtres. Plus l'outillage est parfait, plus augmente le nombre de ceux qui ont ces notions, plus cette représentation devient exacte et plus elle s'enfonce dans le passé. Les gravures, qui avaient la prétention de figurer les hommes et les choses du moyen âge, il y a quarante ans à peine, étaient informes. Le couronnement

(1) *Histoire Générale*, Paris, Colin, t. Ier, p. 125.
(2) Voir p. 33.

de Godefroi de Bouillon à Jérusalem était représenté comme ayant lieu dans une église *gothique!* Aujourd'hui on ne commettrait plus d'anachronismes de ce genre, même dans les ouvrages élémentaires. De plus, grâce au perfectionnement des procédés graphiques, les images du passé sont devenues beaucoup moins coûteuses. Naturellement elles se sont multipliées. Elles ont embrassé le moyen âge et l'antiquité jusqu'aux civilisations les plus anciennes de l'Égypte et de la Chaldée. On a fait des publications d'ensemble, des atlas historiques contenant des planches nombreuses, consacrées à presque toutes les manifestations de la culture des différents peuples. Ceux qui gardent un souvenir suffisant des images contenues dans ces ouvrages possèdent une représentation abrégée du passé de toutes les patries. La photographie a rendu sous ce rapport les services les plus signalés à l'humanité. Elle a permis de répandre la représentation *absolument exacte* d'objets quelconques à millions d'exemplaires. Elle met entre les mains d'un nombre immense d'individus des documents d'une fidélité complète. Sans doute, la représentation que nous avons aujourd'hui du passé de nos patries est encore fort abrégée, fort succincte, mais elle est désormais (quant aux objets matériels au moins) relativement exacte.

Il faut considérer aussi les services rendus par les arts graphiques au point de vue de la durée des représentations.

La tradition orale peut conserver dans une certaine mesure le souvenir du passé, mais dans une mesure très restreinte. En 1770, Cook aborda dans la Nouvelle Zélande à quinze milles de l'endroit visité par Tasman cent vingt ans auparavant. Il n'y trouva aucun souvenir de cet événement (1). Cependant l'arrivée des blancs avait dû impressionner les naturels de cette île. Sans doute, dans d'autres pays, les traditions orales, mises en vers sonores, se sont conservées plus long-

____

(1) H. Spencer, *Principes de Sociologie*, t. IV, p. 97.

temps; mais, tout de même, ce temps est relativement assez court. La vraie mémoire sociale n'est possible que par un outillage très perfectionné comprenant l'écriture, l'imprimerie et les arts graphiques.

C'est le livre surtout qui rappelle le passé. Deux ou trois générations après la conquête normande, le peuple anglais avait peut-être complètement oublié cet événement. De nos jours, il n'en est plus ainsi. Les Allemands ne peuvent pas pardonner aux Français l'incendie du Palatinat après plus de deux siècles, parce que les horreurs commises alors par les troupes de Louis XIV sont consignées dans des livres répandus par millions d'exemplaires. Frédéric II annexe la Silésie en 1740. Seize ans après, à la guerre de Sept ans, cette province semble avoir oublié qu'elle avait fait pendant si longtemps cause commune avec la Bohême. Les annexions modernes ne sont plus si faciles. En mars 1893, en prévision d'une dissolution possible du Reichstag, le parti guelfe, en Allemagne, lança un manifeste électoral. Il déclarait qu'il ne renonçait à aucun des droits dynastiques de la maison de Hanovre. Au xviiie siècle, la Silésie s'assimila complètement à la Prusse en moins de seize années; au xixe, le Hanovre ne peut pas s'assimiler en vingt-sept. Cela vient en partie des perfectionnements de l'outillage. Aujourd'hui, grâce à la diffusion des livres, des milliers de personnes ont présents à la mémoire les événements de 1866 et la manière brutale dont la Prusse annexa le Hanovre. L'injustice commise alors reste consciente. Cela donne de la force au parti guelfe. Sans les perfectionnements de l'outillage, l'injustice de 1866 aurait été déjà oubliée par un très grand nombre d'individus. Elle serait sortie de la mémoire sociale. Les procédés violents réussissent moins aujourd'hui que dans le passé, parce que la somme de justice, réclamée par une société, est, dans une certaine mesure, en corrélation avec les perfectionnements réalisés par l'outillage mental.

Les réactionnaires auront beau faire, ils seront incapables d'arrêter les progrès de l'outillage industriel et, par contre-coup, ceux de l'outillage intellectuel. Malgré les tueries féroces de tant de guerres européennes, la *Rocket* de Stephenson est devenue la locomotive moderne faisant 140 kilomètres à l'heure. Toutes les réactions du monde n'ont pas empêché qu'au lieu de dix heures d'exposition, comme au temps de Niepce, la photographie moderne n'en exige qu'un quatre centième de seconde. Les Américains ont eu beau massacrer 800.000 hommes pendant la guerre de sécession, ils n'ont pas empêché Graham Bell d'inventer le téléphone. Eh bien ! cette semence féconde, que la folie humaine ne parvient pas à extirper, cette semence portera ses fruits. La poudre nous a débarrassés de la féodalité, l'imprimerie de la théocratie et de l'intolérance. La locomotive, le téléphone, et bientôt sans doute le navire aérien, nous débarrasseront de l'abjecte anarchie internationale où nous pataugeons aujourd'hui.

Nos actions sont la conséquence de nos opinions, et nos opinions viennent de nos connaissances. Notre conception de l'univers dépend en partie de notre outillage scientifique. Chaque instrument nouveau étend notre rayon intellectuel. Nous n'apercevons pour le moment aucun temps d'arrêt dans l'amélioration de notre outillage scientifique ; donc, pour le quart d'heure, nous sommes assurés que l'humanité marche vers la lumière, non vers les ténèbres.

En résumé les progrès de l'outillage mental produisent les résultats suivants : 1º Un plus grand nombre d'hommes peuvent se représenter l'ensemble du groupe social dont ils font partie ; 2º Ils peuvent se le représenter d'une façon complète dans l'espace, le temps et la structure. Certaines personnes comprennent mal aujourd'hui le fonctionnement de l'organisme social. Améliorez les procédés graphiques, elles le comprendront mieux. Puis un plus grand nombre de personnes le comprendront. Alors la trame sociale sera modifiée. Telle injustice, facile quand 1 pour 100 seulement de la population se représente les rouages de la machine gouvernementale, devient impossible quand 30 pour 100 se représentent ces rouages. Mais par contre, aussi telle transformation prodigieusement lente dans le premier cas, s'accomplit rapidement dans le second.

Imaginez un pays où tous les habitants lisent un journal chaque matin. Théoriquement, il suffira de vingt-quatre heures pour porter à leur connaissance les faits que l'on voudra leur communiquer et les notions qu'on voudra leur faire acquérir. Nous sommes encore bien loin de cet état de choses, mais nous nous y acheminons lentement. Quand il sera réalisé sur le globe entier, l'humanité sera quelque chose de bien différent de ce qu'elle est aujourd'hui. Elle vivra d'une vie commune puisqu'elle recevra tout entière les mêmes sensations.

Il nous reste à parler maintenant de l'outillage au point de vue de la *notoriété* de l'élite.

Nous avons déjà montré (1) comment la demeure d'un homme peut le mettre en évidence. Il est incontestable, par exemple, que le magnifique palais Strozzi, bâti par Benedetto da Majano et Simone Cronaca, a beaucoup contribué à l'illustration de son propriétaire. Qui aurait connu Lucca Pitti de nos jours, s'il ne s'était fait élever par Brunelleschi sa somptueuse demeure ? Des milliers de personnes, qui lisent maintenant sa biographie, n'en auraient jamais entendu parler. On peut en dire autant des Rucellai et de bien d'autres familles qui vivent dans la mémoire des hommes seulement par les œuvres d'art qu'elles ont contribué à produire.

De nos jours, en Angleterre, certaines demeures seigneuriales des lords sont connues dans le pays entier. Les journaux illustrés publient et republient des images

(1) Voir page 40.

qui forment la série des *english homes*. On donne des gravures représentant non seulement les façades extérieures, les vues d'ensemble et les jardins, mais encore les différentes pièces intérieures, les salons, les *halls*, etc. On peut encore observer ici l'interdépendance des phénomènes sociaux. Les gens riches subviennent à l'existence des artistes ; les artistes, à leur tour, contribuent à former la notoriété de leurs protecteurs. Il ne suffit pas qu'une demeure soit somptueuse, il faut aussi qu'elle soit belle pour acquérir le maximum possible de notoriété. Ainsi le palais Strozzi, à Florence, a eu, à une certaine époque, la plus belle corniche de l'Italie. Naturellement, la décoration intérieure contribue aussi à relever l'éclat d'une demeure. Tout le monde va voir l'ancien palais des Médicis à Florence (aujourd'hui palazzo Riccardi), à cause des fresques de Benozzo Gozzoli et du magnifique plafond de Lucca Giordano.

Mais on peut aller plus loin et affirmer que l'art de bâtir a une influence directe sur la structure sociale. Sans doute la féodalité eût été impossible sans le château *fort* du seigneur. La preuve, c'est que la féodalité disparut quand le château cessa d'être *fort*. Mais en cessant d'être un fort, la demeure du grand propriétaire terrien resta longtemps *le château*, connu parfois dans tout un canton. Après l'église, il est souvent la curiosité la plus intéressante de certaines localités. Le seigneur et le château font un dans une certaine mesure.

Un exemple pourra faire encore sentir l'importance de l'outillage. La papauté au Vatican est entourée d'un cadre magnifique. Si le Saint-Père quittait Rome, il perdrait une part immense de son prestige. Privé des magnificences de Saint-Pierre, du plafond de la Sixtine, des *Stanze* et des *Loggie* de Raphaël, il n'exercerait plus la même influence sur l'imagination des hommes. Nous avons rendu visite, il y a quelques années, au patriarche orthodoxe d'Alexandrie. Il a été autrefois l'égal du pape. Mais il habite aujourd'hui une modeste demeure. Son autorité, restée la même qu'au temps ancien, au point de vue canonique, est bien amoindrie par le fait de la modestie de son installation. Mettez le patriarche d'Alexandrie dans une demeure aussi somptueuse que le pape et aussitôt son importance augmentera démesurément aux yeux des hommes.

On peut présenter la contre-épreuve de ce que nous avançons. Dans les pays où il n'y a pas de beaux matériaux de construction, l'architecture n'a pu prendre aucun essor et une puissante aristocratie n'a pas pu s'organiser. La Russie en est un exemple bien remarquable. C'est un pays presque complétement privé de pierres. Dans le gouvernement de Poltava, par exemple, on n'en trouve pas une seule à dix lieues à la ronde. Aussi les boyars de l'ancienne Russie n'ont pas pu se bâtir des demeures seigneuriales en matériaux indestructibles. Ils édifiaient des maisons en bois combustibles et éphémères. A l'époque où la Russie était divisée en nombreuses principautés, les boyars quittaient facilement le service d'un prince pour passer à celui d'un autre. Rien ne les retenait dans leur patrie d'origine. La Russie est une vaste plaine monotone et triste, sans aucun caractère. Tous les paysages s'y ressemblent. Le paysage de Naples est tout différent de celui de Gênes, de Rome ou de Florence. Les pays de montagne ont comme une ossature, un squelette qui leur donne un caractère net et tranché. Les régions des plaines sont ternes et amorphes. Beaucoup d'Italiens vont aujourd'hui dans la République Argentine pour faire fortune. Mais presque tous gardent le désir de retourner dans leur pays, justement parce que les paysages qu'ils ont contemplé dès l'enfance, ayant un aspect très caractérisé, restent profondément gravés dans leur mémoire. Il n'en est pas de même en Russie. Un champ borné par une forêt de sapins, a le même aspect dans la région de Riazan comme dans celle de Moscou. Celui qui quittait le premier pays pour s'établir dans le second n'avait aucun regret parce qu'il n'apercevait presque aucune différence. De là vient que les grands de l'ancienne Russie avaient des goûts si nomades. L'art n'est pas venu corriger ce que la nature ne donnait pas. Les demeures des boyars n'étaient pas plus variées que les paysages de leur pays. On pouvait les reconstruire sans aucune difficulté. Aussi les grands seigneurs russes, ne prenant racine nulle part, n'exercèrent pas la même influence que les possesseurs des somptueux châteaux de l'occident. Ils n'ont pas pu former un organe aristocratique nettement différencié.

Si la Russie avait de beaux matériaux de construction, l'architecture aurait compensé, en partie, les inconvénients naturels du pays. Gand, Louvain, Ypres, Bruges sont en plaine. Mais, grâce à leurs monuments, ces villes ont un cachet individuel des plus accusés. Il n'en était pas ainsi dans l'ancienne Russie où le plus grand nombre de villes avaient des édifices en bois. Le palais urbain, éternel, solide, fastueux, ne s'y éleva pas plus que le château. Les boyards russes jouirent d'une faible notoriété dans le pays et jouèrent un rôle politique assez effacé.

Nous sommes bien loin d'affirmer que l'outillage est le seul facteur produisant l'organe aristocratique. Non, certes. L'Asie-Mineure et la Grèce sont des pays magnifiques. Ils ont les reliefs les plus accusés et les matériaux de construction les plus admirables (le marbre de Paros entr'autres). Cependant ni sous la domination byzantine, ni sous la domination turque, ces pays n'ont eu de puissantes aristocraties.

Attribuer les grands phénomènes sociaux à une seule cause est une méthode des plus fausses. Nous ne voulons pas tomber dans cette erreur. Nous voulons dire seulement que l'outillage contribue, dans une certaine mesure, à hâter la différenciation de l'organe aristocratique.

LIVRE II

—

CHAPITRE VI

Le mécanisme de la conscience sociale.

Dans un organisme possédant un système nerveux développé, l'acte psychique traverse des phases nombreuses. Partant du dehors au dedans, il est d'abord sensation, puis image, puis idée (voir page 35). Partant ensuite du dedans au dehors, il est désir, volition, action consciente et action reflexe. L'acte psychique peut s'arrêter à chacun des termes de cette série. Nous pouvons avoir une sensation sourde qui ne devient pas perception, nous pouvons avoir un désir qui n'arrive pas à être une volition déterminée et qui ne se transforme pas en action. Mais l'acte psychique qui comprend le cycle entier doit nécessairement traverser toutes les phases indiquées ci-dessus.

Or, dans tout organisme plus ou moins complexe, la série des actes psychiques est répartie entre plusieurs organes. Les nerfs reçoivent la sensation du dehors ; ils la transmettent au cerveau où s'opèrent les phénomènes de la perception, de l'idée et de la volition. Puis d'autres nerfs mettent en mouvement les muscles pour aboutir à l'action.

Sans doute, chaque cellule, chaque organe, chaque appareil garde une somme considérable d'indépendance; le corps humain, par exemple, est un être très décentralisé; l'intervention du cerveau est restreinte à un petit nombre d'actions vitales ; les ganglions et la moelle épinière accomplissent une très grande partie de la besogne nécessaire à l'entretien de notre vie. Mais, tout de même, pour ce qui concerne les actions de notre corps tout entier, l'intervention du cerveau est indispensable.

Nous observons des phénomènes analogues dans les organismes collectifs. Pour devenir *action* sociale, il faut qu'un ébranlement fasse le circuit complet, c'est-à-dire passe par le sensorium ou élite. Il suffit d'étudier l'organisation sociale de la façon la plus superficielle pour s'en convaincre.

La France, par exemple, a 36,121 communes. Toutes ont un intérêt général qui les unit, puisqu'elles font partie d'un même État. A certain moment, toutes peuvent exécuter une action tendant vers un seul but. Et, cependant, ces communes ne communiquent pas directement les unes avec les autres. Elles communiquent entre elles par une série de centres se superposant hiérarchiquement. Les communes d'une sous-préfecture ont le chef-lieu de cette sous-préfecture pour centre de ralliement. De là, on monte au département et les départements, à leur tour, communiquent tous avec le gouvernement central. Une commune française serait aujourd'hui envahie par l'ennemi. Elle ne dépêcherait pas 36.120 messages aux autres communes pour leur demander assistance, mais un seul message au gouvernement central. Celui-ci ferait parvenir ses ordres à 36,120 communes qui, toutes, se mettraient en mouvement pour soutenir la commune attaquée. Pour que la France entière se mette en mouvement, il faut que le gouvernement central soit informé qu'il y a lieu d'agir et qu'il donne des ordres en conséquence.

Nous voyons ici le circuit *topographique*. Mais il y en a de plus un autre, de l'ordre structural, infiniment plus complexe.

Une idée peut naitre partout, mais elle doit parvenir à l'élite, puis redescendre dans les masses populaires pour devenir une action sociale consciente ou reflexe.

Prenons d'abord un exemple très simple. A un certain jour, dans un lieu déterminé, à Rouen par hypothèse, un individu a dit *vélo* pour vélocipède (comme on a dit autrefois *renard* pour *volpil*). Mais pour que Bordeaux, Limoges, Lyon et Marseille adoptent d'une façon définitive *vélo* pour *vélocipède*, il faut la consécration de la haute société parisienne et, en dernière analyse, celle de l'Académie française. *Vélo* peut rester longtemps un terme d'argot ou un provincialisme ; pour qu'il devienne un mot français à l'égal de *table* ou de *maison*, il faut qu'il soit adopté par l'élite sociale.

Ce qui est vrai d'un mot l'est aussi d'une idée. Voici la marche qu'elle suit généralement dans la société : un individu la conçoit à un certain jour. Peu à peu elle commence à se répandre et arrive à affecter l'élite sociale. Puis elle descend dans les masses. Pour devenir un truisme, un axiome indiscuté, il faut que l'idée nouvelle reçoive la sanction des autorités sociales. Sans cela, elle ne peut pas tomber dans le domaine public et devenir universelle. Prenons l'idée du mouvement de la terre comme exemple. Conçue par les anciens Grecs, elle est retrouvée par Copernic. Galilée la propage. Elle gagne du terrain. L'Eglise lui est d'abord opposée. Puis, elle l'adopte à son tour. Alors, munie de la sanction de toutes les autorités sociales, elle tombe dans le domaine public. Imaginez que cette idée n'eût pas l'approbation de l'élite. Elle ne serait pas enseignée dans les écoles ; elle serait condamnée du haut de la chaire (1). Naturellement, elle aurait moins d'adeptes et ne serait pas universelle.

Même marche pour les vastes généralisations de l'esprit humain qui sont les systèmes philosophiques et les

_____

(1) C'est ce qui se passe actuellement pour l'idée de Darwin sur la transformation des espèces.

religions. Un jour Saint Paul se met à prêcher une foi nouvelle. A un certain moment, il est seul. Puis, il gagne des adeptes. Au bout de plusieurs siècles, les enseignements de Paul se répandent sur toute l'étendue de l'Empire romain. Mais cet Empire ne devient chrétien que lorsque les classes supérieures et gouvernementales adoptent la religion nouvelle. Alors le mouvement commence à redescendre et peu à peu l'universalité des Romains se font chrétiens. Si l'élite fût restée inaccessible à la foi de Jésus, il y a gros à parier que nombre de personnes, dans l'Europe occidentale, adoreraient encore les dieux du paganisme.

Suivons maintenant, pas à pas, le phénomène psychique dans sa marche si complexe. Pour nous débrouiller dans la masse effrayante des faits sociaux nous n'avons d'autre moyen que de prendre pour guide les analogies avec l'organisme individuel.

Le phénomène psychique commence par une action venant du dehors. Les nerfs éprouvent une sensation. Si l'ébranlement est trop faible, la sensation ne parvient pas au cerveau. Il y en a des milliers qui sont dans ce cas. C'est même le plus grand nombre. Mais si l'ébranlement est assez fort, il affecte une masse considérable de cellules et finit par arriver au cerveau. Ici la sensation se bifurque, pour ainsi dire, et suit deux canaux : celui qui la transforme en image et en idée et celui qui la transforme en sentiment, c'est-à-dire en impression pénible ou agréable. Suivons d'abord la sensation parvenue à l'état d'idée (1). Dès qu'elle s'est formée dans le cerveau, de grands dangers la menacent. Les anciennes idées, accumulées précédemment dans les cellules nerveuses, se montrent hostiles

---

(1) Évidemment une sensation *unique* ne se transforme pas en idée. Cela arrive seulement quand elle s'associe à beaucoup d'autres et produit une résultante. Nous ne faisons pas ici de la psychologie. Une analyse exacte nous mènerait trop loin et ne rentrerait pas dans notre sujet. Nous disons seulement ce qui est indispensable pour éclairer le phénomène social.

parfois à la nouvelle venue. L'intruse paraît fausse, haïssable. Une lutte se produit. Elle peut durer des années. Mais l'idée nouvelle peut finir par gagner des adeptes. Il arrive un moment théorique où elle a rallié la moitié des cellules. Alors l'adhésion d'une seule cellule de plus peut faire définitivement pencher la balance en sa faveur. D'autres cellules se rallient successivement. La majorité devient de plus en plus considérable et finit par atteindre l'unanimité. Alors l'idée nouvelle passe à l'état de truisme. La marche contraire peut se produire aussi, bien entendu. Dans ce cas, l'idée nouvelle est vaincue et chassée du cerveau. A la longue, elle peut être complètement oubliée.

Telle est exactement la marche du phénomène psychique dans le corps social.

Tout d'abord l'immense majorité des faits sociaux n'affecte pas l'élite. Dans une certaine commune, la pluie a défoncé les chemins ; les habitants de l'endroit et les autorités locales prennent des mesures pour les réparer. Des millions de petits faits analogues se produisent à tout instant. Il serait fastidieux de vouloir même en énumérer quelques-uns. Si les hommes affectés par des circonstances de ce genre ne réagissaient pas immédiatement, la vie sociale ne serait pas possible pendant un seul jour. Et la masse de ces petites circonstances est incommensurable. On le voit, l'analogie est complète entre le sensorium social et le cerveau, puisque ce dernier n'est aussi affecté que par une infime minorité des sensations venant du dehors.

Mais suivons l'ébranlement social qui arrive au sensorium. Quelques individus dans un village se sont réunis dans un lieu public ; ils se sont mis à prier et à chanter des hymnes. Les autorités de l'endroit ont voulu les disperser. D'autres personnes sont venues à leur secours ; une bagarre s'en est suivie ; la troupe est arrivée ; on a tiré des coups de fusil ; il y a eu des morts et des blessés. Cependant, les rebelles n'ont pas cédé. Ils ont reçu des renforts venant des communes voisines ; un département, puis deux, puis plusieurs autres se sont déclarés pour eux ; enfin, l'État a été déchiré par la guerre civile. La nation entière a été alors informée. La totalité de la conscience sociale a été affectée.

Évidemment, la rixe aurait pu finir et sa répercussion s'arrêter à toutes les phases possibles. Elle aurait pu être étouffée en quelques heures dans le village où elle avait éclaté. Plus tard, on aurait pu empêcher le mouvement insurrectionnel de dépasser les limites d'un département, de deux ou de trois. Nécessairement, pour gagner des alliés, la révolte a dû être connue d'un nombre de personnes toujours plus grand. Enfin, quand elle a provoqué la guerre civile, elle est connue de tous. Voilà donc une sensation locale se transformant en perception générale. Arrivée à cette phase, elle se transforme en idée. La guerre civile est un fait. Mais il va sans dire qu'elle provoque des jugements. Les uns donnent tort aux révoltés, les autres leur donnent raison. Des réflexions se font dans les cerveaux. Elles aboutissent, par hypothèse, à deux idées opposées. « Chacun doit être libre de prier Dieu à sa guise », concluent les uns. « Les sujets doivent suivre la religion du prince, *cujus regio ejus religio* », disent les autres. La révolte est domptée ; l'ordre matériel rétabli. Mais la lutte intellectuelle ne finit pas nécessairement. Elle se poursuit par les procédés de la discussion dans les journaux, les brochures, les livres, les réunions publiques. Peu à peu, l'idée que chaque individu doit être libre de prier Dieu à sa guise gagne du terrain. Il y a un moment théorique où cette idée est partagée par la moitié des membres de l'élite; alors l'adhésion d'un seul individu peut faire pencher la balance en sa faveur. L'idée nouvelle l'emporte avec une vitesse toujours croissante et finit, à la longue, par tomber dans le domaine public. A partir de ce moment, elle commence à paraître *conforme à la nature des choses*. Toute action qui lui est opposée est considérée comme subversive.

Elle est punie par le législateur comme un délit ou un crime. Les lois sont mises en harmonie avec l'idée triomphante. Quand cela a duré un certain nombre d'années, les hommes ne sont plus capables de se représenter un état social non adapté à l'idée victorieuse. Dès ce moment, cette idée cesse d'affecter la conscience nationale. Ainsi, telle proposition, tenue un jour pour criminelle, peut aboutir à constituer une des bases de l'ordre social.

Nous avons supposé dans l'exemple donné ci-dessus le triomphe de l'idée de la tolérance. Le contraire aurait pu se produire aussi, bien entendu, et le *cujus regio ejus religio* prendre le dessus. Mais, dans les deux cas, la marche de l'idée victorieuse eût été la même.

Une autre circonstance peut être observée dans les sociétés. Une idée nouvelle peut naitre sans antécédent extérieur *apparent*. Il n'est pas nécessaire que l'ébranlement parte toujours d'un fait social, comme une émeute, une famine ou une invasion. Le mouvement initial peut partir du travail solitaire d'un penseur. X publie un livre démontrant que la propriété collective vaut mieux que la propriété privée. Une société entière peut se rallier à sa manière de voir et s'organiser en conséquence. Mais pourquoi X a-t-il émis cette théorie ? Évidemment parce qu'il a été affecté lui-même par certains faits observés directement ou indirectement. Dans ce dernier cas il se sert d'observations faites par d'autres individus qui les ont consignées dans leurs écrits. Mais comme le fait observé par Z et l'idée provoquée par ce fait dans la tête d'X peuvent être séparés par un long intervalle de temps, il nous semble que des idées sociales peuvent naitre spontanément dans le cerveau humain.

L'ébranlement peut aussi partir de faits qui frappent simultanément l'esprit de plusieurs personnes. Un exemple : « L'exposition universelle de 1878 inquiéta les Anglais, dit M. Leclerc (1). Ils sentirent confusé-

<hr>

(1) *L'Éducation en Angleterre*. Paris, Colin, 1894, p 250.

ment comme un danger pour leur prééminence économique. Une commission royale fut chargée d'une
enquête... Elle déclara que l'éducation technique de
l'Angleterre était en retard sur les nations continentales ». Évidemment cette idée de l'infériorité technique
de la Grande-Bretagne se présenta en même temps à
plusieurs personnes.

Naturellement à la base de tout phénomène de conscience individuelle et sociale, il y a une discrimination.
Il faut percevoir une différence entre ce qui a été et ce
qui est pour qu'une sensation puisse avoir lieu. Si la
température était toujours invariable sur notre globe,
l'homme n'aurait aucune sensation de chaud et de froid.

De même dans les sociétés, les phénomènes qui se
répètent tous les jours avec constance ne parviennent
pas à produire de sensation dans le sensorium. Comme
on était habitué à voir naître et mourir des hommes
« on a commencé à observer assez tard les mouvements de la population », dit M. Block. Cette remarque
peut être généralisée dans une large mesure. Précisément une des choses qui a le plus empêché les progrès
de la sociologie, c'est que l'importance d'un fait social
est en raison directe de sa constance. Mais par cela seul
qu'il se répète des milliers et des milliers de fois, il
paraît naturel et échappe à l'observation. Depuis que
l'homme a commencé à consigner ses faits et gestes,
depuis qu'on a commencé à écrire l'histoire, on a noté
les faits qui frappaient le plus l'imagination. Nous connaissons les menus des repas de quelques grands seigneurs romains au premier siècle de notre ère, mais
nous n'avons aucun renseignement sur la natalité et la
mortalité de cette époque. Les chroniqueurs du moyen
âge nous parlent des comètes, des pluies de sang, des
guerres, des dévastations ; mais ils ne nous donnent
aucune information sur la production économique de
leur temps.

Bien entendu l'énergie nécessaire pour affecter les
centres nerveux dépend de la condition de ces derniers.

Plus ils sont délicats, plus ils deviennent sensibles. Nous observons aujourd'hui des milliers de faits qui échappaient absolument à nos ancêtres. Justement parce que le sensorium social est devenu plus délicat. D'abord l'organe a grandi. Il y a beaucoup plus d'hommes instruits, donc plus de cellules réceptrices. Ce qui échappe à l'un est observé par l'autre et, comme la science met toutes ces acquisitions en commun, la puissance d'observation de la société s'en accroît. Mais il y a non seulement accroissement numérique des individus composant l'élite, il y a aussi accroissement de subtilité chez ces individus. Grâce à nos connaissances supérieures, nous comprenons l'importance de nombre de faits que nos ancêtres ont pu connaître sans les juger dignes d'examen et de mention.

Un ébranlement venant du dehors doit affecter un certain nombre de cellules pour parvenir au cerveau sous forme de sensation ; il doit en affecter un nombre de plus en plus considérable pour devenir successivement perception, image, idée et généralisation. Mais encore ici la condition du cerveau est un facteur des plus importants. Plus les cellules sont délicates, plus elles sont puissamment réceptrices. Nous observons exactement le même phénomène dans les sociétés. Héraclite avait déjà entrevu le vrai système du monde ; il disait que l'univers était en transformation perpétuelle. Mais cette idée ne parvint pas à s'imposer, au vi⁰ siècle avant notre ère, à la conscience de la société grecque. D'une part, le sensorium de cette société devait être alors numériquement assez faible ; de l'autre, il était encore assez grossier. Les idées d'Héraclite ont été comme ces notions qui traversent notre conscience et disparaissent en peu de temps sans prendre possession de nous-mêmes.

Des milliers d'idées générales ont été émises dans le monde depuis des siècles. Mais un grand nombre d'entre elles se sont perdues. Elles n'ont pas dépassé la phase de la perception. Elles ne sont pas arrivées à de-

7

venir des truismes, des bases de l'entendement.

Au contraire, quand une idée a traversé victorieusement la série entière des états psychiques, quand, après avoir affecté l'élite, elle descend dans les masses populaires, elle prend un caractère instinctif qui la rapproche peu à peu des actes inconscients. Ainsi de nos jours personne ne cherche à faire de l'or. Est-ce à dire que tout le monde connait la chimie et sait que les corps appelés « simples » sont irréductibles les uns aux autres ? En aucune façon. Cette idée qu'il est impossible de faire de l'or, est maintenant « dans l'air », comme on dit en langage usuel. Elle n'est plus contestée par personne, elle a passé à l'état de lieu commun. Nous touchons ici aux reflexes sociaux dont il sera question au chapitre XIX.

Si les comparaisons entre l'individu et les sociétés sont utiles, la réciproque est aussi vraie. Les faits sociaux pourront peut-être éclaircir un peu le phénomène mystérieux de la conscience.

D'où vient qu'une nation a une conscience collective ? De ce que certaines connaissances (1) se transmettent d'homme à homme dans l'espace et dans le temps (d'une génération à une autre). Il en est sans doute de même dans le cerveau. Les mouvements, produits par une sensation extérieure, passent de cellule à cellule. Un certain nombre de cellules sont en train de reproduire le mouvement A, alors que d'autres sont déjà affectées par les mouvements B, C, D, et ainsi de suite. Quand, par suite d'une série de circonstances quelconques, une idée est en harmonie avec le mouvement A, celui-ci se répercute de la cellule qui l'a conservé et il redevient de nouveau conscient pour le cerveau tout entier. Cette explication est bien grossière, sans doute. Ce que nous désirons établir seulement, c'est que la conscience individuelle, comme la conscience sociale, est le résultat de l'association.

____

(1) Et *connaissance*, en dernière analyse, se ramène à un ensemble de mouvements cérébraux.

CHAPITRE VII

Fonctions de l'élite sociale.

Quand on veut exposer le mécanisme de la volition sociale, on se trouve devant de grandes difficultés. Les sociétés sont des êtres extrêmement complexes. De nombreux phénomènes s'y accomplissent simultanément. Or on ne peut les décrire que consécutivement. Mais, comme ils exercent une forte action les uns sur les autres, quel que soit l'ordre adopté, on risque de ne pas être très clair dans son exposition.

Tout d'abord il faut mettre en évidence un fait qui est loin d'être universellement accepté : toute volition sociale provient de l'élite, comme toute volition individuelle provient du cerveau (1). Comme cette proposition est encore fort contestée, nous devons l'appuyer sur des faits.

Nous avons montré plus haut comment se forme le sensorium social et de quels individus il se compose. Il faut montrer maintenant comment il fonctionne, ou plutôt, comment, grâce à son intervention, une société comprenant des millions de personnes peut agir comme un seul homme.

Ce processus de la volition sociale est encore bien obscur. On se le représente d'une façon très vague. Nous causions dernièrement du mouvement pacifique

(1) Bien entendu dans les êtres supérieurs qui possèdent cet organe. Nous faisons cette remarque une fois pour toutes.

qui se produit maintenant en Europe avec un riche industriel de nos amis, homme fort cultivé, possédant la moyenne des connaissances de notre temps. Il nous disait : « Admettons même que les peuples se déclarent pour la fédération, mais les gouvernements ne s'y rallieront jamais et votre fédération restera éternellement une utopie ». Cette seule phrase montre combien le processus de la volition sociale est encore mal compris de nos jours.

Les gouvernements actuels agissent. Donc ils ont d'abord des désirs qui se transforment ensuite en volitions. Mais pour avoir un désir et une volition, il faut avoir nécessairement la représentation d'un état de choses qui n'existe pas encore, mais qui pourrait exister, en d'autres termes un *idéal* (1). Mais où les gouvernements prennent-ils cet idéal? Les souverains, les ministres, les hauts dignitaires ne sont pas descendus du ciel. Ils ne sont pas d'une autre essence que les autres hommes. Les gouvernants n'ont pas trouvé eux-mêmes toutes les idées qu'ils ont dans le cerveau. C'est psychologiquement impossible. Les gouvernants ont puisé ces idées dans le milieu ambiant; et le milieu qui a un idéal et des volitions sociales est précisément le sensorium ou élite.

Le gouvernement représente les cellules motrices du cerveau. Mais celles-ci sont subordonnées aux cellules sensitives. Le travail mental, qui pousse à l'action, est fait par ces dernières. En définitive, à bien examiner les choses, les cellules sensitives sont le véritable moteur de toutes nos actions.

Il en est ainsi dans les sociétés, mais de nombreuses circonstances obscurcissent ce fait. Nous allons les exposer brièvement.

Les sociétés les plus civilisées sont encore à une phase très inférieure de l'évolution. Elles sont loin de ressembler à un être comme l'homme. Cependant elles ont

____

(1) Ce processus sera décrit en détail au chapitre suivant.

déjà comme une espèce de système nerveux embryonnaire. La hiérarchie des fonctionnaires est organisée d'une façon plus ou moins efficace. Dès à présent, dans une société comme l'Allemagne, la Russie ou la France, un ordre, parti du cabinet d'un ministre, peut mettre en branle des millions d'hommes. Le fait est surtout sensible dans l'organisation militaire, plus parfaite que toutes les autres. Vienne un ordre de mobilisation, immédiatement la machine se met en marche : les réservistes se rendent à leur dépôt ; les régiments sont armés, habillés, dirigés vers les centres de ralliement, puis vers la frontière. En un mot, des millions d'hommes, occupés d'une certaine façon la veille de la mobilisation, sont d'une certaine autre le lendemain. Dans les services civils, la rapidité de l'exécution n'est pas aussi foudroyante ; cependant un nombre considérable de personnes subissent assez vite le contrecoup d'une loi nouvelle ou d'un ordre administratif.

Ce qui frappe les yeux du plus grand nombre, c'est l'ordre ministériel et les effets qui s'ensuivent. On a donc l'illusion que le gouvernement est le siège unique de la volition sociale. Peu de personnes remontent plus haut que le ministre ou tout au plus que le législateur. Peu de personnes se demandent : mais ce décret, cette loi, d'où viennent-ils ?

Or ils viennent incontestablement de l'élite, mais par des canaux si nombreux et si subtils que personne ne les voit.

Actuellement M. Pobédonostsef fait édicter de nombreuses lois en Russie ayant pour but de favoriser la religion orthodoxe (1). Mais M. Pobédonostsef n'a pas

(1) Ou, ce qui revient au même, mais par des procédés différents, il empêche l'abolition des lois qui lui seraient contraires. L'Eglise de Russie est gouvernée par une assemblée d'archevêques, le Saint-Synode. Mais le gouvernement civil délègue auprès de cette assemblée un fonctionnaire appelé le procureur général, qui est aujourd'hui M. Pobédonostsef. L'Eglise russe ne montre aucune velléité d'indépendance. En fait, elle est gouvernée par le

inventé l'orthodoxie. C'est, au contraire, parce qu'il a été élevé dans son sein qu'il a conçu pour elle une admiration et une affection qui le poussent à la soutenir.

Supposons la conversation de deux Russes en l'an 987 (1). Elle aurait pu reproduire textuellement celle que nous avons eue avec notre industriel. « Admettons, aurait dit un des interlocuteurs, que le peuple russe désire se faire orthodoxe; pensez-vous que le gouvernement y consente jamais? Le christianisme restera éternellement une utopie. » Eh bien! non seulement le gouvernement russe s'est fait orthodoxe, mais il fait des efforts pour imposer ce culte à ses sujets. Pourquoi donne-t-il aujourd'hui son appui à cette religion? Mais justement parce que l'orthodoxie s'étant fortement répandue dans le peuple russe, beaucoup de ceux qui composent le gouvernement puisent dans le milieu social une certaine sympathie à l'égard de cette église.

La promulgation d'une loi a parfois un retentissement qui la fait arriver à la conscience sociale. Il semble qu'elle soit sortie toute armée du cerveau du législateur. Mais on ne voit pas le travail préparatoire qui s'est fait dans l'élite et qui a provoqué, en dernière analyse, la mesure législative.

Un exemple. Au moyen âge les souverains considéraient leurs États comme des propriétés privées. Ils les partageaient entre leurs fils, ils les donnaient en dot à leurs filles. A un certain moment, on vit çà et là des souverains agir d'une façon diamétralement opposée. Le fils aîné succéda seul au père; l'État ne se partagea plus. Aujourd'hui, si quelqu'un travaillait, par exemple, à partager la Russie entre les enfants de son souverain, il serait pendu haut et court. Cependant tel était l'ancien droit russe. Qui a produit ce changement? Une

____

délégué du pouvoir civil. La nomination des évêques est entièrement dans ses mains.

(1) L'année suivante la Russie se convertit officiellement au christianisme.

série de penseurs et de légistes dont bien peu de personnes connaissent maintenant les noms. Peu à peu (grâce en partie à l'étude du droit romain), l'idée que la royauté est une magistrature s'est substituée à l'idée que l'État est une propriété. Il cessa dès lors d'être partagé comme une ferme ou comme un champ.

Une circonstance fait illusion. Entre le moment où une chose est voulue par l'opinion publique et celui où elle est voulue par les gouvernements, il se passe parfois une période assez longue. C'est exactement ce qui arrive dans nos centres nerveux. Le désir ne devient pas immédiatement action. Mais, dans notre cerveau, l'intervalle entre les deux phénomènes peut être très court. Il ne faut pas oublier la relativité de l'idée de temps. Ce qui s'opère en une seconde chez l'homme, dure des années dans des corps aussi complexes que les sociétés civilisées. Quand alors les gouvernements agissent (inévitablement en conformité avec ce qui a existé auparavant quelque part à l'état de désir ou d'idéal), on a oublié fort souvent les circonstances antécédentes et il *paraît* que les gouvernements agissent d'une façon spontanée.

L'industriel dont il a été question plus haut disait : « les gouvernements n'admettent pas la fédération européenne aujourd'hui, donc ils ne l'admettront jamais ». C'est supposer que les opinions des gouvernants sont immuables. S'il en était ainsi, cela prouverait que ces opinions ne dépendent certainement pas de l'élite. Mais il n'en est pas ainsi. Au contraire, les opinions des gouvernants se modifient tous les jours. Ainsi, en Russie, ils étaient très libéraux de 1856 à 1865, très réactionnaires de 1881 à 1894. Les gouvernements changent de ligne de conduite précisément parce qu'ils subissent l'impulsion de l'élite.

Une autre chose empêche de le voir. C'est l'idée fausse qu'on se fait de cette élite. On la confond quelquefois avec les ploutocrates ou les hauts dignitaires de l'État. Nous avons montré combien est relative l'idée de la richesse. Spinoza gagnait quelques sous par jour à faire des verres de lunette et se considérait comme riche. Tel avare crie misère avec des millions. Saint Paul paraissait un petit personnage de son temps. Qui contestera cependant qu'il faisait partie de l'élite sociale? Il ne faut pas confondre l'organe, la classe avec l'individu. Sans richesse, il n'y a pas de différenciation de fonctions, pas de culture intellectuelle. Mais un individu spécialement doué peut vaincre tous les obstacles et s'élever aux hauteurs les plus fulgurantes de la pensée, même en sortant des rangs inférieurs.

Dans la société comme dans le cerveau l'action vient de causes immédiates ou de causes lointaines.

Une mouche me pique. Je puis avoir la crainte qu'elle soit empoisonnée. Je quitte mes occupations sans plus tarder, je vais chez un médecin, je me soumets à une opération. Ici l'action est une réponse immédiate à une excitation extérieure.

Mais il peut se faire aussi un travail de longue haleine dans les centres nerveux. Je lis un livre de médecine. Je suis convaincu qu'un traitement hydrothérapique améliorera ma santé. Absorbé par d'autres occupations, je puis négliger de le faire. Mais un jour l'idée de la nécessité de ce traitement peut prendre le dessus et je puis aller prendre une série de douches.

Ces deux processus se reproduisent dans les sociétés. Une bande de pillards fait une incursion sur le territoire d'un État. Immédiatement le gouvernement envoie des troupes pour la combattre. Le gouvernement peut être amené, à cause de ce fait, à entreprendre une guerre longue, difficile et coûteuse, suivie de vastes conquêtes. Mais toutes ces actions seront une réponse immédiate à une excitation extérieure. Comme ce genre d'actions frappe les esprits, beaucoup de personnes ne sont affectées que par elles seules. Cela confirme encore dans l'opinion que toute action vient uniquement du gouvernement.

Le travail lent des centres nerveux se retrouve dans les sociétés. Ce sont les recherches des penseurs et des savants. Les idées peuvent passer inaperçues pendant qu'elles cheminent doucement dans les intelligences; puis, quand elles ont acquis toute leur force d'expansion, elles apparaissent avec fracas sur la scène du monde. Quels bouleversements (et hélas! quels flots de sang) proviennent de certaines idées de Rousseau!

Tous ces songe-creux, ces penseurs, ces utopistes, qu'on tourne si souvent en ridicule durant leur vie, élaborent l'idéal qui deviendra la volition et la passion de demain. Ces hommes ne peuvent pas former le personnel du gouvernement pour plusieurs raisons; la première, c'est que, les trois quarts du temps, ils ne veulent pas en faire partie; la seconde, c'est que, très généralement, on ne veut pas d'eux. Mais, quand bien même ils arriveraient au pouvoir, le temps qu'ils passeraient à administrer, ils ne pourraient pas le passer à méditer; donc ils cesseraient, au moins alors, de faire partie de l'élite (1).

La fonction du penseur et celle du politique doivent nécessairement rester distinctes. C'est quand les administrateurs désirent s'affranchir le plus du joug des penseurs qu'ils le subissent plus complètement. Nous avons parlé de M. Pobédonostsef. Ses idées piétistes sont en opposition avec celles de beaucoup de ses contemporains et de ses compatriotes. Il a donc l'illusion de remonter un courant et d'agir en pleine liberté. Ce n'est qu'une apparence. En fait M. Pobédonostsef subit complètement l'ascendant et se soumet en entier aux idées de penseurs ayant vécu à une période antérieure. Il est chrétien, donc disciple de Paul et d'autres pères de l'Église, qui tous, à une certaine époque, ont été des novateurs, donc des membres de l'élite intellectuelle.

Même dans les choses les plus vulgaires l'initiative vient toujours de l'élite. L'air pur semble une nécessité

(1) Voir page 57.

do premier ordre. Eh bien ! le besoin en a été créé par l'élite. Dans beaucoup d'auberges de village, l'atmosphère des salles des repas est parfois irrespirable. Cependant aucun des habitués ne semble s'en apercevoir. S'il arrive un individu plus raffiné et s'il demande d'aérer la pièce, on est même étonné d'une exigence qui parait si peu justifiée.

Aux Indes, dit M. Le Bon (1), « les repas des riches et ceux des pauvres sont à peu près les mêmes ; l'un comme l'autre mange avec ses doigts accroupi sur le sol. » Mais déjà les radjahs commencent à manger avec des fourchettes. Même pour un usage aussi matériel. c'est toujours une petite élite qui prend l'initiative (2).

Il en sera toujours ainsi dans toutes les branches de l'activité mentale, pour les bagatelles et les jeux comme pour les initiatives les plus fécondes. Toujours le plus intelligent et le plus cultivé concevra des besoins que la masse ne pourra pas encore comprendre. Un exemple : la météorologie. Il semble probable que les pluies obéissent à une loi ; mais elle est d'une complexité incroyable. Nous ne sommes même pas encore parvenus à en entrevoir les fondements. Comment faire pour la découvrir ? Naturellement il faut commencer par des observations. Il faut couvrir le globe de stations météorologiques, pourvues d'appareils enregistreurs et centraliser les renseignements qu'ils fournissent. Cela exigera, bien entendu, de très fortes dépenses. Supposez qu'on vienne demander des cotisations à des paysans. Comme ils ignorent l'existence même de la météorologie, ils refuseront certainement de rien donner.

Mais poursuivons l'examen du processus. Les gens instruits ont fourni les fonds, les observations ont été faites ; la loi des pluies a été découverte. On sait une

____

(1) *La Civilisation de l'Inde*, Paris, Didot, 1887, p. 679.

(2) Il en a été de même chez nous en Europe. Voir à ce propos l'excellente *Histoire de l'Alimentation* de M. L. Bourdeau. Paris, Alcan, 1894, p. 330 et suivantes.

année d'avance quelles seront les précipitations d'humidité dans une région donnée. Naturellement, cette connaissance sera d'un avantage incommensurable. Chaque paysan en bénéficiera dans une mesure énorme. Les renseignements météorologiques lui paraîtront constituer une nécessité de premier ordre. Il sera inquiet de ne pas les recevoir à temps, il payera volontiers sa cotisation pour l'entretien des observatoires.

Ainsi, ce qui était d'abord ressenti comme un désir par une faible élite, peut devenir à la longue un besoin impérieux pour l'universalité des citoyens.

D'autre part considérons l'essence d'une mesure législative, d'une loi. C'est en définitive un ensemble de mesures imposées par le sensorium à la masse des citoyens. C'est un produit de la différenciation des fonctions. Ainsi les classes dirigeantes à Rome sont frappées par la diminution de la natalité. Auguste fait une loi pour combattre ce mal. On dit que la loi provient souvent de la coutume et vient d'en bas. Mais la *codification* de cette coutume vient toujours de l'élite. Ainsi les habitudes traditionnelles ont établi certaines règles sur la transmission de la propriété. A un certain moment des individus étudient ces règles, les soumettent à une certaine critique. Ils arrivent à la conclusion que ces règles sont bienfaisantes. Alors le législateur les fait entrer dans ses codes. A partir de ce moment, et grâce à cette sanction, elles deviennent obligatoires. Ou bien, quand l'élite s'est prononcée contre une coutume, le législateur peut la prohiber et contribuer à sa disparition.

Le gouvernement doit rendre la justice, c'est-à-dire punir le crime. Mais quelle action doit-elle être considérée comme criminelle et quelle autre comme indifférente ? C'est encore l'élite qui répond à cette question. Par suite de certaine idées, propagées par les pères de l'Église (directeurs de la pensée européenne à une certaine époque de l'histoire), le prêt à intérêt a été considéré comme un délit et puni de peines plus ou moins sévères. De même l'hérésie a été tenue comme le plus abominable des crimes, grâce à l'influence des théologiens qui étaient, au moyen âge, les individus les plus instruits de la société. Les hétérodoxes ont été condamnés alors aux supplices les plus atroces. Plus tard, les penseurs ont changé d'avis. Ils ont proclamé qu'il n'y a rien de blâmable à demander une rémunération pour un service rendu et à se faire payer des intérêts proportionnés aux risques d'une entreprise. Ils ont proclamé qu'il n'est pas blâmable (1) de se faire des opinions personnelles sur sa foi et de vouloir propager ce qu'on croit sincèrement être la vérité. Dans les pays où ces opinions ont triomphé la loi a aboli toute persécution contre l'usure et l'hérésie.

Tous ces exemples démontrent qu'une volition sociale ne peut se produire sans avoir traversé le creuset de l'élite. L'analyse exacte de ce phénomène forme la base de la psychologie sociale.

Mais l'élite n'élabore pas seulement les idées d'une société, elle élabore aussi ses sentiments. Or les sentiments ont une importance encore plus considérable que les idées sur les désirs et les volitions. Il est bien difficile de définir ce qu'est le sentiment. Il forme la base fondamentale de tous nos actes et cependant il échappe presque complètement à l'analyse et à notre compréhension. La seule chose qu'on peut en dire (et on voit que c'est bien vague) c'est qu'il est un état particulier du cerveau. Mais selon que cet état varie, la perceptibilité de l'organe se modifie en conséquence. Telle idée, perceptible quand nous sommes de bonne humeur, cessera de l'être quand nous sommes rêveurs ou mélanco-

______

(1) Le temps n'est peut-être pas bien loin où cela paraîtra non seulement pas blâmable, mais, au contraire, la chose du monde la plus louable. En effet, l'homme qui adopte la foi de ses pères sans la raisonner, le fait automatiquement. Donc, il n'est pas un être véritablement religieux puisque la religion ne pénètre pour ainsi dire pas dans sa conscience et reste une chose purement extérieure.

liques. De plus le sentiment est d'une puissance énorme par rapport aux idées extérieures. Quand elles le blessent, il se raidit et fort souvent chasse les intruses (1). Le pouvoir d'inhibition du sentiment est aussi grand dans les sociétés que dans les cerveaux individuels. L'élite, encore ici, détermine ce qui est convenable et ce qui ne l'est pas. Aussi quand certaines idées heurtent les sentiments de l'élite, elles sont généralement vaincues et ne parviennent pas à atteindre la phase de la volition. Pour faire son chemin une idée doit se présenter sous un aspect sympathique.

Ouvrez un livre. S'il est écrit par un esprit marqué au cachet de la distinction, vous sentez l'attrait se réveiller en vous. Vous allez jusqu'au bout du volume. Quelque chose de mystérieux vous rapproche de l'auteur ; chaque phrase pénètre dans votre entendement. Le livre exerce une impression profonde et durable. Même s'il est paradoxal, vous retenez des opinions de l'auteur ce résidu de vérité, qui souvent se trouve mêlé à l'erreur. Au contraire, si le livre heurte votre sentiment, aucun de ces phénomènes ne se produit et vous pouvez le jeter au bout de quelques pages.

Or c'est l'élite qui, à chaque époque de la vie d'une nation, détermine ce qui est *distingué* et ce qui ne l'est pas. La distinction d'aujourd'hui n'est pas celle de la veille et ne sera pas celle du lendemain. Mais il y en a toujours une qui est celle de l'heure présente.

La distinction contribue dans une mesure énorme au bonheur de l'existence humaine. Une société privée de distinction est privée des neuf dixièmes de son charme. Mais de plus la distinction est une arme d'une puissance incalculable pour les idées nouvelles. Non seulement parce qu'elle leur donne une expression fine, élégante et mesurée, mais encore et surtout parce

____

(1) Une personne avouait à une dame anglaise qu'elle ne croyait pas en Dieu. — Oh ! ne dites pas cela, lui répondit la dame ; *that is not gentlemanlike.* Voilà un argument dicté par le sentiment. Et il est irréfutable, puisque le raisonnement vient s'y briser.

qu'elle provoque la sympathie. Un esprit distingué exerce un charme irrésistible. Il trouve des oreilles favorables et des cœurs ouverts là où un esprit grossier, même plein de génie, trouve de l'hostilité et du mauvais vouloir.

Un homme habillé d'une façon ridicule produit une impression désagréable. Mais pourquoi telle coupe de redingote est-elle ridicule et telle autre ne l'est-elle pas ? C'est encore l'élite qui décide cette question. Elle règle la mode. Il en est de même de l'ensemble des manières constituant la distinction.

Telle est, dans une bien rapide esquisse, la part de l'élite dans la formation de la volition sociale. Elle est le creuset qui l'élabore, le centre où l'excitation externe passe à la phase de la réaction interne (1).

(1) Voir sur l'ensemble des fonctions de l'élite, notre *Politique internationale*. Paris, Alcan, 1886, chapitre II.

CHAPITRE VIII

Mécanisme de la volition sociale.

On vient de passer une journée en vagon. De nombreux paysages ont défilé devant les yeux. Le soir est venu ; l'obscurité s'est faite. On ferme les paupières ; mais dans l'imagination on voit parfois se suivre des paysages en nombre aussi considérable que si on les voyait vraiment passer devant soi. Or aucun paysage, créé par l'imagination, n'est la reproduction exacte d'un paysage réel ; mais il est composé d'éléments tirés de la réalité. C'est donc une série de figures qui existent dans le monde extérieur, mais qui sont arrangées d'une façon particulière par notre esprit. Notre cerveau compose des tableaux imaginaires avec des éléments réels. Cette faculté s'appelle l'idéal. Comme la discrimination est la base de toute sensation, l'idéalisation est la base de toute volition. En effet, pour désirer, il faut se représenter un état de choses qui n'existe pas encore, mais qui pourrait exister. Or cet état non existant, *idéal*, est précisément composé d'une amalgamation d'images réelles arrangées d'une façon plus ou moins arbitraire par notre esprit.

C'est dans cet arrangement qu'apparaît l'élément subjectif. Même dans un fait aussi simple que la reviviscence des images, il joue déjà un rôle. Le voyageur dans son vagon peut avoir plus de sympathie pour les montagnes boisées que pour les montagnes neigeuses. Alors il regarde de préférence les premières plutôt que les secondes. Le soir, dans ses hallucinations, il reviendra aussi plus d'images de montagnes boisées. Donc les paysages fictifs que créera son esprit porteront déjà une empreinte individuelle. Quand nous nous représentons l'état futur d'une chose plus complexe (une société, par exemple), nous sommes portés à en éliminer tout élément désagréable et pénible en vertu de la loi universelle que toute créature vivante fuit la douleur. L'image *idéale*, étant toujours arrangée conformément à nos affinités personnelles, est donc toujours une image agréable.

Dès qu'un état de choses qui n'est pas, mais qui pourrait être, nous promet des jouissances, nous sommes portés à désirer qu'il soit et, naturellement, à agir pour le réaliser. Du désir on passe à la volition et enfin à l'action.

On peut aussi considérer le phénomène de l'idéal sous sa forme négative, mais une analyse complète fait voir que les deux modes sont, au fond, identiques.

Quand un arrangement social nous cause une souffrance croissante, il arrive un moment où nous sommes incapables d'en supporter une plus forte dose. Alors nous réagissons. C'est-à-dire que nous tâchons de modifier cet état de choses. Mais pourquoi faisons-nous cela ? Précisément parce que nous nous représentons un état social différent de l'état actuel, bref, parce que nous nous formons un idéal. Quand les choses, qui nous font souffrir, nous paraissent irrémédiables (c'est-à-dire conformes aux lois de la nature), nous courbons la tête. Bien entendu ce qui semble conforme aux lois de la nature dépend de nos connaissances. Ce qui nous paraît naturel aujourd'hui peut nous paraître monstrueux demain. Les *auto-da-fe* ne révoltaient pas les Espagnols au XVIIe siècle; ils seraient intolérables de notre temps.

Quel que soit le mode de production d'une volition, qu'il soit actif ou passif, une volition ne naît jamais seule dans le cerveau. Notre être étant très complexe,

plusieurs volitions se forment à la fois. Elles se
livrent des combats acharnés dans nos centres nerveux. Celle qui l'emporte est celle qui a gagné le plus
de partisans. Le processus est le même que pour les
idées. A un certain moment quelques cellules font
pencher la balance. De même, dans nos assemblées
législatives, quelques députés assurent le triomphe
d'une proposition au détriment d'une autre.

La volition qui l'emporte arrive seule à la phase de
l'action. Mais sa victoire peut être plus ou moins déci-
sive. Telle volition peut durer une seconde, telle autre
la vie tout entière. Elle peut être un caprice, une
fantaisie, une boutade, comme elle peut être une
résolution inébranlable, une ligne de conduite définitive ou enfin une passion sans frein. Pour arriver à ce
dernier paroxysme, elle doit remporter sur les volitions
rivales une victoire pour ainsi dire foudroyante. Elle
doit les supprimer, les pulvériser. M. Ribot appelle
très exactement la passion un *monoidéisme* (1).

En un mot, dans les centres nerveux, la volition
s'arrête à toutes les phases possibles selon qu'elle
recrute plus de partisans ou qu'elle écrase plus de
rivaux.

C'est ce qui arrive exactement dans les sociétés.
Au xvie siècle, Luther prêche sa doctrine. En peu de
temps, un grand nombre d'individus composant l'élite
intellectuelle de l'Allemagne et même quelques princes
régnants, se déclarent pour lui. L'Allemagne devient
en partie protestante. En 1869, après le concile du
Vatican, le chanoine Döllinger prêche le vieux catholicisme. Il recrute peu de partisans. Cette secte disparaît
en peu d'années. L'Allemagne a eu conscience du
mouvement de M. Döllinger, mais il n'a pas constitué
une volition générale dans ce pays. Autre exemple
d'une perception qui n'est pas devenue volition. De
nos jours certains hommes comprennent que la

(1) *Revue scientifique* du 8 juillet 1893, p. 41.

richesse et l'or ne sont pas deux termes synonymes. Mais cette notion n'a pas encore beaucoup de partisans. Elle n'est pas encore assez répandue. Les gouvernements ne s'y sont pas ralliés ; ils agissent toujours en conformité avec l'idée contraire qui identifie l'or avec la richesse. Les législateurs prennent encore presque tous des mesures pour augmenter le stock métallique en favorisant l'exportation et en mettant des entraves à l'importation. L'erreur crysohédonique (1) est presque générale ; l'idée contraire, encore peu répandue, n'est pas de force à vaincre sa rivale. L'utilité du libre-échange est aujourd'hui seulement une perception sociale ; elle n'est pas devenue une volition sur le continent européen et en Amérique.

Dès qu'un homme a un idéal, il tend à le réaliser, puisque toute créature fuit la douleur et cherche le plaisir. L'idéal est la *représentation* d'un état non existant ; mais cette représentation peut être plus ou moins précise. Ainsi, les socialistes de nos jours ont un idéal, mais extrêmement vague et indéterminé. Aucun socialiste n'a été capable, jusqu'à présent, d'exposer d'une façon claire et méthodique comment sera organisée la société de ses rêves. Ce vague n'empêche pas toujours la volition de naître et se transformer en action. On peut même observer le contraire dans beaucoup de cas. Un idéal net, concret, bourgeois, a parfois peu de prise sur les esprits. Il n'enthousiasme pas. Un idéal vague, indéterminé, chimérique peut, au contraire, pousser les hommes à accomplir les actions les plus pénibles et les sacrifices les plus extrêmes. Justement ce qui est indéterminé, semble promettre une félicité complète. De là sa puissance. Des positivistes disent : faisons la fédération européenne, notre revenu décuplera. Ces hommes peuvent exercer une médiocre action sur certains

_____

(1) De χρυσός et ἡδονή. Nous appelons de ce nom la confusion de l'or avec la richesse.

esprits. Viennent les socialistes. Ils promettent le paradis sur la terre (une chose irréalisable à coup sûr); ils exercent une fascination sur nombre d'individus ignorants.

Idéal social signifie, en dernière analyse, un état où les hommes seront groupés autrement qu'ils ne le sont aujourd'hui et accompliront des actions différentes. Pour réaliser un idéal social, il faut donc agir sur ses semblables et les amener à se conduire autrement qu'ils ne le font actuellement. A partir du moment où un homme travaille à atteindre un résultat de ce genre, sa volition individuelle commence à se transformer en volition sociale.

On dira peut-être qu'on peut agir sur les hommes, non seulement par la persuasion, mais encore par la force. Dans ce dernier cas, il faut posséder cette force. Or, le désir de transformer les institutions sociales, se présente le plus souvent à des esprits imaginatifs, aux penseurs et aux savants. Ces gens ne possèdent pas la force. D'ailleurs quand bien même l'idée des réformes se présenterait au plus absolu des souverains, lui aussi ne peut rien édifier de durable sans la persuasion. S'il va contre les désirs de l'opinion et si ses sujets obéissent seulement par crainte, la réaction, après sa mort, sera d'autant plus violente que la contrainte aura été plus forte.

Suivons maintenant l'action des penseurs dans la société. Pour faire comprendre à un homme qu'un état idéal est meilleur que l'état actuel, il faut d'abord lui représenter cet état idéal. Cela se fait au moyen de phrases qui provoquent des images et se condensent en idées. Par exemple, Cobden et les membres de la ligue de Manchester parcouraient l'Angleterre faisant des discours pour montrer quelle serait la situation du peuple quand les droits sur les céréales seraient abolis. Tout cela se résumait en une idée : la suppression des droits de douane sur les grains augmentera dans une forte mesure le bien-être des classes inférieures.

Vouloir faire admettre une idée, c'est vouloir agir sur l'entendement.

C'est possible, à coup sûr; cela se fait tous les jours et dans des millions de cas. Mais agir sur l'entendement d'un très grand nombre d'individus à la fois est extrêmement difficile. Ce procédé est très lent. S'il n'y en avait pas d'autre pour opérer des réformes sociales, elles s'accompliraient avec une lenteur désespérante.

Le procédé le plus rapide et le plus universel pour agir sur les hommes est de faire naître la foi. Il faut bien s'entendre d'ailleurs. La foi n'exclut pas l'entendement, seulement le mouvement de pénétration s'opère d'une façon plus rapide.

On nous permettra d'expliquer notre pensée par un fait personnel. Nous exposions un jour à une dame du meilleur monde et très cultivée, nos idées sur l'art. Nous tâchions de lui faire comprendre que l'art est un moyen de communiquer les sentiments par l'intermédiaire de signes inconditionnels. Cette idée ne pénétra pas sur le coup dans l'entendement de notre interlocutrice; nous eûmes l'occasion de nous en convaincre. Or, supposez que cette dame ait eu une très haute estime de nos capacités mentales; supposez que nous eussions exercé sur elle un très grand prestige, à l'égal d'un Ruskin, par exemple. Cette dame aurait alors raisonné de la sorte : « Ce monsieur est parfaitement versé dans la question; sa définition doit être vraie; donc l'art est un moyen de communiquer les sentiments par des signes inconditionnels ». A partir du moment où cette dame aurait fait cet acte *de foi*, notre définition devenait sienne. Nous aurions donc gagné une adepte immédiatement. Sans l'opération de la foi, notre interlocutrice serait devenue notre adepte seulement le jour où elle aurait vraiment compris et admis notre définition. Cela aurait pu demander des mois, des années; cela aurait pu ne se produire jamais.

Nous dirons même plus. Certaines idées, d'une importance capitale pour le bonheur de notre espèce, sont d'une complexité prodigieuse. Elles n'entreront *jamais* dans l'entendement de millions d'hommes. Donc, sans la foi, la somme de prospérité sociale serait sensiblement réduite.

Quand une idée nouvelle est prêchée par un individu, elle commence d'abord par recruter des adeptes parmi ceux dont elle peut affecter l'entendement. Ce sont ceux les plus intelligents, donc l'élite sociale.

Pour mille raisons, l'élite exerce un grand prestige dans la société. Une de ces raisons et une des plus fondamentales est la division du travail. Il est impossible de s'occuper de toutes les sciences. Cependant un grand nombre d'entre elles intéressent beaucoup de personnes. Quand un chimiste lit les ouvrages d'un astronome, il lui est impossible de contrôler toutes ses affirmations par lui-même. Mais il le croit sur parole. Il fait une opération de foi à son égard parce que les connaissances spéciales de l'astronome font, qu'à ce point de vue particulier, le chimiste le considère comme son supérieur.

Eh bien ! quand une idée est soutenue par la majorité de l'élite, elle participe au prestige que possède cette classe. Peu à peu l'idée est acceptée partout comme une vérité indiscutable, comme un axiome.

C'est à partir de ce moment que cette idée commence à agir sur la société, et c'est à partir de ce moment qu'elle affecte d'abord le désir puis la volition sociale. La société ne pense presque jamais par elle-même ; elle pense par des idées *toutes faites*, élaborées par l'élite et répandues par l'opération de la foi.

Un de nos compatriotes, sénateur de l'empire, nous disait, il y a quelques années : « Je ne comprends rien à l'économie politique, cependant je suis protectionniste. » Le protectionnisme sévit maintenant en Russie avec autant de fureur qu'en France. Si le libre-échange avait été la théorie dominante, notre sénateur aurait dit : « Je ne comprends rien à l'économie politique, cependant je suis libre-échangiste. » Ce dignitaire ne pouvait se faire aucune idée personnelle sur le système de douanes le plus avantageux pour son pays. Il prenait

ses opinions dans le milieu ambiant. Il doit en être nécessairement ainsi par la raison la plus simple du
monde. La masse de connaissances nécessaires pour
guider la conduite d'un homme est énorme. Aucune
cervelle ne serait capable de les élaborer. D'ailleurs
à quoi bon perdre un temps précieux pour découvrir ce
que d'autres ont découvert avant nous? Nous empruntons donc directement au milieu social les neuf cent
quatre-vingt-dix-neuf millièmes de nos idées. Heureux
encore si nous pouvons y ajouter un seul millième de
notre propre cru. Mais quand nous acceptons ces idées
sans les vérifier, nous faisons une opération de la foi.
Cela n'empêche pas ces idées du dehors de déterminer
nos désirs, nos volitions, nos actions et, par contre-coup,
la conduite de notre vie tout entière.

« Qu'il s'agisse d'une idée scientifique, artistique,
philosophique, religieuse, en un mot d'une idée quelconque, sa propagation se fait toujours par un mécanisme identique. Il faut qu'elle soit d'abord adoptée
par un petit nombre d'apôtres auxquels l'intensité de
leur foi ou l'autorité de leur nom donne un grand
prestige. Ils agissent alors beaucoup plus par suggestion
que par démonstration... On impose ses idées soit par
le prestige qu'on possède, soit en s'adressant aux passions, mais on n'exerce aucune influence en s'adressant
uniquement à la raison. (1) » Cette dernière phrase du
D^r Le Bon nous paraît bien exagérée; elle est empreinte
de ce pessimisme si fort à la mode aujourd'hui. On ne
saurait le contester, l'entendement joue un rôle important dans la propagande, surtout si on considère les deux facteurs : l'apôtre et les disciples. Tel
orateur, plein de talent, parvient à faire comprendre
les sujets les plus complexes. Tel auditeur, plein d'instruction, comprend ce qui échappe à d'autres plus ignorants. Le niveau (ou le nombre si l'on veut) de ceux qui

<hr>

(1) *Les lois psychologiques de l'évolution des peuples.* Paris, Alcan,
1894, p. 123.

acceptent les idées nouvelles par entendement, baisse ou monte tous les jours selon les lieux et les circonstances. Les disciples ne peuvent pas être *tous* recrutés par suggestion. Pour produire celle-ci, il faut déjà posséder le prestige. Mais, pour l'acquérir, il faut forcément avoir gagné d'abord des esprits par l'entendement. Cependant, à part son exagération, l'opinion de M. Le Bon confirme entièrement la nôtre sur l'importance de la foi.

Bien entendu la foi n'exclut pas nécessairement la raison. La dame, dont nous parlions tout à l'heure, aurait pu admettre notre définition de l'art par une opération de la foi. Mais plus tard, amenée par quelque circonstance à penser à ce sujet, elle aurait pu reprendre notre définition et la discuter dans son for intérieur. Cet examen aurait pu la lui faire considérer comme vraie ou fausse. Dans le premier cas, après l'avoir admise par une opération de la foi, elle aurait pu la raffermir par une opération de la raison. Ce qui est applicable à une idée l'est également à une doctrine ou à un système philosophique. Un grand nombre d'individus, convertis au christianisme par une opération de la foi, ont essayé, plus tard, de baser cette religion sur l'entendement. Nous admettons une masse de notions scientifiques par une opération de la foi. Pourtant nous en vérifions toujours quelques-unes nous-mêmes, et nous rejetons celles qui ne résistent pas à l'examen. Mais le procédé de la foi, étant le plus rapide, offre par cela même des avantages si considérables qu'il est le plus généralement pratiqué. Il faut nous en féliciter grandement. Les idées les plus simples se répandent, même de nos jours, avec une lenteur désespérante. Sans le procédé accéléré de la foi leur marche serait encore plus difficile et moins rapide.

« Des idées diverses qui guident une civilisation, dit le D[r] Le Bon (1), les unes restent dans les couches

(1) *Ibid.*, p. 125 et suiv.

supérieures d'une nation, les autres descendent parfois jusque dans la profondeur des foules. Elles y arrivent généralement fort déformées, mais, lorsqu'elles y arrivent, le pouvoir qu'elles exercent sur les âmes primitives, incapables de discussion, est immense. L'idée présente alors quelque chose d'invincible, et ses effets se propagent avec la violence d'un torrent qu'aucune digue ne contient plus. C'est alors que surviennent ces grands événements qui révolutionnent l'histoire et que seules les foules peuvent accomplir. » On ne saurait mieux analyser la genèse de la volition sociale. Par malheur l'auteur tombe aussitôt dans les contradictions les plus manifestes. Il dit d'abord : « Lorsque les apôtres ont réussi à convaincre un petit cercle d'adeptes et formé ainsi de nouveaux apôtres, l'idée nouvelle commence à entrer dans le domaine de la discussion » (page 124). Puis quelques lignes plus bas nous lisons : « Ce n'est pas avec des lettrés, des artistes et des philosophes que se sont établies les religions qui ont gouverné le monde, ni ces vastes empires qui se sont étendus d'un hémisphère à l'autre, ni les grandes révolutions politiques qui ont bouleversé l'Europe. C'est par des illettrés assez dominés par une idée pour sacrifier leur vie à sa propagation » (p. 126). Ainsi pour le Dr Le Bon, tantôt l'initiative vient d'une petite élite, tantôt cette élite n'a aucune importance dans les mouvements sociaux. M. Le Bon, qui est médecin, ne serait jamais tombé dans ces contradictions, s'il avait songé au fonctionnement du cerveau. Ici, pour qu'une idée puisse devenir volition, il faut qu'elle exerce une influence sur un grand nombre de cellules. Dans les sociétés également, pour devenir volition et passion, une idée doit gagner un nombre considérable d'adhérents. Mais cela n'empêche pas que l'initiative première ne vienne d'une très faible élite, même parfois d'un seul individu. L'adhésion des masses s'obtient plus vite par la foi que par l'entendement, c'est incontestable. Il ne faut pas oublier, cependant, que la foi elle-même est contagieuse, en sorte qu'un petit nombre de personnes peuvent, de nouveau, imposer leur croyance à des foules entières.

Quoi qu'il en soit, une idée ne commence à exercer son plein effet social qu'en devenant vérité incontestée : axiome, dogme. Elle se transforme alors en volition. Expliquons cette marche par des exemples.

A une certaine époque, les Romains croyaient que Jupiter, Junon et les autres dieux de l'Olympe avaient une existence réelle. A un autre moment, leurs idées se modifièrent, ils crurent à un Dieu en trois personnes. A partir de l'heure où cela leur parut une vérité incontestable, Jupiter et Junon devenaient de fausses divinités. Aller prier devant leur statue devenait inutile et ridicule. On s'en abstint. On essaya d'en détourner tout le monde. Alors on fut amené à briser les idoles, à démolir les temples des faux dieux, à défendre leur culte, à détruire leurs livres liturgiques, etc. On fit des lois en conséquence.

Un autre exemple. La majorité des Français croit aujourd'hui que le protectionnisme enrichit leur pays (1). Les économistes soutiennent le contraire, et vont partout prêchant leur doctrine. Imaginez qu'ils arrivent à leur fin. Voilà le public français convaincu que le libre-échange peut seul assurer le maximum de bien-être. A partir du moment où cette idée aura passé à l'état d'axiome, tout le monde sera convaincu que le protectionnisme diminue la richesse. Nul ne désire être pauvre, parce que nul ne désire souffrir. Quand on aura la certitude que les droits de douane appauvrissent, on les considérera comme un mal, un obstacle au bonheur, une atteinte aux droits. Naturellement on voudra alors les supprimer. Cette volition devenant plus ou moins puissante, se traduira par des actes de tout

(1) Notons en passant que cette idée a été aussi élaborée autrefois par une petite élite. Il fut un temps où nul ne se souciait de protéger l'industrie ou l'agriculture.

genre : violences contre les douaniers, révoltes, élection de députés libre-échangistes, etc., etc.

Enfin, un dernier exemple où nous anticiperons sur l'avenir. On pense généralement aujourd'hui que la propriété individuelle assure le maximum de bien-être. Une minorité soutient l'opinion contraire et fait une propagande incessante en faveur de la propriété collective. Imaginez une victoire complète des idées socialistes. Tout le monde est convaincu que la propriété individuelle est un mal. A partir de ce moment, tous les hommes feront des efforts pour s'en débarrasser comme ils en font aujourd'hui pour guérir d'une maladie.

L'erreur est une discordance entre le monde externe et le moi interne, donc une souffrance. Pour nous délivrer de cette souffrance, nous sommes portés à vouloir extirper l'erreur, donc à vouloir le triomphe de la vérité. Voilà pourquoi toute idée se transforme en volition, à partir du moment où elle est considérée comme une vérité indiscutable.

Les volitions sociales passent par les mêmes phases que les idées. Elles commencent par appartenir à une faible élite; elles se propagent de plus en plus; quand elles se sont emparées du sensorium, elles agissent sur les cellules motrices, c'est-à-dire sur le gouvernement, et peuvent ébranler la société tout entière.

Voici encore quelques exemples de la marche des volitions sociales prises dans différentes branches de l'activité humaine.

Au moyen âge, les Français écrivaient *èle*, *pèle*, *fame*, *vint*, *dis*, pour *aile*, *pelle*, *femme*, *vingt*, *dix*. Vers le xvie siècle, l'étude de l'antiquité avait repris une grande faveur. Quelques érudits désirèrent donner aux mots français une forme plus latine. Ils écrivirent donc *vingt* au lieu de *vint*, parce que les Romains disaient *viginti*. Ces individus trouvèrent des partisans. L'imitation du latin devint une passion chez les lettrés français. Tous adoptèrent l'orthographe nouvelle. Elle s'imposa à la longue au gouvernement. Celui-ci s'y

conforme dans ses publications officielles et la fait enseigner dans ses écoles.

Aujourd'hui, un désir nouveau commence à se faire
jour dans la société française. On voudrait simplifier
l'orthographe, revenir aux formes du moyen âge, se
décider à secouer le joug de l'antiquité, oser être un
peuple moderne et épargner aux jeunes générations
un labeur aussi pénible qu'inutile. On voudrait exprimer le même son toujours par la même lettre, et on
voudrait que chaque lettre exprime un seul son.
Pour que ce désir devienne une volition générale dans
la société française et pour qu'il se transforme en action, il faut qu'il passe par les mêmes phases que l'orthographe latinisante du XVIe siècle.

Maintenant, un exemple dans l'ordre politique.
Quelques penseurs, en Italie, un beau jour, expri-
mèrent l'idée que l'union de la péninsule serait avantageuse à ses habitants. Après avoir passé par toutes
les phases psychologiques, et après avoir rallié de
nombreux partisans, cette idée produisit un grand
nombre d'actions de tout genre : ici la propagande
par la parole, le livre et le journal; ailleurs les sociétés
secrètes, les assassinats, les expéditions de volontaires;
enfin, la déclaration de guerre du gouvernement piémontais en 1848 et 1859, et de vaillants combats.

Un jour, Cobden est convaincu que les droits sur les
céréales sont une cause de souffrance pour le peuple
anglais. Avec quelques amis, il organise la ligue de
Manchester. On fait une agitation intense pendant des
années. Après une longue résistance, le 16 juin 1846,
les lords durent se rendre. La liberté du commerce des
grains fut proclamée.

Dans ces dernières années, différents tribuns populaires prêchèrent le suffrage universel en Belgique. Les
Chambres résistèrent d'abord. Mais ce projet gagna des
adhérents. En avril 1893, des milliers d'ouvriers firent
des manifestations tumultueuses dans le pays. Encore
un peu, cette volition allait devenir passion. On fut

assuré que certains Belges n'hésiteraient pas à risquer leur vie pour élargir la base de l'électorat. Les Chambres cédèrent; une majorité s'y forma pour le suffrage universel avec le vote plural, et la nouvelle réforme devint une loi.

Ce sont là des exemples où le cycle entier est révolu. En voici quelques autres où toutes les phases ne sont pas encore parcourues.

Ainsi, en France, la simplification de l'orthographe, en Angleterre, l'abolition de la Chambre des lords et le *home rule* sont encore à l'état de désirs sociaux. Ils n'ont pas rallié une masse suffisante d'adhérents pour devenir des volitions.

Comme dans l'organisme humain, la volition dans les sociétés se montre avec des degrés d'intensité fort divers. Sitôt qu'une volition acquiert une très grande violence dans notre esprit, elle étouffe toutes les autres et passe à l'état de passion, de démence et de folie. Alors, tout ploie devant elle. Elle étouffe toute résistance; elle règne despotiquement; elle entraîne aux limites les plus extrêmes; c'est un torrent dévastateur. S'il reste encore un grain de bon sens dans le cerveau, on comprend que la passion mène à des désastres irrémédiables et cependant on se sent impuissant à lutter contre l'ouragan déchaîné.

Ces mêmes phénomènes pathologiques se reproduisent dans les sociétés. De nos jours nous pouvons citer deux passions arrivées à la véritable démence : le protectionnisme et l'idolâtrie des kilomètres carrés. Des légions d'économistes ont beau démontrer de la façon la plus évidente l'erreur du protectionnisme, rien n'y fait. On élève tous les jours les droits de douane. Le commerce diminue, la misère s'accroit; on n'y fait pas attention. On continue à entonner les vieilles rengaines de nos pères : il faut tout produire chez soi; il ne faut pas donner notre or à l'étranger, et cent autres clichés complètement usés. En Russie, on semble dire comme le personnage d'une opérette célèbre : « Donnez-nous de l'industrie, n'en fût-il plus au monde. » Il faut absolument fabriquer des cotonnades à Moscou, en faisant venir la matière première de la Caroline, les machines de Leeds et le charbon de Newcastle. On a beau démontrer qu'il vaudrait mieux fabriquer les matières premières qui se trouvent dans le pays : le lin et le chanvre ; on hausse les épaules. On vous répond qu'on ne veut pas dépendre de l'étranger, juste au moment où on fait venir le coton de la Caroline ! Aux yeux des protectionnistes italiens, la soie, l'huile et le vin, produits du sol, ne méritent aucun intérêt ; il faut absolument travailler le coton et le caoutchouc (1). Bref, le protectionnisme ne raisonne plus, c'est une folie, une démence.

Celle des kilomètres carrés n'est pas moins absurde. Un seul moment de réflexion (et il ne faut même pas pour cela de grandes connaissances économiques) suffit pour faire comprendre que le bien-être des hommes n'est pas en fonction du nombre des kilomètres carrés de leur patrie. Mais on ne veut pas réfléchir pendant ce seul moment. L'agrandissement parait le bien suprême. Faire des conquêtes semble la plus enviable des entreprises. Celui qui a annexé une province est un bienfaiteur de la patrie. On lui dresse les monuments les plus superbes et les colonnes les plus hautes. Celui qui tente de détacher une province d'un pays est décapité ou fusillé. La folie des kilomètres carrés sévit avec une intensité peut-être encore plus cruelle que la folie protectionniste. Nous en sommes positivement hypnotisés. Elle cause les souffrances les plus horribles ; elle emporte des milliers de victimes tous les ans. Mais on se bouche les oreilles pour ne pas entendre les cris de douleur, on ferme les yeux pour ne pas voir les misères qui frappent des milliers et des milliers de malheureux.

Le corps humain est beaucoup plus parfait que les

(1) Voir une très intéressante brochure de M. Giretti : *Protezionismo e Sgoverno*. Turin, 1895.

sociétés les plus civilisées. La division du travail, l'adaptation complète de l'organe à la fonction, la juste mesure entre la centralisation et la décentralisation, la subordination des parties les moins conscientes aux parties les plus conscientes, tout cela est admirable dans notre organisme.

Cependant, il est loin d'être sans défauts. L'insubordination des organes y va parfois jusqu'à l'anarchie. Le cerveau, fort souvent, absorbe trop de forces vitales au détriment du reste du corps et le pousse à la ruine. Il se produit des dissensions intestines dans nos centres nerveux. Certains groupes de cellules imposent leurs volontés tyranniques à toutes les autres dans ce qu'on appelle les moments de passion. Le cerveau n'est pas le seul coupable. D'autres organes, par leurs exigences disproportionnées, causent parfois des maladies et même la mort. Ainsi, l'abus immodéré de la nourriture peut produire les conséquences les plus funestes.

Tous ces phénomènes se retrouvent exactement dans la société. Fort souvent la classe aristocratique, par exemple, se fait attribuer des privilèges excessifs qui ruinent l'État. Il suffit de rappeler la Pologne. Les dissensions, les discordes, les guerres civiles, se voient souvent entre classes sociales. Enfin, les classes productrices mettent aussi en avant, dans certaines circonstances, des revendications excessives qui ruinent la communauté. En un mot, dans le conflit des volitions au sein des organismes individuels comme au sein des organismes collectifs, la plus puissante l'emporte. Mais cette volition victorieuse n'est pas toujours raisonnable et bienfaisante.

CHAPITRE IX

L'action reflexe.

Nous allons examiner maintenant un phénomène
d'une très grande importance tant en biologie qu'en
sociologie : l'action reflexe. Elle forme pour ainsi dire
la base du mécanisme vital, qui peut difficilement se
concevoir sans elle. Elle commence et termine le cycle
psychologique.

Déjà quand un simple muscle reçoit une excitation,
il répond par un mouvement. Ceci peut être assimilé
à un acte reflexe. Mais dans un organisme possédant un
système nerveux très développé, l'action reflexe se
complique dans une mesure extraordinaire.

Les reflexes se montrent à tous les degrés de la hiérarchie organique depuis les muscles jusqu'aux ganglions et au cerveau. Chaque centre nerveux inférieur
possède une certaine autonomie. Quand il lui arrive une excitation du dehors, il semble faire un
triage. Si cette excitation est supérieure à sa compé-
tence, il la transmet à un centre nerveux plus élevé.
Si non, de sa propre initiative, il prend des mesures
pour parer aux nécessités. Ainsi vous approchez une
lumière très vive de l'œil ; immédiatement les paupières
se ferment. Elles agissent pour ainsi dire de leur propre
initiative. A un certain point de vue on peut considérer toutes les actions des centres nerveux inférieurs
comme des reflexes, puisqu'elles se font d'une façon
automatique.

Le nombre de ces actions est immense ; il en faut des milliers à tout instant pour assurer le fonctionnement de nos organes. Si le cerveau devait s'occuper de toutes ces besognes subordonnées, l'activité psychique serait réduite au minimum.

Mais passons aux excitations qui parviennent au cerveau et qui deviennent conscientes. Cela arrive tout d'abord parce qu'elles durent un certain temps (plus d'un dixième de seconde). Cela veut dire, en d'autres termes, qu'elles sont plus ou moins puissantes. Quand elles ont pénétré au cerveau, celui-ci, après délibération, donne sa réponse. Par exemple, je me blesse la jambe. J'examine le cas et je me décide à appeler un chirurgien. Mais, quand une excitation similaire se reproduit souvent, le cerveau ne se livre pas à une nouvelle délibération (puisque le cas est pour ainsi dire jugé) ; il ne prend pas de décision nouvelle, mais donne la même réponse que dans les autres circonstances analogues. Dans ce cas le temps requis pour l'opération psychique devient plus court. Quand la réponse, à force de répétitions, se produit en moins d'un dixième de seconde, elle cesse d'affecter la conscience et devient action réflexe. Ainsi quand on se sert pour la première fois d'une machine à écrire, on a conscience que pour former le mot *livre* il faut frapper successivement les touches de *l*, de l'*i*, du *v*, de l'*r*, de l'*e* ; mais quand on a acquis une grande habitude, les doigts eux-mêmes semblent découvrir ces touches. Ils peuvent même le faire dans l'obscurité. Alors ces mouvements n'affectent plus la conscience ; ils sont devenus automatiques, c'est-à-dire réflexes.

Nous observons des circonstances absolument analogues dans les sociétés. Ici aussi l'action réflexe est l'*alpha* et l'*oméga* de tous les phénomènes vitaux. Elle commence et termine le cycle. Elle se produit à tous les degrés de la hiérarchie. Un cantonnier voit arriver un train : il ferme sa barrière. A la longue l'habitude lui fait accomplir cette action d'une

manière presque automatique. Un événement arrive
dans une commune. Le maire en est informé. Il décide
s'il y a ou s'il n'y a pas lieu d'en référer aux autorités
supérieures. Si oui, l'excitation poursuit sa marche. Si
non, elle s'arrête. Le maire, de sa propre initiative, prend
des mesures pour parer aux nécessités du moment. La
même chose peut se dire du sous-préfet et du préfet.

Quand les excitations arrivent jusqu'au gouvernement central, si le cas est nouveau, il prend une résolution consciente et voulue. Mais si des cas similaires se
répètent fréquemment, la réponse est donnée de plus
en plus vite. Un fonctionnaire subalterne peut remplir
une formule et l'arrêté est pris. Alors il affecte de moins
en moins la conscience du personnel gouvernemental.
Dans les parlements européens les lois d'intérêt local
sont votées à la hâte, sans qu'on se donne même la peine,
parfois, de savoir de quoi il est question. Ces lois sont
donc faites d'une façon inconsciente, automatique.

Pour comprendre le mécanisme de l'action collective
il faut étudier comment le réflexe social s'opère dans
l'individu. Quand un homme a résolu de marcher, le
cerveau, par l'intermédiaire des nerfs moteurs, agit sur
les cellules musculaires des jambes. Celles-ci se con-
tractent et le corps se déplace. De même, pour qu'une
action s'accomplisse dans les sociétés, il faut que quelques hommes, plus ou moins nombreux, fassent
certains mouvements. Mais chez l'homme le mouvement s'opère seulement par suite d'un acte psychique.
L'ordre qu'un individu reçoit des autorités sociales
doit passer par le circuit de son cerveau pour agir sur
ses muscles et devenir action. Ici entre en jeu le réflexe
social.

Chaque idée est élaborée par un élite, mais, au fur et
à mesure qu'elle se répand dans les masses, elle devient
de plus en plus un acte de foi (1). En d'autres termes,

Voir page 119.

elle est acceptée sans délibération, donc elle devient automatique. Grâce à cette circonstance les mouvements sociaux s'accélèrent dans une immense mesure. Si chaque acte social s'accomplissait après une délibération en règle de chaque citoyen, la vie sociale ne pourrait pour ainsi dire plus s'effectuer. Mais, en réalité, il n'en est pas ainsi. Des actions similaires ont été accomplies par les citoyens depuis de longues années ou même de longues générations. Sitôt qu'une excitation d'une certaine nature se produit, la réponse est pour ainsi dire immédiate, donc reflexe. C'est grâce à ce mécanisme que l'action sociale s'accélère dans une immense mesure.

On a donné, il y a quelques années, à Paris, au théâtre du Gymnase une pièce intitulée l'*Homme à l'oreille cassée*, tirée d'un roman d'About. L'action se passe sous Napoléon Ier. Le colonel Fougas va se marier. Au moment où le cortège nuptial se dirige vers l'église, un ordre l'appelle à l'armée. Le colonel Fougas montre un dévouement absolu à Napoléon Ier. Il se soumet immédiatement à sa volonté. Il ne profère pas un mot de blâme ou de regret. Il trouve beau et conforme à l'honneur d'exécuter immédiatement l'ordre de son souverain. Il prend congé de sa fiancée et monte à cheval. Les auteurs qui ont écrit cette pièce, les spectateurs qui la voyaient chaque soir pensaient exactement comme le colonel Fougas.

C'est un exemple de réflexe social. Les troupes où l'obéissance au chef n'était pas suffisante ont péri ou subi de grands désastres. De là l'idée que l'obéissance au chef de l'État est indispensable. Cette obéissance devient instinctive à la longue. Un ordre est donné par le chef; le subordonné s'y soumet immédiatement. De plus comme cette obéissance semble utile à tous, elle paraît une action belle, grande, généreuse. Ainsi le colonel Fougas se serait considéré comme déshonoré s'il n'était pas monté immédiatement à cheval. Certes, s'il avait désobéi, il aurait paru un personnage antipathique aux spectateurs. Les réflexes sociaux suppriment la raison; c'est là leur grand avantage, mais aussi leur grand danger. Cela apparait de la façon la plus manifeste dans le cas de Napoléon Ier. Ce petit capitaine d'artillerie, ce gentillâtre étranger, ce fourbe, cet homme d'une morale si douteuse, d'un caractère si antipathique, souillé de crimes comme le 18 brumaire et l'assassinat du duc d'Enghien, a été obéi pendant quatorze ans par les Augereau, les Masséna, les Davoust, les Ney qui tous étaient autant que lui et pas moins que lui; il a été obéi par un grand nombre de représentants de la vieille noblesse française, enfin par un peuple immense. Et obéi comment? Sans la moindre révolte, sans la moindre discussion, de la manière la plus servile. Et pourquoi? Parce qu'une assemblée lui avait conféré un titre et parce qu'il avait usurpé la place de chef d'État. Napoléon était Empereur; tous lui obéissaient parce que, de temps immémorial, les Européens étaient habitués à obéir à leurs souverains. Il est difficile de donner un exemple plus frappant de la puissance du réflexe social.

L'idée qu'il faut obéir aux autorités est depuis longtemps un réflexe social. « Transmise de génération en génération, dit M. Lacombe (1), inculquée aux jeunes, la soumission est devenue un article de foi civile à laquelle les sacerdoces ont surajouté des craintes et des respects de l'ordre surnaturel ».

Cette obéissance aux autorités est la base de l'ordre civil, comme l'obéissance des muscles aux ordres du cerveau est la base de l'ordre physiologique. La nécessité de l'obéissance est une idée extrêmement ancienne. Cependant elle n'est pas innée. Consciente à une certaine époque, elle l'est devenue de moins en moins.

Un autre réflexe est l'obéissance non seulement aux autorités constituées (le gouvernement), mais encore à

____

(1) *De l'Histoire considérée comme Science.* Paris, Hachette, 1894. p. 110.

l'élite. Nous avons souvent entendu dire par les gens du peuple en Italie « Cosi lo vogliano i Signori ». Ce mot de *Signori* signifie, dans ce cas, la classe dirigeante, les autorités sociales. En Russie les classes inférieures expriment la même idée par la phrase « ne nam razsoujdat » (ce n'est pas à nous de raisonner). En d'autres termes, « aux classes dirigeantes de raisonner, à nous d'obéir ». Telle est l'opinion populaire dans beaucoup de pays.

Nous avons vu que les excitations arrivant jusqu'au cerveau peuvent aussi devenir automatiques. C'est ce qui se passe également dans les sociétés. A l'origine un grand nombre d'actions reflexes ont d'abord été conscientes et conscientes pour le seul sensorium. « Une loi vient d'être émise par un despote, dit M. Tarde, ou votée par une assemblée dans un intérêt politique toujours. Elle décide, par exemple, que le fonds dotal est inaliénable. Cette loi est d'abord obéie par *devoir*, elle est sentie comme une prohibition gênante non demandée et non attendue ; on ne peut la respecter qu'en songeant à l'autorité du législateur qui l'a établie. Elle a donc deux caractères : elle est plus ou moins pénible ou surprenante, et elle est une volonté extérieure à celui qui s'y conforme. Mais, si cette loi dure, à mesure que les générations se succèdent sous son ombre, elle perd ces deux caractères : elle est obéie par *habitude*, par goût ; en même temps celui qui l'exécute se l'est appropriée, il se l'est faite sienne pour l'avoir reçue des siens comme un bien de famille, comme un patrimoine national ; alors elle est sentie comme un *droit*, c'est-à-dire comme une garantie et non un ordre » (1).

On ne saurait mieux analyser le processus social de la volition devenue inconsciente grâce à l'habitude.

Dans l'organisme individuel un grand nombre d'actions commencent par être conscientes et voulues, puis

(1) *Logique Sociale*, p. 111.

elles deviennent automatiques, reflexes et enfin héréditaires. Un être, en venant au monde, apporte une certaine somme de virtualités qui lui viennent de ses ancêtres. L'homme est capable de faire des syllogismes à un
âge relativement très tendre. Cela vient de ce que son
cerveau possède des facultés transmises par hérédité.

Tout cela se retrouve dans les organismes sociaux.
Plusieurs actions sont d'abord imposées par la loi, puis
elles deviennent des coutumes et des habitudes et
échappent alors au sensorium social. Comme l'idée
passe par l'invention et la discussion pour aboutir au
truisme et à l'axiome, la volition passe par la conscience
et l'automatisme pour aboutir à l'hérédité. C'est dire
que nous apportons en naissant des virtualités de l'ordre
social comme de l'ordre psychique. L'homme est un
animal sociable parce qu'il a la faculté innée de trouver
de la jouissance dans la communion avec ses semblables.
Un spectacle dans une salle vide fait moins de plaisir
que dans une salle bien remplie.

Examinons maintenant comment les volitions de l'élite
se transmettent aux masses populaires. Cela s'opère
par l'entremise de l'idée. Ainsi l'agrandissement de
l'État peut procurer certaines jouissances au souverain
et aux gouvernants. L'idée que la conquête est un bien
forme alors une association dans leur esprit. Cette idée
se répand peu à peu dans les foules. Les conquêtes ne
leur sont profitables en aucune façon, au contraire.
Mais l'idée venant des hautes sphères descend dans les
masses et celles-ci *croient* que les conquêtes leur sont
utiles. Elles peuvent désirer en faire.

Les phénomènes psychiques subissent la loi de l'accélération. Quand ils se répètent souvent, ils deviennent
si rapides qu'on n'aperçoit plus toutes les phases inter-
médiaires. Il semble alors qu'il y a des volitions sans
une idée qui leur sert de support. Il s'est produit
comme une abréviation. Ainsi la soif de l'agrandissement avait autrefois une base : la conviction que
la richesse était en raison de l'étendue territoriale.

La richesse était l'objectif conscient et voulu. Mais depuis des siècles on a fait des conquêtes. C'est devenu une habitude. On ne songe plus au motif déterminant, la richesse; on les fait sans réflexion, par habitude, par tradition, d'une façon automatique. La soif des conquêtes est devenue un réflexe social. On en accomplit encore alors que non seulement elles n'augmentent pas la richesse du vainqueur, mais la diminuent, au contraire, dans une mesure immense.

En résumé la volition sociale comme la volition individuelle est basée sur la différenciation des fonctions et sur les réflexes. Si on n'obéit pas aux autorités constituées on a l'anarchie, c'est-à-dire la suppression de toute action collective. Quelle armée pourrait manœuvrer si elle n'obéissait pas à ses chefs ? Cela serait une cohue ne présentant aucune résistance à l'ennemi. La force d'une armée vient de sa discipline et la discipline des réflexes. L'instruction que l'on donne au soldat a pour but de les faire naitre. Par une espèce d'hypnotisation, on parvient à le faire obéir même au péril de la vie. L'obéissance est rendue instinctive (1).

La morale sociale est aussi basée sur les mêmes phénomènes. Elle est, en effet, un ensemble de principes élaborés par une élite qui sont devenus, à la longue, des réflexes sociaux. S'il n'y avait pas d'élite intellectuelle, il n'y aurait pas de *science* morale, d'éthique. Telle action parait louable à certains moments ; la conquête, par exemple, de nos jours. Viennent des penseurs qui présentent les choses d'une autre façon. Leurs idées se propagent dans la foule ; elles deviennent des truismes. Les hommes y conforment leur conduite, d'abord sciemment, puis, à la longue, inconsciemment. Ces idées passent à l'état reflexe et ce qui paraissait précédemment une très belle action peut finir par sembler un crime odieux inspirant une horreur instinctive, une répulsion insurmontable.

(1) En allant au fond des choses on voit que l'instruction militaire a pour but de créer des hommes adaptés à une fonction spéciale.

Considérez la carte d'un pays (1). Vous y voyez d'innombrables petits villages groupés autour d'un plus gros ; ces centres secondaires gravitent de nouveau autour d'une ville provinciale et celles-ci entourent un centre unique, la capitale. Le filet de routes qui joint ces différentes localités montre comme le schéma du système nerveux de la société. La grosseur des différents centres est pour ainsi dire une illustration du groupement hiérarchique. Le maire obéit au sous-préfet, celui-ci au préfet et ainsi de suite. Grâce à cette hiérarchie d'une part, grâce à l'action reflexe de l'autre, un ordre parti du cabinet d'un ministre est exécuté avec une rapidité relativement considérable. C'est par cette organisation qu'un homme peut imposer sa volonté à des nations composées de dizaines de millions d'individus. Demain il plairait à Guillaume II de déclarer la guerre à la France. Cette déclaration pourrait être contraire aux vœux d'un grand nombre d'Allemands. Cependant l'ordre de mobilisation, parti de Berlin, descendrait de nœud en nœud pour arriver jusqu'au dernier village allemand. Ici le réflexe qu'il faut obéir aux autorités constituées agirait fort probablement et, au bout de quelques jours, trois millions d'hommes, l'arme au bras, seraient rangés le long des frontières, prêts à les passer.

Qu'on ne s'y trompe pas, d'ailleurs. La possibilité d'imposer la volonté d'un homme à une nation entière ne se produit pas seulement dans les monarchies absolues. Cela peut arriver aussi dans les pays constitutionnels et même dans les républiques. Les Chambres discutent une loi. On vote. Une voix de majorité est acquise à une proposition. Cette voix peut décider des questions les plus graves. Elle peut déchaîner la guerre, elle peut modifier entièrement le régime politique de l'État.

(1) Voyez entre autre celle que M. Small et Vincent donnent dans leur *Introduction to the study of Sociology*. Elle représente l'État de l'Indiana.

CHAPTIRE X

L'Action sociale.

Si après avoir parcouru toutes les phases psychologiques, une idée est devenue volition, elle se transforme en action. Les muscles sont mis en mouvement. X a pris la résolution de labourer un champ. Il attelle ses chevaux à la charrue et se met à l'œuvre. X a pris la résolution de construire une maison. Il possède les fonds nécessaires. Il s'entend avec un architecte et un entrepreneur, leur délivre de l'argent, et la maison est construite. X accomplit ici des actions individuelles. Elles sont relativement simples et n'exigent que des délibérations entre les cellules du même cerveau.

Mais X a conçu une idée qui demande le concours de plusieurs hommes. Quand il obtient ce concours et réalise son idée, X accomplit une action *sociale*. Ici les choses se compliquent d'autant plus que le nombre des participants est plus grand. Mais, en dernière analyse, ce phénomène se réduit à faire naître dans plusieurs cerveaux une volition qui s'est d'abord produite dans un seul.

Considérons rapidement différentes actions sociales.

X veut fonder une compagnie industrielle. Il doit trouver des gens à qui l'entreprise paraît bonne. Il doit les convaincre, leur faire croire qu'elle rapportera des revenus et faire naître en eux la volonté de la fonder. Passons aux actions de l'ordre politique. M. de Morny a conçu un beau jour le désir de renverser la république de 1848 et de gouverner la France sous le couvert de son demi-frère Louis-Napoléon. Il trouva des complices pour accomplir son coup d'État, c'est-à-dire des personnes à qui il fit comprendre qu'elles avaient avantage à se joindre à lui. Il fit donc naitre dans d'autres cerveaux les volitions qui existaient dans le sien. M. de Bismarck voulut faire la guerre à l'Autriche, en 1866. Il persuada au roi Guillaume et à d'autres grands personnages du royaume de Prusse que cette entreprise avait de grandes chances de réussir et qu'elle serait utile. Alors le roi et ces grands personnages voulurent la guerre comme M. de Bismarck, et chacun, dans son ressort, agit de façon à la faire faire. Un chef de bande a l'idée d'entreprendre une razzia. S'il trouve des compagnons d'armes, cela veut dire qu'il est parvenu à inspirer à d'autres hommes le désir qu'il possède lui-même d'effectuer une certaine entreprise. Organiser un parti politique signifie aussi faire adopter par d'autres personnes un programme qu'on a conçu et les amener à agir en vue de le faire réussir.

Inutile de multiplier ces exemples. Ils suffisent à démontrer, il nous semble, que toute action *sociale* s'accomplit par l'intermédiaire de la persuasion. Cette action se ramène à une volition partant d'un cerveau et se communiquant à un autre. Le jeu des forces musculaires est, naturellement, l'action proprement dite ; mais ce jeu n'est possible que *par suite* de certains faits antécédents. Toute action sociale se décompose en phénomènes psychiques.

Comme nous venons de le dire, plus le nombre des participants est grand, plus l'action sociale se complique. Pour fonder une entreprise au capital de cent mille francs, dix individus peuvent suffire. Le promoteur de l'entreprise peut les réunir dans son propre salon et, après un court échange d'idées, une résolution peut être prise séance tenante. Mais si l'entreprise comporte un capital très considérable, comme le canal de Suez, par exemple, alors il faut recourir aux procédés plus complexes de la propagande orale et écrite : les réunions, les meetings, les journaux, les brochures, les livres, etc. Il faut faire entrer une persuasion dans des centaines de milliers de cerveaux. Tout cela serait bien difficile sans l'outillage moderne qui a étendu, dans une mesure immense, les limites et a augmenté la rapidité des informations.

Les actes sociaux se réduisent donc à des volitions individuelles. Cette manière de présenter les choses paraîtra, sans doute, contraire à la réalité. L'opinion généralement acceptée est justement l'opposée de la nôtre. On croit que la plus grande partie des actes sociaux s'accomplissent par coercition. Les gouvernements donnent des ordres ; les peuples obéissent (de gré ou de force peu importe), et l'acte social s'effectue. Les gouvernements promulguent des lois. Elles peuvent soulever des oppositions. Mais la puissance coercitive de l'État intervient sous forme de gendarmes ; la loi s'exécute, la volonté du gouvernement triomphe.

Il *semble* en effet que les actions collectives peuvent s'accomplir directement par des efforts musculaires, sans passer par le circuit psychique. Il n'en est pas ainsi en réalité. Nous le montrerons plus loin. Mais nous demandons d'abord la permission de parler d'une autre erreur très généralement répandue. On confond constamment l'absolutisme avec la toute-puissance. On affirme qu'un gouvernement a d'autant plus la possibilité d'agir sur une nation qu'il est moins limité. Or c'est là une profonde illusion, et, fort souvent, c'est juste le contraire de la réalité.

De par la nature des choses, un gouvernement absolu dépendra davantage des idées moyennes qui règnent dans un pays qu'un gouvernement constitutionnel. Le premier sera nécessairement plus traditionnaliste que le second. Or que veut dire être traditionnaliste ? Cela veut dire se soumettre plus complètement aux idées *d'autrui*, puisqu'on se soumet aux idées d'ancêtres descendus dans le tombeau. Il est facile de démontrer que les gouvernements absolus sont les moins libres d'exécuter leurs propres volontés.

Toute société comprend forcément des progressistes et des conservateurs. L'existence de ces deux partis est inévitable. Dans l'un se placent ceux qui pensent le plus vite, dans l'autre ceux qui pensent le plus lentement. La division s'établit aussi à cause des tempéraments. Les plus sensibles prennent à cœur les misères humaines et sont progressistes. Les moins sensibles sont peu affectés par les infortunes de leurs semblables; ils trouvent le monde très bien comme il est et sont conservateurs. Il en sera toujours ainsi. Toujours les sociétés seront divisées au moins en deux camps. C'est conforme à la nature des choses. Même dans un simple troupeau, il y aura nécessairement de bons marcheurs qui avanceront en tête et des mauvais qui se traîneront à la queue. Dans un pays libre les partis peuvent s'organiser au grand jour et avoir une discipline des plus puissantes. En Angleterre, l'opposition est devenue un rouage indispensable du gouvernement : « *her majestys opposition* ». Ayant la possibilité de s'organiser, les progressistes acquièrent le maximum de puissance. Dans les monarchies absolues, les partis ne peuvent pas déployer une complète activité. Les progressistes y exerceront donc une action plus faible, et, nécessairement, les traditionnalistes auront le champ plus libre. Donc, ils seront plus forts. Les faits viennent confirmer ces déductions. En Angleterre, les réformes s'accomplissent à jet continu. En Perse et en Chine, les gouvernements sont tout ce qu'il y a de plus autocratique, et cependant ils ne peuvent pas bouger depuis des siècles. Plus un monarque est absolu, plus il est dans les chaînes. Le roi des Belges peut se promener où bon lui semble. Le sultan ne peut pas sortir de son palais. La liberté matérielle du souverain exerce une grande influence sur sa puissance politique. Le sultan ne sortant pas quand bon lui semble et comme bon lui semble est dans l'impossibilité absolue d'obtenir certains renseignements et de voir certaines personnes. Ses idées, ses représentations lui sont donc imposées par son entourage. Ce n'est pas lui qui domine sur ses serviteurs, ce sont eux qui dominent sur lui. Il croit commander, il ne fait qu'obéir. Comme tout homme, un souverain a forcément des idées conservatrices ou progressistes. Imaginons un instant le second cas. Si un parti progressiste, fortement organisé, existe dans le pays, le souverain peut compter sur son aide pour réaliser ses volontés. Mais, nous le répétons, l'organisation légale des partis étant très difficile sans la liberté, un monarque absolu progressiste ne trouvera pas un personnel tout prêt à le soutenir, et il devra, fort souvent, renoncer à accomplir les réformes qui lui tiennent à cœur. Il ne réalisera donc pas son programme, ne fera pas ses volontés. Ce qui vient d'être dit s'applique de point en point, par exemple, au sultan Mahmoud II (1808-1839). C'était un homme éclairé et qui voyait loin. Il voulait se faire chrétien. Par cela il sauvait son empire. Un sultan chrétien devenait l'héritier de Constantin le Grand. Il continuait l'empire romain. Mais Mahmoud savait parfaitement que son entourage ne lui permettrait pas de changer de religion et il renonça à ce projet.

Quand un monarque absolu fait réellement ce qu'il veut, il le doit à ses avantages personnels et en aucune façon à la forme du gouvernement. Napoléon se fit longtemps obéir par ses anciens égaux, parce qu'il savait exercer une sorte de fascination sur son entourage. De plus, il était aidé par les réflexes sociaux (voir p. 31). Pierre le Grand put réaliser, dans une assez forte mesure, son plan de réformes politiques et sociales. Mais il avait une nature d'une énergie extraordinaire qui courbait toutes les résistances (1).

Il faut distinguer entre les fictions et les réalités.

(1) Et puis il faut encore ajouter qu'un très grand parti était sympathique à ses idées.

Les gouvernements autocratiques sont, à vrai dire, des oligarchies se recrutant par cooptation avec des chefs héréditaires ou électifs. L'Eglise catholique a cette organisation. Le pape nomme les cardinaux, qui, à leur tour, élisent le pape. Cela fait un cercle fermé. En principe, le pape est le chef absolu de l'Eglise et peut faire ce qu'il veut. En réalité, il fait toujours ce que veut la curie. Les papes passent, mais (sauf des nuances) la politique papale reste. Preuve qu'elle ne dépend pas uniquement du souverain-pontife. De même dans les États laïques. En principe, les souverains absolus donnent les fonctions gouvernementales à qui bon leur semble. En réalité, les choix leur sont dictés par les conjonctures politiques du moment. Les hauts fonctionnaires parviennent presque toujours à imposer leurs volontés au souverain; ils gouvernent sous son nom. Le souverain a l'ombre de l'autorité; les fonctionnaires en ont la proie (1). Ces faits ont été observés depuis longtemps. Les envoyés vénitiens disaient déjà à la fin du xvii⁰ siècle « que le roi d'Espagne est seulement le chef d'une aristocratie de fonctionnaires et que l'État le plus absolu de l'Europe ressemble à une république oligarchique » (2).

(1) Tout cela démontre encore une fois l'importance en somme assez médiocre de la *forme* du gouvernement. Le plus ou moins de bonheur d'un peuple ne dépend pas du fait de savoir qui tient les rênes du gouvernement. Il dépend des idées qui sont dans la tête de celui ou de ceux qui les tiennent. Ainsi le ministre d'un monarque absolu peut considérer, par exemple, la centralisation comme bonne ou mauvaise. Dans le premier cas, il poussera sa politique dans une direction, dans le second, dans une autre. Il peut faire le plus grand bien ou le plus grand mal à son pays. Mais cela ne viendra pas de ce qu'il est le ministre d'un roi absolu. Cela viendra de ce qu'il comprend bien ou mal les intérêts de sa patrie. On dit que les hommes au pouvoir gouvernent conformément à leur propre intérêt et non à celui du peuple. D'accord. Mais il y a mille manières de comprendre son intérêt. En vue de soutenir le prestige de l'autocratie, par exemple, on peut proposer des mesures de caractère diamétralement opposé. Tout le monde a son intérêt en vue, mais chacun l'entend à sa façon.

(2) *Histoire générale*, t. VI, p. 513.

Examinons maintenant comment s'exerce l'action gouvernementale qui nous paraît purement coercitive.

X est appelé à la conscription. Il déclare que ses idées et ses croyances lui défendent de se faire soldat. On le prend et, selon la législation du pays, on lui applique des peines plus ou moins sévères. Pour s'éviter ces souffrances, X consent à faire son service militaire. X est libre-échangiste. Pour se soustraire à la douane, il tâche d'introduire des marchandises étrangères en contrebande. Mais il est pris sur le fait et condamné à des amendes si lourdes qu'il préfère, une autre fois, payer les droits, bien qu'à contre cœur. L'action coercitive de l'État sur le citoyen se voit mille fois par jour dans tous les pays du monde. Comment peut-on donc soutenir qu'elle n'existe pas?

Analysons tous ces faits. Par quel phénomène psychologique sont-ils rendus possibles ? Par celui du réflexe social qui se formule « il faut obéir aux autorités ». Sans lui tout s'écroule. Pour exercer la coercition, il faut nécessairement des masses qui obéissent à une petite élite, quelquefois à un seul homme. Mais la puissance musculaire de ces masses est infiniment supérieure à la puissance musculaire des chefs. Les muscles ne sont donc pas les moteurs de l'action sociale. Un régiment s'est révolté. Le général en chef ordonne de le décimer. On prend un homme sur dix et on le fusille. Comment cet acte est-il rendu possible ? Par le fait que d'autres régiments sont restés fidèles. Or cela veut dire que les soldats, chez lesquels le réflexe « il faut obéir au général » se produit, sont plus nombreux que ceux chez lesquels il ne se produit pas. Si ce n'était pas le cas, il ne se trouverait pas de soldats pour fusiller leurs camarades révoltés et les ordres du général resteraient de vaines paroles emportées par le vent.

Ce qui est vrai d'une armée est vrai de toute une société.

Pierre le Grand veut transformer son empire à l'européenne. Il rencontre de l'opposition. Les *strellsis* se révoltent. Il les écrase. Il fait tuer des milliers d'hommes pour arriver à ses fins. Comment cela peut-il s'effectuer ? La réponse est simple : c'est que le nombre des Russes chez lesquels le réflexe « il faut obéir au tsar » agit, dépasse celui chez lesquels ce réflexe n'agit pas. Si cela n'avait pas été le cas, Pierre n'aurait pas trouvé des bourreaux pour exécuter ceux qui lui faisaient de l'opposition.

Maintenant analysons l'acte réflexe. Il est une conviction devenue si rapide qu'elle cesse d'être consciente. Il est aussi, si l'on veut, un syllogisme social comme dit si bien M. Tarde. Mais une conviction ne peut pas se former en nous sans emporter le consentement de notre conscience interne. Un homme ne peut faire naître une conviction dans le cerveau d'un autre qu'en agissant sur son entendement, ou, en d'autres termes, en agissant par persuasion. Quand donc les volontés du gouvernement semblent exécutées en vertu de la force musculaire, elles le sont, en réalité, par *persuasion indirecte*, par une persuasion ancienne ayant passé par le circuit de l'action réflexe. A chaque instant le citoyen est comme s'il faisait le raisonnement suivant: « telle mesure gouvernementale me contrarie, mais ma désobéissance aux autorités constituées me causera, à moi et à la société, un mal plus grand que ma contrariété ; des deux maux je préfère le moindre : j'obéis ». Certes chaque citoyen ne fait pas ce raisonnement d'une façon nette, délibérée et précise ; il le fait d'une façon rapide et vague, c'est-à-dire inconsciente. C'est ce qui constitue précisément l'acte reflexe. Quand le raisonnement « il faut obéir aux autorités constituées » ne l'emporte pas, le pays se met, comme on dit, en révolte ouverte.

Or il est évident que les gouvernements ne peuvent pas créer les réflexes sociaux. Ce sont les réflexes, au contraire, qui créent les gouvernements. L'effet est postérieur à la cause. Il y a à l'origine de toute société une période anarchique où les fonctions gouvernementales ne sont pas encore nettement différenciées. Les chefs sont alors temporaires et assez mal obéis. Cela cause des souffrances aux hommes et peu à peu un réflexe se forme dans leur esprit : « il faut obéir aux autorités constituées ». Ces autorités sont obéies à partir du moment où se forme ce réflexe, mais ce réflexe ne se forme pas parce qu'elles sont obéies. Nous prions le lecteur de ne pas donner un sens trop absolu à nos paroles. Certes, quand les gouvernements stables se furent établis, quand ils eurent duré pendant des siècles, le réflexe de l'obéissance en fut grandement fortifié. Il serait puéril de le contester. Non. Nous voulons relever seulement ce qui se passe toujours pendant une certaine période de la vie sociale. Vers 1648 l'Allemagne se fractionna en 360 États. Cela causa de nombreuses souffrances aux habitants de ce pays. L'idée de l'unité politique surgit dans quelques esprits et gagna de plus en plus de terrain. Elle aboutit le 18 janvier 1871 à la proclamation de l'empire. Cela signifie que le réflexe « il faut obéir à l'empereur allemand » (1) domina alors dans le cerveau de la majorité des hommes habitant de la Baltique aux Alpes et de la Vistule au Rhin. Or l'empereur Guillaume et M. de Bismarck n'ont pas fait naître ce réflexe. Au contraire l'empire d'Allemagne s'est fait, parce qu'il s'était formé auparavant. La conviction qui peut se formuler « il faut obéir à un parlement paneuropéen » se formera avant la convocation de ce parlement et non après. Il sera convoqué justement parce qu'elle se sera formée.

On le voit, si les gouvernements sont obéis, même parfois à contre-cœur, ce n'est pas par le fait d'une puissance musculaire agissant directement d'homme à homme. Il faut toujours passer par le circuit psychique, mais *direct* ou *indirect*. Direct, quand la volition d'un

---

(1) Traduction littérale. Les Allemands disent « deutscher kaiser » et non « kaiser von Deutschland ».

cerveau se transmet à un autre (persuasion); indirect,
quand il faut passer par le détour de l'act'on reflexe.

Tout l'art du gouvernement consiste à supprimer le
circuit et la perte de temps qu'il occasionne.

Revenons à l'action sociale. Les filles ont en Russie
la quatorzième part de l'héritage paternel. X trouve cette
législation mauvaise. Il commence à prêcher le partage
égal entre les enfants sans distinction de sexe. Il écrit
des livres, des brochures, des articles de journaux, fait
des conférences, adresse des requêtes à qui de droit, etc.
Imaginons ses efforts couronnés de succès. Le ministre de la justice présente une loi, le conseil de l'empire l'approuve, l'empereur la sanctionne. X éprouve
une grande satisfaction. Ce qui lui paraissait un mal a
disparu, ce qui lui parait le bien a été établi. Or il est
évident que la satisfaction de X sera d'autant plus
grande que ses idées auront triomphé *plus vite*. S'il
nous suffisait de formuler un projet pour le voir aussitôt transformé en loi et appliqué par l'universalité de
nos concitoyens, nous deviendrions comme des rois
omnipotents. Nous éprouverions le maximum de
jouissance imaginable ici-bas puisque notre idéal social
serait réalisé dans le temps le plus court possible. Il
y aurait adaptation complète du milieu social à nos fins
individuelles.

Si les gouvernants ont des volitions sociales, c'est
que l'état de choses actuel ne leur parait pas le plus
désirable qui soit au monde. Ils travaillent donc à le
transformer, à substituer une organisation plus parfaite
à celle qui leur parait moins parfaite, à mettre certaines
institutions à la place de certaines autres. Plus les transformations désirées s'opèrent *vite*, plus la satisfaction
des gouvernants est grande. Jusqu'ici la similitude est
complète entre les simples citoyens et les gouvernants.

Mais ces derniers ont dans la main une arme que ne
possède pas le simple particulier : la puissance législative et la force armée. Un citoyen ne peut opérer une
transformation sociale que par persuasion, le gouverne-

ment peut l'opérer par coercition (1). Nous avons montré que, dans une certaine mesure, cette coercition est plutôt apparente que réelle. Mais, dans ce qui va suivre, pour abréger nos termes et pour ne pas employer de périphrases, nous allons considérer la coercition comme réelle.

Eh bien ! tous les gouvernements croient jusqu'à nos jours que le procédé le *plus rapide* pour arriver à leurs fins est d'exercer l'action musculaire d'homme à homme. On croit que plus la législation sera sévère, et l'appel à la force brutale fréquent, plus vite le gouvernement arrivera à réaliser ses désirs. Eh bien ! c'est juste le contraire. Si une volition de X provoque la même volition chez Z, X et Z agiront immédiatement de concert. Si X doit d'abord faire naître un réflexe indirect en Z (2), l'action sera ralentie.

Les phénomènes psychiques sont encore très mal compris. Aussi les gouvernements tournent le dos à la vérité. Ils voient des maux dans la société ; ils croient pouvoir les guérir d'autant plus vite qu'ils appliquent des mesures plus inéxorables. Il n'y a pas de peine plus cruelle que la mort. Quand on la décrète contre un acte quelconque, on croit que cet acte cessera d'être commis dans le temps le plus court possible.

Les faits contredisent cette illusion. Autrefois le vol était puni de mort en Angleterre. Il l'est

(1) C'est le droit de punir. Les gouvernements ne sont pas toujours obéis, s'ils se contentent de donner des ordres. Dans l'impossibilité d'agir d'une façon positive ils agissent, si l'on peut s'exprimer ainsi, d'une façon négative. Ils veulent qu'une chose sa fasse: ils punissent ceux qui font la chose contraire ou ceux qui ne font *pas* la chose prescrite. Ainsi le gouvernement russe veut que tout individu, né dans le giron de l'Église orthodoxe, élève ses enfants dans la même religion. Alors il frappe de peines les parents qui élèvent leurs enfants dans une religion différente. Certains gouvernements veulent que tous les enfants fréquentent l'école. Ils frappent d'amendes les parents qui n'exécutent pas cette prescription.

(2) Par exemple le raisonnement suivant : « X a la force ; telle chose me contrarie, mais X la commande : je la fais ».

aujourd'hui par la prison. Cependant, à l'époque où la peine était plus sévère, il se commettait plus de vols que de notre temps. En un mot, la criminalité n'est pas toujours en raison inverse de la sévérité de la loi. Cela provient de causes fort nombreuses dont quelques-unes sont purement extérieures. On nous permettra d'en dire quelques mots.

« Nul n'est censé ignorer la loi ». Cette présomption est indispensable au bon fonctionnement de la justice, mais, tout de même, elle n'est pas autre chose qu'une fiction. Il n'y a pas un citoyen sur dix mille qui connaisse à fond son code pénal et les lois récemment promulguées. Les journaux publient presque toujours les lois nouvelles. Si nous en prenons note, nous nous en souvenons pendant un jour ou deux, puis nous les oublions complètement. Par conséquent, le législateur ne parvient pas à faire connaître toutes les peines qu'il édicte contre certains délits (1).

Mais, quand bien même on connait la loi, on peut l'oublier au moment où la passion pousse à commettre un délit ou un crime. Et d'ailleurs on peut toujours espérer se soustraire à la peine. On commettrait beaucoup moins d'assassinats si on était absolument sûr d'être guillotiné deux semaines après l'avoir perpétré.

Nous croyons encore trop aux fictions. Nous sommes imprégnés de cette erreur que loi *promulguée* est loi *exécutée*. Il s'en faut de beaucoup qu'il en soit ainsi. D'abord le phénomène de la désuétude est universel. Or il ne peut pas se produire si une loi ne cesse pas d'être appliquée avant d'avoir été abrogée. Elle est donc désobéie pendant un certain temps qui peut durer des siècles. Mais il arrive même que des lois nouvelles ne sont jamais appliquées. Elles rencontrent une hostilité

(1) Il y a même des cas où le législateur compte que les citoyens ne connaîtront pas la loi. Il est défendu en Russie d'apporter un code pénal dans la salle des délibérations du jury. En France aussi le juré songeant à la peine, dont est passible l'accusé, est considéré comme « manquant à ses devoirs ».

sourde, une conspiration générale. On les laisse tout doucement tomber en poussière avant d'avoir vécu.

Passons maintenant aux causes psychiques qui empêchent la criminalité de diminuer en raison directe de la sévérité de la loi.

Quand bien même les hommes connaissent la peine qui doit les frapper et quand bien même cette peine est la mort, il ne s'ensuit pas qu'ils se soumettent toujours. L'endurance a des bornes. Il arrive un moment où l'homme préfère le risque de la mort et la mort elle-même à certains tourments. Les populations se mettent en révolte. Alors les chefs d'État doivent d'abord dompter la rébellion pour parvenir à exécuter leurs volontés. Même s'ils finissent par triompher, il y a des pertes de temps considérables, des délais fort longs. D'ailleurs les révoltes ne sont pas toujours étouffées. Il peut arriver que les gouvernements soient battus. Dans ce cas, leur volonté ne s'effectue pas du tout. Il peut arriver aussi que les gouvernements soient obligés de faire des concessions aux révoltés, alors leur volonté s'exécute mal ou s'exécute à demi.

Mais les gouvernements ne croient pas nécessaire de punir de la peine de mort la désobéissance à tous leurs ordres. La transgression d'un grand nombre de lois est punie de peines plus légères. Alors elles sont désobéies, parfois, avec une certaine volupté. Le martyre aura toujours un grand attrait pour l'âme humaine. En le subissant, elle se purifie, elle gagne en dignité, elle prend comme un bain d'élévation qui constitue une jouissance suprême. Il se trouvera éternellement des hommes qui accepteront les privations les plus dures pour éprouver cette béatitude délicieuse. Voilà pourquoi l'histoire nous montre tant de persécutions qui n'ont pas abouti au but désiré par les persécuteurs, mais, parfois, au but diamétralement opposé.

Obliger les hommes de faire une chose (1), *paraît*

(1) C'est une manière de parler. En réalité les gouvernements

le moyen le plus rapide pour introduire une habitude
nouvelle dans la société. Cela *paraît*, mais cela n'est
pas. Le processus de la volition sociale est un phénomène extrêmement complexe, très difficile à analyser
et encore fort peu connu. A cause de cela on comprend si mal les procédés rationnels qu'il faut
employer pour réaliser une fin sociale.

Nous ne voulons pas dire que les gouvernements
n'arrivent jamais à faire exécuter leurs volontés en em-
ployant la coercition. Bien loin de là. Des milliers
d'exemples montrent, au contraire, que la coercition a
réussi et qu'elle est parvenue même à faire naître certains réflexes sociaux. Non. Nous voulons dire seulement que le procédé coercitif n'est pas le plus rapide.

On peut formuler, au contraire, la proposition suivante : les volontés du gouvernement s'exécuteront
d'autant plus vite qu'on emploiera moins la force brutale. La rapidité d'un onde psychique dans la société est
en raison inverse de la somme de coercition. Un acte
devient d'autant plus rapide qu'il est plus inconscient.
Or, la coercition empêche l'inconscience de se produire.
En effet, tant que nous accomplissons une action pour
nous conformer à une volonté, qui est en dehors de
nous, nous éprouvons de la contrainte, donc de la souffrance. Alors cette action ne peut pas devenir inconsciente. Tant que la volonté du législateur est présente
à la pensée des citoyens, cette volonté ne peut pas
passer dans les mœurs ; elle ne peut pas devenir un
réflexe social. Un exemple. Imaginons un sultan imbu
d'idées européennes. Il promulgue une loi condamnant
à trois mois de prison toute musulmane sortant dans
la rue la figure voilée. Aussi longtemps que les femmes
turques se diront au moment de franchir le seuil de
leur demeure : « maintenant je dois me découvrir la
figure pour obéir aux ordres du sultan », l'habitude de

ne peuvent que punir ceux qui font la chose contraire, comme
nous l'avons montré plus haut.

sortir sans voile n'entrera pas dans les mœurs. Il en sera ainsi seulement à partir du jour où la musulmane ne cachera plus sa figure de son propre mouvement (1). Toute contrainte est une souffrance. Il est donc naturel qu'on cherche à s'y soustraire. Alors on tâche, ou bien d'éluder la loi, ou bien de la faire abroger. Toute contrainte provoque une réaction et agit comme une force inhibitoire, empêchant la transmission rapide d'une idée nouvelle dans la société.

L'art de gouverner les hommes est encore à l'état d'enfance. Et d'abord que veut dire gouverner ? Cela veut dire, dans une certaine mesure, réaliser dans une société les volitions des gouvernants. On croit qu'on y arrive le plus rapidement par la coercition. On se trompe grossièrement. Le procédé le plus efficace consiste à faire naître des courants de volitions semblables à celles qu'on possède soi-même ou, à un autre point de vue, à provoquer l'imitation. Imaginez que le fils de la reine Victoria, monté sur le trône d'Angleterre, embrasse le catholicisme. Imaginez qu'il ait le désir de voir tous ses sujets faire comme lui et qu'il travaille à réaliser ce but. S'il fait naître cette volition chez tous les Anglais et si ceux-ci se convertissent spontanément au catholicisme, ils auront imité leur roi, et le désir du roi sera réalisé dans le temps le plus court possible.

Les grands dignitaires et surtout les souverains ont une puissance énorme pour provoquer l'imitation. D'abord, ils sont très en vue. Leur personnalité affecte vivement la conscience sociale. Un M. Smith, quels que soient ses talents et son originalité, devra se donner beaucoup de peine pour parvenir à se faire imiter par toute l'Angleterre, parce qu'il commencera par être connu d'un très petit nombre de ses com-

(1) C'est ce qui est arrivé en Russie. Nathalie Narychkine, femme du tsar Alexis (1645 à 1676), osa la première sortir dans les rues en voiture découverte et sans voile. Cet usage passa ensuite rapidement dans les mœurs, parce qu'il fut voulu par la société russe.

patriotes. Mais tout le monde connaît le prince de Galles, par cela seul qu'il est l'héritier du trône. Il n'a besoin de rien faire pour obtenir cette notoriété ; il la tient de sa position même. Il est populaire d'emblée. Les journaux illustrés reproduisent son portrait par centaines de milliers d'exemplaires ; les chroniques du *High-life* rendent compte presque tous les jours de ses faits et gestes. Comme la puissance de provoquer l'imitation est en raison directe de la notoriété, les souverains la possèdent plus que les autres mortels.

Aussi, quand un souverain a une personnalité accusée et originale, il peut provoquer l'imitation dans une mesure incroyable. Il peut faire la mode à sa fantaisie. Il peut presque imposer ses goûts à toute l'élite sociale. Louis XIV fit un jour une faute d'orthographe : il dit *mon* carosse au lieu de *ma* carosse. Du coup, ce changement de genre fut fixé dans la langue. Nous ne connaissons pas d'exemple plus surprenant d'omnipotence royale, car, on le sait, rien de plus difficile que d'effectuer une modification linguistique.

Mais les souverains comprennent peu leur puissance de transformer les mœurs. Pierre le Grand avait horreur des amples et lourds vêtements orientaux qu'on portait de son temps en Russie. Il avait horreur également de ces longues barbes qui donnaient aux Moscovites un aspect si hirsute. Pierre fit un édit pour défendre les longs vêtements et le port de la barbe. Par là, il provoqua des résistances qui *retardèrent* la réalisation de ses désirs. L'édit fut un acte coercitif et, comme tel, il froissa les consciences. Une réaction se produisit. Nombre d'individus, qui auraient peut-être rasé leur barbe de plein gré, ne voulurent plus le faire quand ce fut par force. Conserver sa barbe devint alors un moyen de montrer la dignité de son caractère et la fidélité aux traditions des aïeux. Pierre, voyant qu'il ne pouvait pas vaincre les résistances, en profita pour s'en faire une source de revenus. Il autorisa le port des longs vêtements et de la barbe moyennant le paiement d'une taxe. Nombre de ses sujets l'acquittèrent avec joie pour ne pas avoir à se raser contrairement à l'habitude traditionnelle.

Si Pierre Ier n'avait pas fait de décret contre les barbes, il aurait réalisé ses désirs beaucoup plus rapidement. Il lui aurait suffi de se raser lui-même et de provoquer l'imitation. On sait que la mode, à Rome, depuis le Ier siècle jusqu'à l'époque des Antonins, était de se raser. Ni César, ni Auguste, ne portèrent la barbe. Le collègue de Marc-Aurèle, Lucius Vérus, remit la barbe à la mode. Il en avait une superbe et la portait avec ostentation. Les grands de Rome l'imitèrent et on cessa de se raser sans qu'il fût nécessaire de publier des décrets à ce sujet et de recourir à la violence.

On nous excusera de donner un exemple qui parait si vulgaire. Nous l'avons choisi précisément parce qu'il se rapporte à un objet qui ne touche pas aux intérêts sérieux de la vie humaine. On peut alors mieux observer la marche du phénomène social. Mais la puissance des souverains est aussi grande dans les questions les plus capitales que dans les plus futiles. On n'appréciera jamais assez l'importance de la tolérance religieuse. Elle est le fondement même du bonheur humain et de la prospérité sociale. Eh bien ! à ce point de vue si grave, la puissance d'un souverain peut être énorme. Il lui suffit de montrer une horreur insurmontable contre toute violation de la conscience d'autrui, il lui suffit de donner l'exemple de la tolérance. Immédiatement l'esprit de la cour s'oriente dans cette direction et des bienfaits d'une importance de premier ordre peuvent s'en suivre pour des millions de malheureuses créatures humaines.

Pour les questions qui ne comportent pas une imitation extérieure, le véritable art de gouverner les hommes consiste à faire naître de grands courants de volitions sociales, semblables à celles qu'ont les gens au pouvoir (cela pourrait être considéré, dans une certaine mesure, comme un genre d'imitation interne). Bref, les gouvernements devraient suivre la filière psychologique : faire naître des représentations qui seraient transformées en désirs, puis en volitions sociales. Ils devraient faire de l'apostolat. Mais combien leur situation est plus avantageuse et plus puissante que celle des simples particuliers ! Ils ont en main un appareil admirable d'information : la hiérarchie administrative centralisée par le ministère de l'intérieur. Dans l'état actuel de la civilisation, les gouvernements, bien organisés, ont presque la possibilité de porter des informations, en moins de vingt-quatre heures, à la connaissance de tous les citoyens qui savent lire. Ils peuvent donc agir sur des millions d'hommes dans un temps extrêmement court. Quel avantage incommensurable ! Les idées d'un particulier demandent des années et des années pour effleurer légèrement la conscience sociale. Les idées du gouvernement peuvent pénétrer dans toutes les familles d'un grand pays presque en une seule journée. Les gouvernements ont donc une puissance de propagande colossale ! Ils peuvent créer des représentations sociales avec une rapidité relativement énorme. Et les souverains ? Un mot, tombé des lèvres de l'empereur d'Allemagne, est porté en moins de quelques heures, par les mille voix de la presse, jusqu'aux confins du monde civilisé. Les sociétés de paix, qui font une propagande active en faveur du désarmement, parviennent à peine à faire pénétrer leurs écrits dans les masses populaires. Imaginez le retentissement qu'aurait un discours de Guillaume II contre la plaie hideuse du militarisme !

Par malheur les souverains et les gouvernements semblent ignorer complètement la puissance qu'ils ont de provoquer des volitions sociales. Au lieu d'agir sur l'opinion pour l'amener à désirer ce qu'ils désirent eux-mêmes (1), ils n'emploient, pour arriver à leurs fins,

(1) Un pays où la presse est bien organisée est plus facile à

qu'un seul procédé suranné et peu efficace : la force brutale.

Un jour viendra sans doute où l'art de gouverner le corps social s'appuiera sur une science aussi vaste que l'art de guérir le corps humain. Mais ce jour est encore loin. Les gouvernements actuels se guident sur les préceptes les plus simplistes et les plus empiriques. Ils empêchent fort souvent eux-mêmes la réalisation de leurs propres désirs avec un aveuglement vraiment prodigieux.

En politique internationale, la force brutale semble aussi le moyen infaillible. Napoléon n'en connaissait pas d'autre. Il comprenait fort bien que l'Europe ne pourrait jamais accepter comme définitives les stipulations de Lunéville. Au lieu de chercher un arrangement équitable pour arriver à une pacification générale, il fit trois guerres successives pour abattre l'Autriche et la Prusse. Il sentait néanmoins que tout cela était vain aussi longtemps que la Russie restait debout. Il fit la campagne de 1812 pour la dompter. L'esprit simpliste et l'ignorance profonde de Napoléon l'empêchaient de comprendre que dix, vingt, cinquante batailles perdues, ne détruisent pas chez des hommes vivants les désirs, les volitions et les passions. On pouvait subjuguer l'Allemagne : rien n'était fait tant que les Allemands ne *voulaient* pas porter le joug. Napoléon ne comprenait pas que pour désarmer ses adversaires il faut la justice et non la violence. Jamais peuple n'a plus abusé de la force brutale que les Français sous la Révolution et l'Empire, et jamais l'impuissance de cette force n'a éclaté d'une façon plus manifeste.

gouverner qu'un pays où elle l'est mal. Si les citoyens lisaient tous un journal chaque matin, le gouvernement pourrait faire connaître ses opinions et ajouter l'opinion publique avec le maximum possible de rapidité. Or on ne comprend encore pas cela partout, puisqu'il y a des gouvernements qui tâchent de restreindre autant que possible le nombre des journaux.

CHAPITRE XI

Le Cycle du Phénomène psychique.

Considérons maintenant la marche complète d'une idée dans la société. Procédons par un exemple et prenons celui de la fédération européenne.

Quelques publicistes affirment aujourd'hui que son établissement déculperait pour le moins le bien-être de nos sociétés, en général, et le bien-être de chacun de nous en particulier. Remarquez que l'intérêt individuel et collectif vont toujours de pair quand il s'agit de l'avenir, car on désire une transformation de l'ordre de choses actuel pour se procurer un accroissement de jouissance. Si cela dépendait seulement des promoteurs d'une idée, elle serait réalisée immédiatement. Supposez l'auteur de ces lignes capable d'imposer ses volontés à toute l'Europe. Il établirait la fédération des États de notre continent sans perdre un seul jour.

Mais pour qu'une volition individuelle devienne une volition sociale, il faut qu'elle passe par des phases fort nombreuses dont chacune est inévitable.

Tout d'abord il faut commencer par la représentation. Il faut qu'un grand nombre d'individus se représentent la fédération européenne. En d'autres termes, il faut qu'ils la croient possible. Nous n'en sommes, malheureusement, pas encore là. Une forte majorité dans les classes dirigeantes, en Europe, ne croit pas à la possibilité de la fédération. On met en avant la différence des langues, des races, des religions, etc., etc., pour

démontrer qu'une union politique de ces éléments disparates ne rentre pas aujourd'hui dans le domaine des
choses réalisables. Les partisans de la fédération font
valoir les arguments contraires. Ils montrent, par
exemple, la solidarité extrême qui lie les nations civilisées, la répercussion immédiate de la bourse de
New-York sur celle de Londres et de Paris, etc. La
lutte entre les arguments fédéralistes et *anarchistes* (1)
peut être très vive. Supposons qu'à la longue les fédéralistes l'emportent. Ils parviennent à démontrer aux
classes dirigeantes que la fédération est non seulement
possible, mais même très facile. Alors, peu à peu, un
nombre de personnes de plus en plus grand commencera à adopter les idées de l'élite et à se représenter
l'Europe pacifiée, soumettant les différends internationaux à un tribunal et nommant un conseil fédéral
pour diriger les affaires communes. On se représen-
tera la suppression de milliers d'entraves qui gênent
aujourd'hui notre vie : passeports, douanes, service
militaire, impôts vexatoires, tutelles de tout genre. Bref
un idéal plein d'attraits se dessinera aux yeux d'un
nombre d'hommes toujours croissant ; une espèce d'Eden
leur apparaîtra au loin.

Naturellement, dès que cette représentation existera,
le désir de pénétrer dans ce paradis parfaitement accessible (on aura désormais la conviction qu'il en est ainsi)
naîtra dans les esprits. Plus la représentation de la fédération se répandra dans les masses, plus ce désir se
répandra également. Les fédéralistes deviendront de
jour en jour plus nombreux et enfin ils seront la
majorité. Les anarchistes résisteront. Admettons qu'ils
soient capables pendant un certain temps d'empêcher
la réalisation de la fédération. Alors les majorités fédé-

____

(1) Cette appellation s'applique de la façon la plus exacte aux
partisans de l'ordre, ou plutôt du désordre international actuel.
En effet les fédéralistes veulent établir des relations juridiques
entre les États. Les conservateurs veulent le *statu quo* actuel,
c'est-à-dire l'absence de relations juridiques, donc l'anarchie.

ralistes éprouveront de la haine à l'égard des minorités anarchistes. Il les regarderont comme des factieux s'opposant au bonheur du peuple. Les obstacles commenceront à exalter les imaginations, et ce qui était d'abord une simple volition sociale, commencera à devenir de plus en plus une passion. Naturellement quand elle aura atteint ce paroxisme le triomphe de l'idée fédéraliste sera inévitable. Il n'y a pas de digue capable de résister à une passion populaire devenue universelle (1).

Naturellement quand l'immense majorité des Européens voudra la fédération elle se fera immédiatement. On nommera des délégués qui se réuniront en assemblée et élaboreront une constitution fédérale. On nommera les autorités et le personnel de la nouvelle institution et elle commencera à fonctionner. Il en a été ainsi en Amérique en 1787. Les anciennes colonies anglaises envoyèrent des délégués à Philadelphie ; ces individus firent une constitution fédérale ; Washington fut élu président et les États-Unis commencèrent leur brillante carrière si pleine encore aujourd'hui de magnifiques espérances d'avenir.

Quand une fois la fédération européenne sera devenue un fait accompli, commencera une nouvelle série de phénomènes psychiques.

Supposons qu'elle réalise les espérances fondées sur elle, supposons que les hommes se sentent plus heureux après son établissement qu'avant. Alors cette institution ralliera peu à peu des sympathies universelles. On la considérera comme un palladium. Tous ceux qui s'élèveront contre elle seront d'abord traités de gens inconsidérés, puis de fous. Que les bienfaits de la fédération se fassent sentir pendant un siècle ou deux, elle

(1) Telle était la situation en Angleterre, en 1846. L'immense majorité du peuple était pour l'abolition des droits sur les céréales. Les lords seuls résistaient. Aussi on les traitait de *démons*, d'ennemis publics. On parlait de supprimer la Chambre Haute. Les lords étaient l'objet d'un ressentiment général.

s'incrustera encore plus dans les esprits. Elle deviendra l'arche sacro-sainte, elle sera considérée comme la base de l'ordre social. Les législations des États particuliers traiteront de criminels tous ceux qui voudront la détruire. A la fin elle paraîtra conforme à la nature des choses (1).

Plus tard encore les hommes s'étonneront que la fédération n'ait pas toujours existé. Ils ne pourront pas se représenter comment il était possible de s'en passer. Ils seront stupéfaits en lisant dans les historiens les objections qu'on faisait contre elle dans les temps passés. Ces objections paraîtront ridicules et enfantines. L'anarchie des temps anciens fera l'effet de l'abomination de la désolation. Les Moltke de l'époque diront que la fédération est conforme à l'ordre des choses établi par Dieu.

L'idée de la fédération aura ainsi accompli son cycle complet allant de l'inconscience à l'inconscience et, nous ajouterons, dans un autre ordre d'idées, allant du subversif au légal (2). D'abord représentation d'un très petit nombre d'individus (à un moment donné d'un seul peut-être), elle n'affectait pas encore la conscience sociale ; à la fin du cycle, elle ne l'affectera plus. En effet, si le gouvernement fédéral européen marche bien, les hommes ne s'en préoccuperont plus. Ses rouages et son

(1) Ce que nous disons de la fédération de l'Europe dans l'avenir peut s'appliquer dans le passé ou le présent à ces unités nationales qui s'appellent France, Russie ou Allemagne. Ces petites unions sont composées parfois d'éléments les plus disparates (la Russie contient plus de 33 populations diverses). Ces éléments étaient autrefois aussi hostiles les uns aux autres que les Allemands sont hostiles aux Français. Mais, amalgamés depuis des siècles, ces éléments se sont fondus. Actuellement en Russie, par exemple, quiconque travaillerait à briser l'union existante serait passible de la peine de mort.

(2) De nos jours certains gouvernements européens, mal informés sur les tendances des fédéralistes, s'imaginent que ces individus rêvent le renversement de l'ordre actuel au sein des différents États. Aussi ils considèrent les fédéralistes comme un élément dangereux et subversif qu'il faut punir ou tâcher d'extirper.

fonctionnement ne seront plus conscients que pour ceux qui les feront marcher ou pour quelques érudits qui étudieront le passé de cette institution. Mille phénomènes économiques échappent aujourd'hui à la conscience des foules et ne sont compris que par les savants. Lequel de nous s'estime heureux de solder ses achats en monnaie et non en marchandises par le procédé du troc ? Et, cependant, il y a eu un moment où cette facilité, étant nouvelle, a été ressentie comme une jouissance. Les phénomènes économiques qui se reproduisent des milliers de fois tous les jours échappent à notre attention. Dans une Europe fédérée depuis de longues années, la nomination des délégués au parlement central n'affectera presque plus les masses populaires.

L'ordre public est toujours le résultat de la révolution d'hier et de la rêverie du jour d'avant. Si un individu avait tracé en 1775 la constitution que la France a eu cent ans plus tard, il aurait passé non seulement pour un fou mais encore pour un criminel. La constitution de 1875 établissait la République. Or toute tentative, ayant pour but d'abolir la royauté, aurait été considérée, dans les premières années de Louis XVI, comme un forfait abominable immédiatement puni de mort. Actuellement ceux qui veulent maintenir la constitution de 1875 sont des *conservateurs*. Tant que il est vrai que le subversif de la veille est l'ordre légal du lendemain (1).

On nous permettra encore de montrer le passage de l'inconscience à l'inconscience par un exemple tiré du passé. Nous voulons parler de l'esclavage. « Si les navettes tissaient toutes seules ; si l'archet jouait tout seul de la cithare, les entrepreneurs se passeraient d'ouvriers et les maîtres d'esclaves », dit Aristote (2). Mais cela n'est pas ; donc les esclaves sont indispensables.

(1) Voir page 94 .
(2) *Politique* I, 1, 5. Nous citons la traduction de Barthélemy Saint-Hilaire.

Le Stagirite ajoute : « La nature a fait les corps des hommes libres différents de ceux des esclaves, donnant à ceux-ci la vigueur nécessaire dans les gros ouvrages de la société, rendant au contraire ceux-là incapables de courber leur droite stature à ces rudes labeurs » (1). Cette dernière phrase est des plus caractéristiques. Rien ne montre mieux la puissance du milieu et de la routine. Aristote savait parfaitement qu'à chaque moment de sa vie il aurait pu tomber dans l'esclavage. Il lui suffisait d'être pris comme prisonnier de guerre ou même d'avoir été capturé par des pirates. Aurait-il pu affirmer alors que « la nature avait fait son corps différent de ceux des hommes libres ? »

Ainsi au ıvᵉ siècle avant notre ère les esprits les plus distingués ne pouvaient pas se figurer un état social sans esclavage. La représentation de la liberté universelle n'existait pas encore, même dans l'élite.

Que voyons-nous aujourd'hui ? L'esclavage a été aboli dans tous les pays de culture européenne. La législation ne le tolère nulle part. Un individu se vendrait de plein gré, par intérêt, que ce contrat serait nul et non avenu. Personne ne craint plus de devenir esclave. Nous n'éprouvons donc aucune jouissance en pensant que nous ne pouvons pas perdre notre liberté. Il nous paraît difficile désormais de nous représenter un état social basé sur l'esclavage. A Aristote, il paraissait conforme à l'ordre des choses. Il nous fait l'effet, à nous, d'être absolument contre nature et c'est la liberté qui nous paraît désormais conforme à l'ordre des choses. Voilà donc un cycle complet. Autrefois on ne songeait pas à la liberté de tous les hommes, parce qu'on la croyait une utopie, maintenant on n'y songe plus parce qu'on la croit inévitable.

Mais, sous beaucoup de rapports, nous raisonnons, au xıxᵉ siècle, comme Aristote raisonnait au ıvᵉ. Un Alsacien veut se faire Français. Il opte. Il accomplit

(1) *Ibid.* I, 1, 14.

alors certaines formalités légales et son désir est réalisé. L'Allemagne n'y trouve rien à redire. Mais si un million et demi d'Alsaciens voulaient accomplir collectivement cette opération, l'Allemagne ne laisserait pas faire et punirait les instigateurs du mouvement de la peine de mort. Nous admettons la liberté pour l'individu de choisir sa patrie; nous ne l'admettons pas pour les nations. L'idée que la liberté collective nous procurera le maximum de bien-être n'a pas encore pénétré dans notre entendement. La sauvage anarchie qui règne de nos jours nous parait conforme à la nature des choses. Quand l'idée de la liberté collective aura triomphé, c'est le régime diamétralement opposé qui fera cet effet.

Quand nous disons qu'une idée sort de la conscience, nous ne nous exprimons pas d'une façon absolument exacte. A part l'entendement, il y a dans notre cerveau un vaste ensemble de phénomènes, compris sous le nom de sentiment. Composé des trames les plus nombreuses, le sentiment est comme un océan où viennent aboutir tous les fleuves psychiques. Le sentiment est d'abord une totalisation inconsciente, une fusion de nos connaissances. Une idée nouvelle nous est communiquée. Nous ne trouvons pas d'arguments pour la soutenir ou la combattre. Cependant nous *sentons* qu'elle est vraie ou fausse. C'est aussi dans le gouffre sans fond du sentiment que nous puisons nos intuitions. Mais, de plus, le sentiment participe d'un autre ensemble de phénomènes de la plus haute importance : le plaisir et la douleur. L'excitation extérieure aboutit (comme nous l'avons déjà indiqué) d'une part à l'idée, de l'autre au contentement ou au mécontentement, et en dernière analyse à la sympathie ou à l'antipathie.

Beaucoup d'idées ne sortent pas entièrement de la conscience, mais plongent dans le sentiment. Alors nous éprouvons une répulsion vague et incompréhensible contre certaines idées ou, au contraire, une sympathie secrète et inexplicable.

Ce phénomène du sentiment a une importance capi-

tale en sociologie. Comme l'action reflexe, le sentiment
est un des fondements de la société, parce qu'il permet
une accélération prodigieuse des manifestations psychiques. Ainsi nous éprouvons maintenant une répulsion instinctive, une antipathie secrète et invincible
contre l'esclavage. C'est fort heureux. Car s'il fallait
constamment des opérations de l'entendement pour
empêcher l'esclavage de renaitre, nous l'aurions vu
refleurir dans beaucoup de pays.

L'accélération produite par le sentiment est aussi le
fondement de la morale. Toute action *mauvaise* est en
dernière analyse *défavorable* à celui qui la commet (1).
Mais pour le comprendre, il faut se livrer, parfois, à
une analyse longue et compliquée, qui demande des
facultés souvent au-dessus du vulgaire. Quand, grâce à
l'influence du milieu ambiant, nous éprouvons une répulsion instinctive contre certaines actions, nous sommes
portés, par une opération psychique très rapide, à ne pas
les commettre. Comme dans l'action reflexe (2) il y a ici
une économie de temps qui augmente, dans une mesure
immense, la vitalité de l'organisme.

« Une loi peut être obéie par devoir, dit M. Tarde
dans le passage cité plus haut (voir page 132), puis elle
devient une habitude et enfin elle est sentie comme un
droit ». On peut généraliser cette idée. Toute notion,
toute institution finit, à la longue, par affecter le senti-

____

(1) Elle est *mauvaise* justement parce que *défavorable*. Il n'y a
pas de société en dehors des individus qui la composent. Si tous
les individus sont heureux, la société est heureuse ou *vice versa*.
On cite toujours l'homme qui sacrifie sa vie pour sa patrie. C'est
une action morale, et cependant elle entraîne les conséquences
les plus désastreuses pour celui qui la commet. Il y a dans cette
proposition l'erreur du raisonnement unilatéral. Si personne n'at-
taquait la patrie des autres, personne n'aurait besoin de défendre
la sienne. Le moraliste doit considérer ceux qui agissent, non ceux
qui subissent les actions d'autrui. Or, si les préceptes de la morale
étaient suivis, personne ne ferait le mal et la félicité serait la plus
grande possible de notre planète. Donc quand on *fait* le mal on se
cause un dommage positif.

(2) Voir page 131.

ment. C'est alors qu'elle acquiert le maximum de puissance. En effet, toute atteinte portée à nos droits est ressentie comme une souffrance et, pour nous en débarrasser, nous sommes portés à agir. Adam Smith a bien pu démontrer que le libre-échange augmenterait la richesse de l'Angleterre. Mais c'était de son temps une idée pure. Cela ne remuait personne. Quand Cobden parvint à faire comprendre à un très grand nombre de ses compatriotes qu'ils souffraient les tortures de la faim pour l'avantage de quelques centaines de lords, il alluma un vif ressentiment dans leurs âmes. Beaucoup d'Anglais *sentirent* que l'obligation de payer de l'argent à la douane pour introduire le blé étranger était une atteinte portée à leurs droits. C'est dans ce sentiment qu'ils puisèrent la résolution de vaincre toute résistance, au besoin même par la guerre civile, pour faire abolir les droits sur les céréales.

La fédération européenne est aujourd'hui à la phase où la liberté commerciale était en 1774 en Angleterre. C'est une idée pure. Mais, si les Européens pouvaient *sentir* quels immenses avantages elle leur procurerait, ils considéreraient l'anarchie internationale actuelle comme une atteinte portée à leurs droits et puiseraient dans cette souffrance la résolution inébranlable de mettre fin à un état de choses aussi désastreux.

« Parmi les plus importantes idées directrices d'une civilisation, dit le D^r Le Bon (1), se trouvent les idées religieuses. C'est de la variation des croyances religieuses que sont indirectement sortis la plupart des événements historiques ». Rien n'est plus vrai. On peut s'en convaincre aisément quand on analyse le processus de la volition sociale. Tout d'abord, une religion doit contenir nécessairement une certaine conception de l'univers. Elle nous procure donc, par son dogme, des notions générales qui forment la base de notre conduite (2). Mais de plus, son influence sur nos actions

(1) *Les lois psychologiques de l'évolution des peuples* p. 170.
(2) Si l'existence d'outre-tombe est une réalité, nous avons tout

est énorme parce qu'elle s'appuie sur la foi et le sentiment. Nous avons montré plus haut comment l'opération
de la foi accélère la diffusion des idées nouvelles. Aussi
les grands réformateurs, s'ils peuvent éviter le circuit
de l'entendement et imposer leurs idées d'une façon
directe, gagnent beaucoup de temps. Enfin par cela seul
que la religion est basée sur le sentiment, elle nous
tient par les fibres les plus profondes de notre être.
Souvent notre raison se révolte contre certaines
affections, et cependant ces affections nous dominent
et nous obligent d'agir contre ce que nous considérons comme notre intérêt. De l'ensemble de toutes
ces circonstances vient l'importance énorme, capitale
de la religion. On peut dire que tout mouvement ré-
formateur qui n'a pas su se draper dans les formes
religieuses est condamné à avorter. Le sentiment
est la plus haute instance de l'âme humaine. Tant
qu'une idée nouvelle n'a pas su gagner sa cause à
cette instance-là, elle n'a pas surmonté tous les obstacles
et n'a pas pénétré d'une façon définitive dans la conscience sociale.

Intérêt à nous soumettre à des jeûnes et à des macérations ici-
bas pour mériter le paradis pendant des siècles infinis. Si
l'âme n'est pas immortelle, il faut vivre aussi bien que possible
ici-bas, puisqu'il n'y a plus rien après la mort.

CHAPITRE XII

Erreur des procédés actuels d'apostolat.

Quand une volition sociale naît dans le cerveau d'un homme (voir page 136), il doit agir sur ses semblables pour la réaliser, donc se livrer à un apostolat. Une idée nouvelle peut se répandre soit par la parole, soit par les écrits. Dans le premier cas, le prestige a un rôle dominant. Ce prestige est formé d'éléments fort complexes : l'aspect extérieur du prédicateur, le son de sa voix, son intelligence, son ardeur, etc. Faire croire à soi est évidemment le premier but de l'apôtre. Tout le reste lui est donné par surcroît. S'il peut se rendre maître des sentiments de ses auditeurs, sa cause est gagnée d'avance. Il va sans dire que le public est aussi un facteur très important. Selon qu'il est plus ou moins crédule ou sceptique, ignorant ou instruit, il faudra tantôt plus appuyer sur la raison et tantôt plus sur le sentiment.

Cependant l'apostolat direct a un grave défaut ; c'est un procédé très lent. Un orateur peut se faire entendre à peine de mille ou deux mille personnes à la fois. Puis la convocation et la réunion de ces personnes est souvent, sinon impossible, du moins difficile, surtout dans les pays où la liberté n'est pas suffisante. Un orateur peut faire au plus une conférence tous les deux jours. Il peut agir au plus sur 360.000 personnes par an. Ce chiffre est purement théorique. Evidemment aucun orateur ne serait assez populaire pour réunir 2.000 personnes pendant 180 conférences consécutives. L'influence directe d'un homme est donc fort limitée.

Aussi on se sert de préférence depuis fort longtemps de la propagande écrite. Celle-ci atteint un nombre de personnes bien autrement considérable. On dit que le *Petit Journal* tire à un million d'exemplaires. En supposant que chacun d'eux soit lu au moins par deux individus, cette seule gazette peut donc transmettre des renseignements à deux millions d'hommes tous les jours.

Grâce aux perfectionnements des presses d'imprimerie, la propagande écrite a pris de nos jours une avance énorme sur la propagande orale. Et, même dans la propagande écrite, c'est l'œuvre anonyme qui tient aujourd'hui la plus grande place. En effet, on lit beaucoup plus de journaux que de livres. Dans beaucoup de pays les articles de la presse quotidienne ne sont pas signés. Dans ceux où ils le sont, un journaliste doit s'être acquis une très grande notoriété pour que sa signature ait de l'importance. C'est toujours l'exception. En général la presse quotidienne est maintenant anonyme.

Etant donné ces circonstances, il est évident que le prestige joue un rôle moins important dans la propagande écrite. Ce n'est pas à dire cependant qu'il ait disparu tout à fait. Un journal comme le *Times* jouit incontestablement d'un grand prestige. Nombre de personnes considèrent comme vrai tout ce qui s'imprime dans ses colonnes. D'autres y prennent des opinions auxquelles elles tiennent avec d'autant plus d'entêtement qu'elles sont moins raisonnées. Cependant on ne peut pas comparer le prestige du *Times* à l'action qu'un apôtre exerce sur son entourage.

A partir du moment où la propagande écrite l'emporte, l'appel direct au sentiment passe un peu au second plan et l'appel à l'entendement au premier. Dès qu'on ne peut plus obtenir cette abréviation si utile et si avantageuse, il faut se résoudre à suivre la filière complète des instances psychiques. C'est ce qu'on a mal compris jusqu'à nos jours. Faute d'avoir bien analysé le processus de la conscience sociale, on dépense des efforts prodigieux en pure perte.

Très souvent les prédications morales sont absolument vaines. L'action est la conséquence de la volition qui l'emporte dans le cerveau. Si on veut qu'un homme cesse de s'alcooliser, il faut éveiller en lui une autre passion plus forte qui l'empêche de boire : l'amour du bien-être, une aversion instinctive contre l'inconduite et le désordre, etc.

Pour modifier les actions des hommes, il faut modifier leurs volitions ; pour changer ces dernières, il faut transformer l'idéal et pour obtenir ce résultat il faut agir sur les représentations et les connaissances.

Certains appels directs au sentiment, quand le prestige ou la sympathie n'exercent pas une action simultanée, peuvent rester complètement vains. « Aimez-vous les uns les autres, » répètent à l'envi les moralistes depuis dix-neuf siècles. Cela n'a pas empêché, hélas ! que seulement depuis 1804, et seulement en Europe, plus de 20 millions d'hommes aient été massacrés dans les guerres les plus abominables.

L'homme agit conformément à ce qu'il croit être son intérêt. Or cet intérêt c'est précisément la réalisation de son idéal. Il n'y a qu'une méthode positive pour opérer des transformations sociales : substituer un nouvel objectif à l'ancien. Pour pousser les hommes à agir, il faut leur faire désirer une chose avec passion. Il faut leur faire considérer la chose contraire comme haïssable et odieuse.

Mais, naturellement, tout idéal est basé sur une idée. Ainsi au xvi⁰ siècle les catholiques étaient dominés par l'idée que leur religion était la vraie, les luthériens et les calvinistes par l'idée que le catholicisme était une religion fausse. Alors catholiques cherchaient à exterminer les protestants et protestants les catholiques. L'intolérance était le principe fondamental de l'État : *cujus regio ejus religio.*

Plus tard une autre idée se répandit dans le monde : il y a avantage pour chaque individu à prier Dieu à sa guise. Cette idée fit naître la passion de la tolérance, comme l'idée : le catholicisme est la vraie religion, avait fait naître la passion de la persécution.

L'empereur Akbar fit la conquête de l'Hindoustan. Il pressura horriblement ce pays. Il établit comme principe : « On laissera au cultivateur ce qui est nécessaire pour son entretien et celui de sa famille et pour les semailles ; le reste sera porté au trésor public » (1). On le voit, c'était la spoliation presque totale. Les Anglais s'emparent de l'Inde. Ils tâchent de diminuer l'impôt foncier autant que faire se peut. D'où vient cette différence de conduite ? D'une différence d'idées. Pour Akbar, le souverain est le propriétaire de ses États ; pour les Anglais, la royauté est une magistrature.

M. Pobédonostsef, le procureur actuel du Saint-Synode, dont l'influence est, dit-on, fort grande en Russie, croit à la vérité de l'orthodoxie. Il préconise donc un gouvernement piétiste. Si M. Pobédonostsef était libre-penseur ou athée, il préconiserait une politique différente.

Tout se ramène donc en définitive à des représentations mentales.

Il faut commencer par en créer de nouvelles pour engendrer un idéal qui se transformera en volition et en passion.

Une des raisons pour laquelle le parti libéral perd du terrain aujourd'hui dans presque tous les pays de l'Europe, c'est qu'il n'a plus d'idéal déterminé. Les socialistes ont formulé un programme ; les libéraux ne parviennent à se faire aucune représentation concrète de la manière dont le monde devrait être organisé. Tant qu'ils auront cette pauvreté d'imagination, leur ascendant sera des plus médiocres. Le socialisme, au contraire, gagne du terrain parce qu'il promet le paradis

____

(1) Strachey, *L'Inde*, trad. Harmand. Paris, 1892, p. 79.

sur la terre. Naturellement les imaginations s'enflam-
ment, les convoitises s'allument et cette doctrine acquiert
tous les jours de nouveaux adeptes.

La monstrueuse absurdité de la guerre s'impose de
plus en plus à la conscience sociale. De nombreuses
ligues pour la paix surgissent de toute part. Leur propagande commence déjà à faire sentir ses effets. Mais,
elle marcherait beaucoup plus vite, si les ligues de la
paix formulaient un programme arrêté. Au lieu de
poursuivre un objectif vague comme la paix perpétuelle,
elles devraient en adopter un autre, beaucoup plus concret, la fédération des peuples chrétiens. Elles devraient
faire une peinture vive et familière de ce que serait
notre globe si les nations civilisées pouvaient se donner
des institutions communes. Il faudrait représenter de la
façon la plus nette la différence entre la richesse d'alors
et la misère d'aujourd'hui. La suppression de l'o-
dieuse conscription, la diminution sensible des impôts, l'abolition d'un nombre immense de vexations
et d'entraves qui empoisonnent notre vie, la liberté
complète d'aller et de venir, la possibilité de s'établir
en tout pays sans craindre l'expulsion brutale ou les
injustices et les violences, la faculté de prier Dieu à
sa guise, voilà ce que les ligues de la paix auraient
dû faire miroiter aux yeux de tous. Bref, elles devraient créer des représentations, pour faire naître des
volitions et des passions.

Au lieu de cela, les ligues de la paix prêchent l'amour
du prochain, la solidarité et la fraternité. Tous ces mots
n'évoquent aucune image dans l'esprit de l'immense
majorité des hommes. Aussi ils restent froids et passifs
à l'appel des prédicateurs. Mais faites luire aux yeux de
tous les bienfaits de l'union, immédiatement les convoitises s'allumeront, les peuples comprendront que la fédération est leur *intérêt*. Alors ils *voudront* cette fédération. Au besoin ils consentiront aux sacrifices les
plus pénibles pour la réaliser. Tous les hommes poursuivent le même but : la jouissance. Ils ne diffèrent que

sur les moyens de le réaliser. Si on croit obtenir une plus grande somme de bien-être par le *bellum omnium contra omnes* que nous pratiquons aujourd'hui, on tient pour l'anarchie actuelle. Dès qu'on sera convaincu que le maximum du bien-être sera assuré par le respect de tous les droits, on tiendra à établir la fédération.

Quand une fois la communauté des intérêts a créé la solidarité entre les hommes, la sympathie apparait. La sympathie est fille de l'intérêt ; elle n'en est pas la mère (1). Actuellement il existe des sympathies incontestables entre les Français et les Russes ; mais elles sont la suite de la communauté des intérêts. Avant 1870, la plupart des publicistes français parlaient de la Russie d'une façon si partiale et si injuste qu'elle était positivement blessante.

On arrivera difficilement à former une fédération en voulant convaincre les hommes qu'ils doivent s'aimer les uns les autres, mais ils s'aimeront les uns les autres quand ils auront formé une fédération (2). Faire un appel direct au sentiment sans passer par le circuit de l'image et de l'idée, est commettre une grave erreur quand on ne peut pas s'appuyer sur le prestige ou la foi. Mais s'imaginer, d'autre part, qu'on peut édifier quelque chose de stable en dehors du sentiment, c'est faire preuve de profonde ignorance en psychologie et du plus extrême aveuglement.

Le sentiment a le dernier mot en toute chose, dans

(1) Mais, bien entendu, quand un sentiment s'est formé depuis de longues années et quand il est devenu fort, il peut défier les plus pressants appels de l'intérêt pendant un temps considérable.

(2) La preuve en est dans les patriotismes actuels. Au xiv⁰ siècle Français et Languedociens se haïssaient cordialement. Maintenant ils forment un seul groupe politique et ils éprouvent de la sympathie les uns pour les autres. Bref le patriotisme *français* s'étend maintenant sur un espace où existaient autrefois les antagonismes les plus irréconciliables. De même le patriotisme *européen*, après la fédération, s'étendra sur un espace divisé aujourd'hui par des haines qui *semblent* devoir être éternelles.

les phénomènes sociaux. Ce qui n'est pas fondé sur le sentiment est fondé sur le sable. Le vrai ciment de la société n'est pas la contrainte mais la sympathie. La Russie a été un jour une province de l'empire mongol, comme la Pologne est aujourd'hui une province de l'empire russe. Y a-t-il eu jamais en Russie un loyalisme mongol ? Certes non ! La puissance du tchinguiz khan, l'empereur inflexible, semblait un instant inébranlable. Dans tous les cas elle était une des plus formidables qui se soient jamais vues sur la terre. Qu'en reste-t-il aujourd'hui ? A peine un souvenir chez quelques savants. La petite fédération suisse a été établie à peu près à l'époque où le terrible Témoudjine faisait ses plus grandes conquêtes. L'empire des Mongols a été emporté comme une feuille par l'ouragan, tandis que la petite confédération suisse est pleine de cohésion et de vigueur. On voit la différence des résultats. L'État du conquérant mongol était fondé sur la force brutale, celui des pâtres de Schwitz et d'Uri sur l'intérêt et la sympathie. Le terrible Témoudjine ignorait tout à fait que le fondement des sociétés humaines est dans le sentiment. Aussi son œuvre, comme celle de tant d'autres conquérants fameux, n'ayant aucune base solide, s'écroula bientôt, fragile et éphémère.

CHAPITRE XIII

La sensibilité sociale et la justice.

Les excitations extérieures suivent deux canaux dans les centres nerveux. Occupons-nous maintenant du canal sensoriel qui aboutit à la jouissance et à la souffrance, c'est-à-dire au sentiment.

Cela nous aidera à comprendre la nature de la justice.

Une jouissance est un accroissement de corrélation entre le monde externe et interne; une souffrance, une diminution de cette corrélation.

Prenons un exemple familier. Le corps de B. est constitué de façon à vivre dans une température de 20 degrés centigrades (1). La température tombe à 10 degrés. B. éprouve une souffrance. Puis il commence à faire de plus en plus chaud. Chaque fois que la température monte d'un degré, la souffrance de B. diminue (ou en d'autres termes, sa jouissance augmente). Il éprouve encore une satisfaction en atteignant le vingtième degré. Mais si cette température se maintient longtemps, la jouissance de B. va en s'affaiblissant et un jour arrive où il devient complètement indifférent à la température ambiante. Celle-ci cesse d'affecter sa conscience parce qu'elle ne produit plus en lui ni jouissance, ni souffrance.

Quand la température sera revenue à 20 degrés, il y aura corrélation entre l'organisme de B. et le milieu

(1) C'est la résultante des circonstances qui ont affecté la série ascendante de ses ancêtres.

ambiant (à ce point de vue spécial seulement bien entendu). Le corps de B. sera alors conformé à la température extérieure et par cela même celle-ci cessera d'affecter sa conscience.

S'il pouvait s'établir une corrélation absolue entre tout l'univers et l'homme, l'homme et l'univers ne feraient plus qu'un et il n'y aurait plus de conscience humaine. Ce serait le nirvana des bouddhistes, c'est-à-dire la jouissance suprême ou la suppression de toute souffrance.

Passons du passif à l'actif. Supposons que B. puisse commander à la nature. La température de 20 degrés lui est la plus agréable (tout ce qui est au-dessous ou au-dessus lui cause la souffrance). Il ordonne donc qu'il fasse 20 degrés de chaleur et, immédiatement, il en est ainsi. A partir de ce moment, il semble à B., que la température est comme elle doit être, ou, en en d'autres termes, que les choses sont dans l'ordre. Or, à partir de ce moment, la température externe cesse d'affecter sa conscience, donc, *tout ce qui nous paraît conforme à l'ordre des choses, cesse, à la longue, d'affecter notre conscience.* La raison est élémentaire : il ne se produit alors ni jouissance, ni souffrance.

Passons aux relations sociales. B. s'engage à payer 5 francs par jour à C. pour un travail quelconque. B. ne tient pas ses engagements, il donne seulement 3 francs. C. en souffre. Mais que B. tienne *toujours* ses engagements, C. s'habituera à ce régime. Il cessera d'affecter sa conscience. Il lui paraîtra, à la longue, conforme à l'ordre des choses. S'il apprend alors que quelqu'un a violé un contrat, cela lui fera l'effet d'une atteinte portée à la justice. D'où cette conclusion : tout ce qui nous paraît conforme à l'ordre des choses nous paraît *juste.* Mais, ce qui est conforme à l'ordre des choses cesse, à la longue, d'affecter notre conscience; par conséquent, quand une institution sociale fonctionne de façon à ne plus affecter notre conscience, elle fonctionne conformément à la justice (1). Présentée à un point de vue un peu différent cette proposition se ramène à cette autre : toute institution qui ne lèse les droits de personne ne cause pas de souffrance, donc elle n'affecte pas la conscience sociale.

Pour affecter cette conscience, il faut qu'il y ait douleur ou plaisir. Ce qu'on appelle une *question* en politique est corrélatif de ce qui s'appelle une *lésion* en physiologie. Ainsi, à l'heure actuelle, un grand nombre d'Allemands et de Français s'intéressent à l'Alsace-Lorraine. Le sort de cette province affecte leur conscience. En deçà des Vosges, on désire qu'il soit permis aux Alsaciens de choisir librement leur patrie; au delà du Rhin, on désire qu'ils fassent partie de l'Empire, même contre leur gré. Mais, dans les deux pays, cette question cause de la souffrance. Aux Français, parce qu'ils ne peuvent pas délivrer les Alsaciens, aux Allemands, parce qu'ils craignent que cette délivrance ne s'effectue. Pour que la destinée de l'Alsace-Lorraine cesse de constituer une question, il faut qu'elle cesse d'affecter la conscience de la France et de l'Allemagne. Pour cela il faut qu'elle ne cause plus de souffrance ni aux Français ni aux Allemands. Quand cela deviendra-t-il possible? Quand les deux nations trouveront un principe paraissant également équitable à l'une et à l'autre et quand elles l'appliqueront toutes les deux à l'Alsace-Lorraine (2). Que se passera-t-il alors? Pour les Français comme pour les Allemands, la question paraîtra réglée selon la justice. A partir de ce moment, le sort de cette province ne préoccupera plus

(1) C'est exactement ce qui se passe dans le corps humain. Tout organe qui fonctionne d'une façon régulière (donc qui n'empiète sur le domaine d'aucun autre), cesse d'affecter la conscience.

(2) Principe quel qu'il soit d'ailleurs. Que les Français disent aujourd'hui : « la conquête est légitime; vous avez vaincu, nous nous soumettons à l'arrêt du destin »; ou que les Allemands disent : « les hommes ne sont pas un vil bétail qu'on cède et qu'on vend; nulle conquête n'est légitime sans le consentement des populations », et la question de l'Alsace-Lorraine est résolue.

personne. Il ne sera plus une cause de souffrance, ni en deçà des Vosges, ni au delà du Rhin. La question de l'Alsace cessera d'affecter la conscience de nations voisines, elle sera donc *résolue*.

Il en est des autres questions, comme de celle de l'Alsace-Lorraine : elles ne peuvent être *réglées* que par l'établissement d'un ordre de choses conforme à la justice, et jamais par l'emploi de la force brutale.

Il suffit de réfléchir un peu aux phénomènes les plus élémentaires de la conscience sociale pour le comprendre.

« Un instinct secret avertit les peuples, dit M. Valbert (1), ...qu'à la longue, certains malaises deviennent intolérables, qu'il faut en finir à tout prix et qu'on n'en finit qu'en se battant. » Eh bien ! c'est juste le contraire ! Dès qu'on commence à se battre, on porte une question à l'aigu. Elle affecte alors vivement la conscience sociale ; le nombre des gens à qui elle cause des souffrances augmente ; par conséquent, loin de se résoudre, la question s'enflamme toujours davantage. La France s'annexa l'Alsace en 1648. Vers 1870, quelques patriotes allemands rêvaient de reprendre cette province. Mais ils étaient peu nombreux. Donc, cette question affectait peu la conscience sociale de l'Allemagne. On se battit en 1870. Aujourd'hui, le nombre des personnes qu'affecte la question de l'Alsace a augmenté et non diminué. M. Valbert a donc tort. On n'en a pas fini. On a plutôt recommencé. Et plus il y aura de guerres à propos de l'Alsace, plus cette question sera à l'état aigu, moins donc elle sera *finie*.

Actuellement la question sociale est à l'ordre du jour. Pourquoi ? Parce qu'une classe nombreuse de citoyens trouve qu'il ne lui est pas fait justice. Le pain pourrait coûter 25 centimes le kilogramme en France. Pour complaire à un groupe d'individus, on force de le payer 40. Cela équivaut à confisquer 180 francs par an

______

(1) *Revue des Deux-Mondes*, 1ᵉʳ avril 1894, p. 696.

à chaque famille française. Autrefois des chefs militaires envahissaient un pays, le pillaient et le saccageaient. Qu'est-ce que cela veut dire? Simplement, qu'ils enlevaient aux habitants de ce pays une certaine portion de leurs richesses. Mais enlever chaque année 180 francs à chaque famille, n'est-ce pas lui ravir aussi une portion de sa richesse? Au lieu de l'invasion armée, on emploie maintenant les mesures législatives. Le *procédé* de spoliation a changé, mais la spoliation subsiste toujours. Naturellement cette *injustice* provoque la haine et cette *haine* fait naitre les *questions*. Mais si tous les citoyens étaient convaincus que leurs rapports mutuels sont fondés sur les règles de l'équité la plus stricte, il n'y aurait plus de question sociale (1).

Il y a actuellement des questions nationales dans beaucoup de pays européens. Pourquoi? Parce que certains groupes ethniques veulent imposer leur langue, leur religion, leur culture à certains autres. On emploie des procédés violents pour arriver à ce but; cela cause des souffrances aux opprimés. Leur conscience est affectée en proportion des maux dont ils sont accablés et la *question* s'enflamme de plus en plus. Si les gouvernements s'étaient donné la peine de réfléchir aux phénomènes élémentaires de la psychologie sociale, ils ne se seraient pas fourvoyés dans les impasses les plus impossibles. On pourrait écrire des volumes sur l'art des assimilations nationales. Mais le premier précepte de cet art devrait se formuler ainsi : pratiquer la *plus stricte justice* à l'égard du groupe que l'on désire assimiler. Il faut donner aux populations la sécurité absolue. Il faut qu'il ne puisse même pas entrer dans la tête du citoyen qu'une violence sera commise contre sa

____

(1) Nous n'examinons pas ici si les rapports conçus comme *injustes* par les socialistes le sont réellement. Nous voulons dire seulement que s'ils les considéraient comme *justes*, c'est-à-dire conformes à la nature des choses, il n'y aurait pas de question sociale.

nationalité. Alors les hommes cessent d'être sur le qui vive. Sûrs de ne pas être attaqués, ils désarment, se relâchent et s'abandonnent à la jouissance. Ce qui fait aujourd'hui le patriotisme tchèque, c'est, en partie, la politique du gouvernement allemand de l'Autriche. Ce qui empêche un grand nombre de Polonais de se sentir Russes, ce sont aussi les mesures du gouvernement de Saint-Pétersbourg.

En résumé une question est résolue quand les préoccupations qu'elle soulevait disparaissent de la conscience sociale. Et cela arrive quand il s'établit un état de choses paraissant équitable à tous les intéressés.

Aujourd'hui Jean occupe, par exemple, le premier rang de la hiérarchie sociale. Il se fait attribuer les privilèges les plus excessifs. Paul est rejeté tout au bas de l'échelle ; il est pressuré, dépouillé de mille façons. Paul fait une révolution. Il prend la place de Jean et met Jean à la sienne. Ce n'est pas là une solution, c'est une *interversion* (1). Jean va éprouver maintenant ce que Paul éprouvait auparavant: les mêmes convoitises, les mêmes haines ; il va agir comme agissait Paul. L'ordre social ne sera pas modifié. Quand la question sociale sera-t-elle résolue? Quand on aura trouvé une combinaison qui paraitra également équitable à Jean et à Paul. Or la seule qui fera cet effet sera celle qui leur paraitra conforme à la nature des choses.

Bien entendu la sensibilité sociale, comme la sensibilité physiologique, dépend de deux facteurs : l'intensité de l'excitation externe et la délicatesse des centres nerveux (voir page 97). Tel organisme éprouvera une profonde douleur, là où tel autre ne ressentira aucune

______

(1) D'accord, diront peut-être ceux qui sont maintenant au bas de l'échelle, mais du moment que nous serons bien lotis, que nous importe le reste ? Pour *nous*, c'est une *solution*. A cela nous pouvons répondre : Jean a un million, Paul n'a pas un sou vaillant. Paul brise la caisse de Jean, s'empare de son million et devient riche. C'est exactement la même interversion. Mais personne ne soutiendra, à coup sûr, qu'on peut résoudre la question sociale au moyen du vol.

sensation. Le même acte peut paraître indifférent à une société, insupportable à une autre. « L'irritation sociale est toujours en raison directe, non de l'oppression réelle, mais de la conscience ressentie de l'injustice », dit excellemment M. E. Denis (1). Les Persans supportent depuis un siècle, sans murmurer, un régime qui ne pourrait pas durer un seul jour en Angleterre. A mesure que l'outillage technique se perfectionne, la sensibilité sociale va en augmentant (2). Dans un pays sans journaux, un grand nombre d'injustices restent inconnues. Elles n'affectent donc pas la conscience sociale, elles ne causent pas l'irritation qu'elles auraient occasionnée sans doute si elles avaient été portées à la connaissance publique. Dans un pays où la presse accomplit consciencieusement son devoir, chaque injustice est signalée et elle provoque aussitôt l'indignation des citoyens. D'autre part, plus un homme est instruit sur ses droits, plus il ressent les atteintes qui sont portées contre eux.

Comme nous l'avons dit plus haut (voir page 173) ce qui nous paraît conforme à l'ordre des choses nous paraît juste. Il faut maintenant reprendre cette proposition et l'analyser de plus près. Le cerveau humain accomplit trois actes simultanés et parallèles. Il prend comme une série de photographies du monde extérieur. Avec ces éléments il compose une représentation de la nature. Mais l'homme apprend, à la longue, que ses représentations personnelles ne sont pas toujours exactes, parce qu'il possède en lui-même un élément de déformation subjective qui l'empêche de

(1) *Histoire générale.* Tome IV, p. 586.
(2) En décembre 1895, le message du président Cleveland sur la doctrine Monroe a amené une panique à la bourse de New-York. Les pertes ont dépassé un milliard de francs. Et notez, qu'au fond, à cette époque, personne ne croyait vraiment à une rupture possible entre les États-Unis et l'Angleterre. Il est difficile de donner un meilleur exemple de l'extrême sensibilité des sociétés modernes. Ajoutez de plus, que la panique de la bourse de New-York a eu aussi sa répercussion à Londres.

voir le monde tel qu'il est. Le cerveau corrige alors ses sensations directes ; il se livre à un travail dont l'ensemble constitue la science. Par elle l'homme obtient une seconde représentation, rectifiée, du monde extérieur. Il ne le voit plus seulement tel que ses sens le lui montrent immédiatement, mais tel qu'il ressort de l'ensemble de ses propres recherches méthodiques et de celles de ses semblables (1). C'est ce qu'on appelle la conception scientifique de l'univers (2). Enfin une troisième opération s'accomplit dans le cerveau. Il arrange les images extérieures à son gré et en forme un ensemble qui n'existe pas en réalité, qui est donc *idéal* (3). J'ai vu un frêne ici, un autre frêne là-bas. Avec ces images, fondues et réunies, je compose l'idée du frêne qui est en moi, mais qui n'existe pas dans la nature.

En résumé, l'homme a constamment trois représentations du monde extérieur : il le voit objectivement tel qu'il lui paraît être, tel qu'il est conformément à l'ensemble de ses connaissances, et, en même temps, tel qu'il pourrait (et bientôt il conclut tel qu'il devrait) être. Ces trois représentations coexistent constamment dans toute intelligence humaine (4) sans que jamais l'image du monde réel puisse supprimer ou annuler l'image du monde idéal. On a beau être le positiviste le plus endurci, on a toujours des désirs et des volitions. Or, cela présuppose la représentation d'un état futur non existant, c'est-à-dire d'un idéal. Sans doute, l'idéal d'un homme peut être plus complexe que

(1) Ainsi il nous paraît que le soleil se meut et que la terre est immobile. Mais nous savons, par l'étude de l'astronomie, que cette apparence est fausse. En réalité, la terre tourne autour de son axe et présente successivement ses différentes parties au soleil.

(2) Cette conception scientifique est chaque jour à recommencer, parce que, grâce au progrès de l'outillage technique, nous acquérons tous les jours la possibilité de pénétrer plus avant dans l'infiniment grand et dans l'infiniment petit.

(3) Voir page 111.

(4) On pourrait les définir par les termes de *perception, science et idéal.*

celui d'un autre ; mais chaque individu, si modeste qu'il soit, a le sien. Naturellement l'extension de l'idéal est en raison directe de l'extension de l'horizon mental. Un individu ne se représente rien au delà de son village. Ce rayon borne aussi son idéal. Un autre individu connaît à fond la géographie et se représente parfaitement le globe terrestre tout entier. Naturellement, il peut donc se représenter des arrangements différents de ceux qui existent pour l'Australie, la république Argentine, la Colombie britannique, le Zambésie, etc.

L'esprit humain divise le royaume de l'idéal en deux vastes provinces : celle du possible et celle de l'impossible. Nous pouvons imaginer des hommes n'ayant pas besoin de manger, pourvus d'ailes et revêtus de toutes les perfections morales ; mais nous comprenons que ces êtres n'existeront jamais. D'autre part, nous pouvons nous représenter toute l'Europe organisée en fédération comme les États-Unis d'Amérique. Cette image est *idéale* puisqu'elle n'est pas une réalité à l'heure présente, mais nous la concevons comme possible, parce que parfaitement *conforme à la nature des choses*. Or, à partir du moment où nous concevons une combinaison non existante comme *conforme à la nature des choses*, la combinaison actuelle, différente, ne nous paraît plus *conforme à la nature des choses*, donc fausse. Comme toute erreur est une absence de corrélation entre le monde interne et le moi interne, elle engendre une souffrance. Quand nous voyons les événements prendre une tournure qui nous paraît être conforme à la nature des choses, nous disons que le bien triomphe. Quand nous voyons les institutions humaines s'arranger selon ce qui nous paraît conforme à la nature des choses, nous disons que la *justice* triomphe.

Ainsi nous concevons comme *juste* ce qui est conforme à la nature des choses, non seulement dans le présent, mais encore dans un état avenir, non existant.

A partir de ce moment nous sommes aussi portés à regarder le juste comme ce qui *devrait* être.

Jamais, l'homme ne pourra considérer un état de la nature ou de la société comme définitif. L'univers est infini. Par delà les étoiles les plus éloignées on en découvrira toujours de plus éloignées encore. Rien ne peut donc borner définitivement notre horizon visuel. De même, rien ne pourra borner notre horizon mental. L'homme pourra toujours concevoir un état avenir différent de l'état actuel et qui lui paraîtra beaucoup plus parfait. Dans l'équipage d'un navire on prend pour vigie celui des matelots qui a la vue la plus perçante. Dans la société, il y aura toujours des hommes qui verront plus loin que les autres, dont l'idéal sera plus élevé et qui serviront de vigies pour les masses populaires.

Si notre idéal social pouvait devenir réalité, nous dirions que la justice triomphe complètement sur la terre. Cela ne sera jamais. Mais, comme l'injustice fait souffrir et comme nous voulons éviter la douleur, nous sommes portés à désirer le triomphe de la justice ou, en d'autres termes, la réalisation de notre idéal (1). Or, la réalité ne pourra jamais y correspondre entièrement. Donc la lutte entre l'idéal et le réel durera éternellement dans l'esprit humain.

On peut déduire de ce qui précède que, lorsque nous voyons un état comportant une moindre somme de justice, remplacé par un autre, comportant une plus grande somme de justice, nous éprouvons une jouissance sociale. Naturellement, ce passage est toujours conscient, comme dans l'exemple donné plus haut des modifications de la température (voir page 172). Mais, si un état de chose, conçu comme conforme à la justice, dure un certain temps, il s'efface de la conscience collective.

(1) Il est différent pour chacun de nous. Ainsi, tous les prophètes d'Israël ont conçu le triomphe de la justice comme la victoire définitive de leur peuple.

Bien entendu, là sensibilité sociale a pour base la mémoire et la discrimination. Ce fait est si simple qu'il s'entend de lui-même. Il y a une heure il faisait 19 degrés de chaleur; maintenant il en fait 20, ou il en faisait 20, et maintenant il en fait 19. Dans le premier cas, il y a jouissance, dans le second, souffrance ; mais, naturellement, ni l'un ni l'autre phénomène ne seraient possibles sans la mémoire de l'état précédent et sans la possibilité de percevoir la différence de température.

La discrimination et la mémoire sont aussi la base de la jouissance sociale. Étant donné un niveau de confort, il cesserait de causer de la jouissance s'il ne pouvait pas être comparé à un niveau inférieur qui l'a précédé ; il ne pourrait pas causer de la souffrance s'il n'était pas comparé à un niveau supérieur idéal, conçu comme possible.

Considérons encore la jouissance sociale à un autre point de vue qui nous ramène de nouveau à la justice.

Jean peut voler Paul. Jean devient riche, Paul pauvre. Le premier éprouve de la jouissance, le second de la souffrance (1). Il n'y a pas de gain pour le groupe social dont ces deux hommes font partie. L'un perd ce que l'autre gagne. La jouissance n'est possible *pour la collectivité* que si Jean obtient un gain sans que Paul fasse une perte. C'est possible seulement s'ils s'enrichissent tous les deux au détriment d'un groupe étranger. Mais allons plus loin. L'Allemagne a enlevé l'Alsace à la France. Il y a jouissance pour la première, souffrance pour la seconde, mais aucun bénéfice pour l'Europe, car ce qu'un pays a gagné l'autre l'a perdu. Mais l'occupation de l'Afrique, par exemple, peut donner des jouissances à l'Allemagne sans causer de souffrances à la France. Supposons que tous les États forment une seule fédération : alors la jouissance de ce vaste ensemble ne sera possible qu'à une seule condition : c'est

______

(1) Nous négligeons, pour le moment, toute considération accessoire : vindicte publique, remords, etc.

que l'accroissement de bien-être d'une nation ne s'accomplisse pas au détriment de celui d'une autre, mais au détriment des autres espèces végétales et animales et du milieu physique. Dans ce cas, les relations entre les unités composant le groupe seraient équitables puisque personne ne léserait le droit d'autrui. On peut en conclure que la jouissance n'est possible pour un groupe que par l'établissement de la *justice* entre ses membres; d'où découle le corollaire que les limites d'une association sont marquées par celles où s'exerce la justice entre les unités composantes.

CHAPITRE XIV

Rapidité des volitions sociales.

Le cycle psychique complet comprend l'excitation
externe, la naissance de l'idée, sa transformation suc-
cessive en désir, volition et passion, et enfin l'action.
Alors, quand le but poursuivi est réalisé, commence la
marche descendante qui aboutit à l'inconscience. Celle-ci
arrive par deux voies différentes : celle de la satiété et
celle de l'erreur.

Un homme est pauvre ; il n'a pas de quoi s'acheter
des chaussures. Il souffre d'être obligé de marcher pieds
nus. Un jour, il fait un gros héritage. Les premiers
souliers qu'il se paye lui procurent de la satisfaction.
Mais peu à peu il ne pense plus à cet avantage. Il lui
paraît tout à fait naturel de porter des souliers. Le
plaisir que cela procure n'affecte plus sa conscience.
Passons à l'erreur. Un Parisien croit qu'en allant habiter
un pays très chaud il se portera mieux. Il forme le projet de s'établir sous les tropiques. Vient un médecin : il
lui démontre que le climat équatorial lui sera funeste.
Notre Parisien ne songe plus à quitter les régions tem-
pérées. La volition précédente, n'étant manifestement
plus basée sur la vérité, s'efface de la conscience.

Nous retrouvons toutes ces circonstances dans la volition sociale.

Au xviiie siècle, la bourgeoisie française acquiert des
richesses considérables et une haute culture intellectuelle. Beaucoup de ses membres se sentent non seule-

ment les égaux des nobles, mais même leurs supérieurs. Cependant la bourgeoisie est considérée comme une classe inférieure à l'égard de laquelle on peut tout se permettre. Le chevalier de Rohan fait bâtonner Voltaire par ses valets, sans croire déroger. La passion de l'égalité s'éveille dans la bourgeoisie française. Elle reçoit une satisfaction complète par la révolution de 1789. Aujourd'hui, l'égalité devant la loi est un fait complètement acquis. Il n'affecte plus la conscience des Français. Il leur parait naturel que tous les citoyens soient jugés par les mêmes tribunaux et qu'on applique la même loi à un duc comme à un simple laboureur. L'égalité civile ne préoccupe plus personne en France. C'est un exemple d'inconscience par satiété.

Comme exemple d'inconscience par erreur, nous pouvons citer le panslavisme.

La société russe connaissait bien mal les Slaves méridionaux et occidentaux à la fin du siècle dernier. L'impératrice Catherine II rêvait de restaurer l'empire grec. Elle fit donner à son petit-fils le nom du premier empereur romain qui régna à Byzance. Vers 1825, le philologue russe Grigorovitch fit un voyage dans les Balkans. Il découvrit, pour ainsi dire, les Bulgares (1).

Plus tard, la renaissance nationale de la Bohême exerça un contre-coup sur la Russie. Les travaux de Schafarik et de ses émules y furent vite connus. Il se forma un cercle de panslavistes à Moscou. Il

(1) Nous exagérons un peu, à dessein. Sans doute, les relations entre les Slaves du Sud et la Russie étaient plus anciennes. Il est même assez difficile de déterminer, d'une façon exacte, à quelle époque elles se sont établies. Mais, dans tous les cas, elles affectaient un nombre de personnes fort restreint. Si on considère le *gros* de l'élite russe, ce que nous disons dans le texte représente assez exactement la marche des événements. Vers 1825, les Bulgares et les Roumains *eux-mêmes* se croyaient Grecs. C'est à Iassi, en Moldavie, qu'Ypsilanti leva, en 1821, l'étendard de l'indépendance *hellénique*. Ainsi non seulement Grigorovitch découvrit les Bulgares, mais on peut dire que, dans une certaine mesure, ils se découvrirent eux-mêmes.

était composé d'abord d'un très petit nombre d'individus : Pagodine, Aksakof, Tioutchef et quelques autres. Ils firent de la propagande; ils publièrent de nombreux écrits. Peu à peu, toutes les branches de la race Slave sortirent de l'ombre. On apprit qu'il y avait des Petits-Russiens dans le nord de la Hongrie. On publia des cartes ethnographiques détaillées. On fit paraître des histoires des Tchèques, des Bulgares et des Serbes. On s'occupa de la littérature de ces peuples. Les sympathies pour les *frères Slaves* se réveillèrent (1). On leur envoya de l'argent, des livres, des instituteurs. De nombreuses sociétés panslavistes se fondèrent en Russie. L'indépendance des Slaves devint un désir de plus en plus ardent dans la société russe. Un soulèvement éclata en Bosnie et en Herzégovine en 1875. La Serbie prit fait et cause pour ses frères. De nombreux volontaires russes accoururent. Le panslavisme devint une passion dans leur âme, puisqu'ils consentaient jusqu'à donner leur vie pour le triomphe de cette idée. En 1877, la Russie déclarait la guerre à la Turquie. L'Empereur Alexandre II était complètement opposé à cette campagne. La pression de l'opinion publique fut plus forte que sa volonté. Le panslavisme était devenu une force irrésistible; il fallut la satisfaire. Par le traité de San-Stefano, la Russie libérait tous les Bulgares de la sujétion turque. Il fut stipulé que la limite des langues servirait de frontière politique à la nouvelle principauté.

Quinze ans à peine après l'explosion de cette passion panslaviste, l'opinion publique est complètement trans-

---

(1) Chose curieuse et bizarre, la Pologne, pourtant nation slave par excellence, fut toujours tenue en dehors de cette touchante *confraternité*. On trouva une échappatoire pour couvrir cette inconséquence. On prétendit que la Pologne avait trahi la cause slave en adoptant la religion catholique, et que pour cela elle devait être exclue de la famille. On oubliait seulement, en avançant ce singulier prétexte, que les Tchèques et les Croates étaient aussi catholiques, et que cela n'était pas considéré comme une cause d'ostracisme.

formée en Russie. On proclame que la politique de 1876 était erronée. Tout d'abord on nie qu'il y ait la moindre confraternité entre les nations Slaves. « Dès que vous mettez le pied dans Prague, dit le prince Mechtcherski (1), vous êtes envahi par un sentiment des plus pénibles; vous sentez résonner à chaque instant une note de mépris de l'homme cultivé tchèque pour l'homme cultivé russe. » Ainsi, on le voit, la prétendue fraternité est un leurre. « Nous devons nous tromper nous-mêmes, ajoute le prince, pour voir des frères dans les Bulgares (2). Notre néfaste guerre de 1877 ayant eu pour but de les délivrer d'un prétendu (sic) joug, n'a été qu'une colossale erreur. » Ainsi, la société russe, en 1895, brûle les idoles adorées quelques années auparavant. Ce qui paraissait alors la vérité, paraît maintenant l'erreur. Aussi l'opinion publique, en Russie, se désintéresse de plus en plus des Slaves. A peine si quelques journaux parlent de loin en loin de ce qui se fait en Serbie ou en Bohême. La Bulgarie occupe encore un peu à cause de la situation irrégulière du prince Ferdinand. Mais que cette question soit réglée d'une façon quelconque et on ne se souciera pas plus en Russie de ce qui se fait à Sofia qu'on ne s'y soucie de ce qui se fait à Prague ou à Agram (3).

Ainsi le cycle complet est parcouru. Au commencement de ce siècle la destinée des Slaves n'affectait pas encore la conscience de la société russe, à la fin elle ne l'affecte déjà plus. Toute la trajectoire, allant de l'inconscience à l'inconscience, a été parcourue en près de soixante ans.

D'autres volitions sociales ont demandé une période

____

(1) *Grajdanine* du 15 mai 1895.

(2) Le prince Mechtcherski avait partagé autrefois les enthousiasmes panslavistes. Vers 1876, il considérait comme traître à la patrie tous ceux qui ne voulaient pas faire la guerre aux Turcs, pour délivrer les Bulgares.

(3) Ces lignes ont été écrites en août 1895, avant la réconciliation entre la Russie et la Bulgarie.

beaucoup plus longue. L'unité italienne s'est réalisée après plus de trois siècles. Vers 1450, l'Italie était partagée en nombreuses souverainetés. Les hommes d'État de ce pays voyaient dans ce fractionnement un gage de prospérité. Les Visconti rêvèrent un moment de réaliser l'unité italienne à leur profit. Mais les autres États de la péninsule s'y opposèrent de toutes leurs forces. A Venise et à Florence, on considérait alors ces tentatives comme funestes à l'Italie. Mais, vers le commencement du xvi⁰ siècle, se formèrent de grandes monarchies comme la Turquie (1), la France, l'Espagne et l'Autriche. Les invasions espagnoles et françaises couvrirent l'Italie de sang et de ruines. Les hommes d'État de la péninsule comprirent alors que le salut était dans l'unité. Ils présentèrent cette idée sous toutes les formes. Elle fut mûre vers 1859. Cela veut dire qu'alors un grand nombre d'Italiens consentirent à sacrifier leur vie pour la réaliser. Elle devint une volition presque générale, une passion. Elle fut satisfaite, l'Italie forma un seul État. Maintenant commence le mouvement rétrograde. Nombre d'Italiens affirment que le mouvement centraliste de 1860 était artificiel. D'autres disent qu'il était funeste et qu'une fédération eût été plus conforme aux intérêts de l'Italie. Nous n'avons pas à discuter ces opinions. Nous voulons montrer seulement le temps nécessaire pour la trajectoire d'un phénomène de psychologie sociale. Celui de l'unité italienne a duré trois siècles.

On comprend combien il est difficile de donner des indications précises sur la rapidité des volitions sociales.

Tout d'abord une volition doit être précédée par une idée. Mais combien de temps exige une idée pour s'emparer de la conscience sociale ? Voilà ce qu'il est presque

---

(1) Nous la citons en premier lieu parce qu'elle fut à une certaine époque la plus étendue, la plus riche et la plus formidable de toutes.

impossible de déterminer. Cela dépend d'une masse
innombrable de facteurs. En premier lieu, comme nous
l'avons dit, de l'outillage industriel. Le christianisme a
mis trois siècles pour se répandre dans l'empire romain
unifié. Le protestantisme a envahi une Europe, divisée
en un grand nombre d'États hostiles, en moins de trois
décades. Déjà vers 1550 ses doctrines s'étaient répandues en Espagne, en Écosse, en Norvège, en Italie, en
Pologne. A coup sûr la plus grande rapidité de la diffusion du protestantisme peut être attribuée, pour une
bonne part, à l'imprimerie. De nos jours, les presses
rotatives sont aux anciennes presses à la main ce que
ces dernières sont à la copie manuscrite (1). Ces perfectionnements ont beaucoup accéléré la marche des idées.
Mais les améliorations directes de l'outillage intellectuel
ne sont pas encore tout. On a beau multiplier un écrit
avec une rapidité prodigieuse, cela ne servira de rien
s'il ne peut pas se répandre avec une vitesse égale. A
ce point de vue, on peut considérer les chemins de fer
comme un complément des presses rotatives. Tout se
tient dans la vie. Les perfectionnements dans une branche de l'outillage profitent à toutes les autres.

Un second facteur est la condition des masses populaires. Au Wurtemberg, il n'y a pas un illettré sur cent
habitants, en Russie, il y en a 79 sur 100. Toutes choses égales d'ailleurs, on comprend que les idées se répandront plus vite dans le premier pays que dans le
second.

Mais les facteurs externes ne sont encore rien. Théoriquement, dans un pays où chaque habitant lit un journal tous les matins, une idée pourrait arriver à la conscience de l'universalité des citoyens en moins de vingt-
quatre heures. Il n'en sera jamais ainsi. En admettant
même la lecture quotidienne du journal par tous les
citoyens, deux cas sont à considérer : d'abord tous
les journaux ne contiennent pas les mêmes idées.

(1) Voir page 76.

Chaque rédacteur compose sa feuille à son gré ; l'un insère une chose, l'autre une autre. Mais il y a plus. Supposons une rédaction unique. On ne pourra pas empêcher le lecteur de passer sur les matières qui l'intéressent peu sans les lire. Vous aurez beau mettre une idée à la portée d'un homme, elle n'arrivera pas à son entendement, s'il ne veut pas en prendre connaissance. Cet élément subjectif est inévitable et joue un rôle d'une importance capitale. Quand, pour une raison ou pour une autre, un individu s'intéresse à un sujet, il se jette sur tout ce qui s'y rapporte. De là viennent ce qu'on appelle les courants d'opinion. Par suite de circonstances les plus diverses, une société se passionne sur un événement quelconque. Alors elle en suit attentivement toutes les péripéties. Il est clair qu'on ne peut pas toujours parvenir à provoquer directement l'intérêt sur un sujet donné. Il ne suffit pas de porter une circulaire au domicile de chaque famille (1) pour arriver à ce résultat. Il faut encore qu'on en prenne connaissance, qu'on ne la jette pas au panier. Cela arrivera justement quand l'opinion publique sera déjà excitée et s'intéressera à la question exposée dans la circulaire. Mais l'excitation sociale provient de causes indirectes, si nombreuses et si complexes qu'elles échappent parfois à toute analyse.

En admettant même qu'un imprimé soit communiqué à tous les citoyens et que tous les lisent, l'idée contenue dans l'imprimé, n'entrera pas encore dans leur entendement. Il y a un abîme entre la lecture et l'assimilation, abîme qui peut représenter un intervalle de temps fort considérable.

De plus, entre le moment où une idée est devenue consciente et celui où elle est devenue désir, volition et passion, il se passe encore de longues années. Or, c'est seulement après avoir dépassé la phase du désir, qu'une idée commence à influencer notre conduite. Un assez

(1) En supposant que tout le monde sût lire.

grand nombre de personnes de nos jours savent que l'or et la richesse ne sont pas des notions identiques. Mais, il ne s'ensuit pas encore que toutes ces personnes descendront dans l'arène pour combattre le protectionnisme qui est basé précisément sur cette erreur.

Il y a encore plus. Le nombre des idées qui entrent dans l'entendement des masses est extrêmement restreint. Si on comptait seulement sur ce canal, les idées chemineraient avec une lenteur bien voisine de l'immobilité. Par bonheur les idées prennent le détour du sentiment ; elles s'imposent par le prestige et l'autorité de l'élite ; elles se drapent dans une forme religieuse. Alors elles peuvent arriver jusqu'aux dernières couches de la population (voir page 117).

La marche des idées dans les masses est en général extrêmement lente. Ainsi le christianisme a été prêché en Russie dès le IXe siècle. Mais il y a dans ce pays une foule d'individus auxquelles les idées chrétiennes ne sont pas encore parvenues. Le nombre des paysans russes capables de réciter le symbole de Nicée ne dépasse probablement pas le centième de leur masse totale ; le nombre de ceux qui sont capables de comprendre ce symbole ne dépasse peut-être pas le millième.

M. Paulhan soutient, dans un travail publié il y a quelques mois (1), qu'une idée peut pénétrer en vingt ans dans la conscience d'un peuple. S'il entend par là le sensorium social, l'élite intellectuelle, nous sommes d'accord avec lui ; mais s'il veut parler des masses populaires ce terme nous paraît bien court.

Maintenant, la marche de l'action reflexe, dérivé ultime des idées, demande un temps encore plus long. Un réflexe social suppose un ensemble de phénomènes fort compliqués : propagation d'une idée, son acceptation soit par l'entendement, soit par le prestige, sa répétition pendant une période

(1) Voir la *Nouvelle Revue* du 1er août 1895, p. 466.

considérable pour arriver à l'automatisme. Tout cela prend des années et des années, souvent des siècles.

Pour nous rendre compte de la vitesse de propagation des idées, prenons quelques exemples :

Copernic publie son ouvrage sur la révolution des corps célestes en 1546. L'idée du mouvement de la terre met plus de deux siècles pour arriver à l'Amérique méridionale. Mutis osa le premier enseigner à Bogota, en 1763, que notre planète tourne autour du soleil. « Cette affirmation héroïque fut la cause d'un grand scandale, comme attentatoire aux dogmes de l'Église(1) ». De nos jours, même dans les pays les plus civilisés de l'Europe, la théorie copernicienne n'est pas encore universellement admise dans les couches inférieures de la population.

Naturellement, plus une idée est complexe, plus sa propagation demande de temps. Voilà près de deux siècles qu'on expose, en Europe, la véritable nature de la richesse. Vauban affirmait déjà qu'elle ne consiste pas dans « la possession de grandes quantités d'or et d'argent, mais dans l'abondance et le bon marché des denrées nécessaires. » Eh bien ! encore de nos jours, sur cent personnes de la classe cultivée, il y en a peut-être 90 qui persistent encore dans l'erreur mercantile.

Il en est de la permanence des idées comme de la permanence des types morphologiques. Les momies de chats, découvertes dans les tombeaux égyptiens, montrent que cet animal n'a pas varié, en six mille ans, d'une façon appréciable. D'autres parts, nous observons des variations qui s'accomplissent dans un temps extrêmement court (2). Ainsi, des rats se sont couverts

(1) E. Reclus. *Nouvelle Géographie Universelle*. Paris, Hachette, 1895. Tome XVIII, p. 398.

(2) Voir sur les variations brusques, Y. Delage. *La Structure du protoplasme.*

de longs poils pour pouvoir vivre dans les bateaux frigorifiques. Nous sommes loin de connaître encore tous les facteurs qui produisent les variations physiologiques. Nous pouvons en dire autant des variations sociales. Certains groupes semblent réfractaires à tout changement pendant des siècles. Puis, tout à coup, sans qu'on sache toujours bien pourquoi, il se fait une irruption d'idées nouvelles qui transforme radicalement les institutions d'un pays. Pourquoi le Japon, si conservateur jusqu'en 1868, a changé subitement ? (1) C'est ce qui nous est impossible de dire. Il y a ici un jeu de forces tellement complexes, qu'elles échappent à l'analyse.

Les exemples d'irruptions torrentielles et victorieuses d'idées nouvelles sont aussi nombreux que les exemples de conservatisme.

En Chine, on massacre de temps en temps les missionnaires chrétiens, parce qu'ils ne ressemblent pas à l'ensemble de la population. Tout changement cause une aversion insurmontable aux habitants du Céleste Empire. Par contre, aux îles Sandwich, la population a passé en peu d'années, sous l'impulsion d'un souverain de génie, Kaméhanéha Ier, des institutions les plus primitives à une manière de vivre qui diffère peu de la nôtre. On peut multiplier ces exemples. Le plus intéressant, à coup sûr, est celui des Jésuites dans l'Amérique du Sud. En moins de deux siècles ils ont transformé les populations de ce continent. La sauvagerie la plus féroce fit place à une douceur si exagérée qu'elle alla, chez ces Indiens, jusqu'à l'impos-

(1) En 1667, un édit expulsa les étrangers du Japon (à l'exception des Hollandais). Il était ordonné que tout Japonais revenant des pays étrangers serait mis à mort. Le Japonais rapportant une lettre des pays étrangers devait subir la peine capitale avec *toute sa famille*. Ceux qui oseraient demander sa grâce devaient être aussi exécutés. Il est difficile de trouver dans les annales de l'humanité des lois plus exclusivistes. La haine de l'étranger tourne ici au véritable délire. Voir *Histoire générale*, tome V, p. 922.

sibilité de se défendre, quand ils furent abandonnés à eux-mêmes.

Ces exemples montrent que nous ne possédons encore aucune donnée pour déterminer la vitesse des phénomènes psychiques dans les sociétés.

Nous voyons qu'à certains moments les idées se répandent avec une grande rapidité, à d'autres avec une lenteur qui frise presque de l'immobilité. Cette lenteur a conduit quelques publicistes à des conclusions très pessimistes, mais qui, à notre avis, sont complètement fausses.

« La race, dit M. Le Bon, possède des caractères psychologiques presque aussi fixes que ses caractères physiques » (1). Disons d'abord que M. Le Bon confond constamment la race, notion physiologique, avec le type de culture. Ainsi il dit : « Une agglomération d'hommes d'origine différente possédant une âme collective, forme une race » et trois lignes plus loin : « Chez les peuples civilisés, il n'y a plus guère de races naturelles » (2). Pourquoi cette terminologie si contradictoire? Pourquoi appeler des choses différentes par le même nom ? M. Le Bon déroute son lecteur qui se demande, chaque fois, s'il entend par race la notion physiologique ou sociologique.

M. Le Bon pense sans doute que tant que les Nègres, par exemple, garderont la peau noire, le prognatisme de la mâchoire, et les cheveux crépus, ils garderont aussi un certain ensemble d'idées et n'adopteront jamais les nôtres. Cette irréductibilité mentale, affirme notre auteur, sera une cause d'antagonisme perpétuel entre les deux races et les portera à s'exterminer sans trêve ni répit. Quelle charmante perspective! Heureusement, des milliers et des milliers de faits démontrent, de la façon la plus péremptoire, qu'il n'y a aucune liaison nécessaire et *fatale* entre certaines idées et certains

(1) *Les lois psychologiques de l'évolution des peuples*, p. 166.
(2) *Ibid.*, p. 168.

types physiologiques. Les blancs ont eu autrefois des idées, différant peu de celles que les nègres ont actuellement. Les nègres acquièrent aujourd'hui des idées différant peu des nôtres.

La confusion entre les phénomènes physiologiques et psychiques empêche certainement les progrès de la sociologie. La condition première, pour faire de la science véritable, est de bien distinguer les phénomènes et de les classer d'une façon méthodique et nette.

La diffusion d'une idée est un fait de l'ordre psychique et social. Il faut l'étudier comme tel. Etablir une liaison nécessaire entre la couleur de la peau ou la section des cheveux et la rapidité des mouvements intellectuels nous paraît antiscientifique au premier chef.

Nulle part, d'ailleurs, le pessimisme n'est moins à sa place qu'en cette affaire. Nous ne savons rien sur le degré de rapidité de la diffusion des idées. Napoléon a dit que dans cinquante ans l'Europe serait républicaine ou cosaque. Napoléon s'est trompé. Mais, d'autre part, en moins d'une vingtaine d'années, les théories de Darwin et de Spencer se sont imposées à presque toute l'élite du monde civilisé. Rien n'empêche d'espérer que les idées, auxquelles nous tenons le plus particulièrement, ne seront pas celles qui marcheront avec la plus grande rapidité.

Dans tous les cas, une chose est absolument certaine : l'opinion d'aujourd'hui n'est plus celle d'hier. Les vagues de l'océan sont moins agitées que les cellules dans un cerveau humain. S'il est une chose mobile entre les mobiles, c'est bien la pensée. On aura beau entasser persécutions sur vexations, obstacles sur entraves, on ne calmera pas les tempêtes sous les crânes, comme dit Victor Hugo. On aura beau faire, le radicalisme de la veille sera le conservatisme du lendemain (1). Les piétistes russes tiennent pour criminels

____

(1) Le programme du parti conservateur en Angleterre, en 1895, est bien plus avancé que celui des radicaux en 1848.

ceux qui attaquent le christianisme; les empereurs de Rome tenaient pour criminels ceux qui voulaient l'établir. Hélas! oui, les idées les plus utiles se répandent encore avec une lenteur désespérante, mais une chose peut nous donner bon espoir : rien ne fait prévoir qu'elles se répandront moins vite dans l'avenir. Au contraire, on peut affirmer avec certitude que leur mouvement ira en s'accélérant. Ce qui le fait penser, c'est que les progrès de l'outillage technique ne s'arrêtent pas. Les presses rotatives impriment maintenant 60.000 exemplaires à l'heure. On en fera bientôt, sans doute, qui en imprimeront le double ou le triple (1). Les inventeurs ne semblent pas disposés à mettre bas les armes de si tôt. Cet odieux esprit humain ne consent pas à s'annihiler pour faire plaisir à Messieurs les pessimistes, dans le genre du D^r Le Bon, ou à Messieurs les conservateurs (2). Or, tant que l'outillage technique fera des progrès, la diffusion des idées ira en s'accélérant.

Il ne semble pas non plus que l'instruction primaire doive disparaître bientôt ou être sensiblement réduite. Or, plus il y aura de gens sachant lire et écrire, plus les idées marcheront vite.

(1) Des broches, marchant à 6.000 tours à la minute, semblaient autrefois le *nec plus ultra* de la mécanique. Il y en a aujourd'hui qui font jusqu'à 17.000 tours. Des bateaux à vapeur faisant 14 nœuds à l'heure paraissaient le dernier mot de la puissance humaine. On disait même que les lois physiques s'opposent à une rapidité plus grande. Maintenant, on fait déjà 21 nœuds et on ne s'arrêtera pas plus à 21 qu'on ne s'est arrêté à 14.

(2) Nous avons toujours parlé, jusqu'ici, des perfectionnements des presses d'imprimerie. Il va sans dire que tous les progrès réalisés par elles et par les nouvelles machines à composer seraient inutiles si le papier restait coûteux. Eh bien! sous ce rapport aussi, nous n'avons pas à nous plaindre. La fabrication du papier a réalisé des progrès prodigieux. D'abord, on le produit maintenant avec les matières les plus vulgaires, la paille, le bois. Les machines sont devenues si puissantes, qu'un seul ouvrier suffit à la surveillance de métiers produisant des bandes de plusieurs kilomètres de longueur en vingt-quatre heures. Grâce au bon marché du papier, il a été possible de créer la presse à un sou, qui constitue, on le sait, toute une révolution. Voir page 76.

La fonction de l'information est de nos jours fort imparfaite (1). De grands progrès seront, sans doute, réalisés dans cette branche.

Enfin, l'humanité abattra un jour l'idole des kilomètres carrés comme elle en a abattu tant d'autres. Quant l'état juridique international aura remplacé notre abjecte anarchie actuelle, les préoccupations principales des sociétés se tourneront vers les manifestations de l'ordre intellectuel. Cela aussi accélérera la diffusion des idées dans une mesure immense.

(1) Voir à ce propos nos *Luttes entre sociétés humaines*, p. 512.

CHAPITRE XV

Limite des volitions dans l'espace.
Le patriotisme.

I

Nous avons parlé au chapitre précédent de la rapidité des volitions sociales. Nous allons les considérer maintenant dans l'espace.

Où se termine le groupe sur lequel l'homme veut exercer son action ? En termes généraux, le rayon de la volition, s'il est permis de s'exprimer ainsi, est identique à celui de la vision interne. Pour agir sur un groupe, il faut nécessairement se représenter ce groupe. Or ces représentations, comme nous l'avons vu, varient incessamment. La volition d'un homme dépend en tout premier lieu de <u>son</u> horizon mental. « L'Inde depuis deux mille ans, dit le D^r Le Bon (1), n'a pas connu d'autre unité que le village. C'est pourquoi depuis deux mille ans elle a toujours vécu sous des maîtres étrangers ». Cela veut dire que la plupart des Indiens ont un horizon mental ne dépassant pas la bourgade dans laquelle ils demeurent. Ils ne se sentent nullement solidaires d'autres groupes de population, puisqu'ils se représentent à peine et fort vaguement l'existence de ces groupes.

Au fur et à mesure que l'instruction se répand l'ho-

(1) *Lois psycholog. de l'Évol. des peuples*, p. 17.

rizon mental s'élargit. Naturellement l'outillage joue encore ici un rôle aussi considérable que dans la propagation des idées. Nous l'avons déjà montré au chapitre V, comment la notion de la patrie se développe presque parallèlement avec la diffusion des cartes géographiques. Elles nous donnent la base de la représentation de l'unité sociale dont nous faisons partie. Mais, bien entendu, la carte trace seulement le contour, le cadre. C'est l'ensemble de nos autres informations quotidiennes qui nous font participer à la vie du corps social. Aussi, plus ces informations sont parfaites, plus la sensibilité sociale est grande et plus le rayon de cette sensibilité est étendu. Depuis l'antiquité jusqu'à nos jours, l'Europe est restée, parfois, des siècles entiers sans savoir ce qui se passait sur les autres continents. Elle était donc complètement insensible aux événements qui s'accomplissaient en Afrique ou en Australie. Ces événements n'affectaient pas sa conscience. Mais quand chaque homme sur la terre lira un journal le matin, quand ce journal lui donnera des informations sur tous les pays du globe, chaque homme acquerra, pour ainsi dire, l'ubiquité. On l'a dit avec raison, la presse est un sixième sens. Elle nous permet de faire tous les jours, par les yeux de l'intelligence une tournée d'inspection sur la planète. Alors, ayant des représentations de tout ce qui s'accomplit sur le globe, on pourra avoir des volitions concernant l'ensemble de l'humanité. Opposons les deux termes extrêmes. On part du rayon que peut embrasser l'œil physique. C'est le village, le plus petit des groupes géographiques. Le ryot indien n'a pas d'autre horizon. Puis, par la connaissance de la géographie et par l'organisation de l'information, on aboutit au groupe le plus vaste possible : l'humanité entière.

J'apprends qu'une épouvantable catastrophe, un terrible tremblement de terre a eu lieu au Chili. Ma sensibilité peut être éveillée par les souffrances des habitants de ce pays. Donc, grâce au journal, mes centres nerveux sont affectés par des circonstances qui se sont produites aux antipodes. L'individu est un ensemble de cellules où les impressions éprouvées par l'une d'elles peuvent affecter toutes les autres. Si mon état d'âme change par suite de sensations éprouvées par les Chiliens, il y a donc entre eux et moi un lien social, si faible soit-il.

Les perfectionnements de l'outillage ont seuls rendu possible l'espèce d'ubiquité dont nous parlons. Ils auront plus fait pour la fédération de l'humanité que les discours les plus éloquents. Les progrès de l'outillage, qui ne font pas mine de se ralentir, augmenteront constamment la solidarité des nations. Par cela seul que le blé coûte aujourd'hui huit francs l'hectolitre à Chicago, par cela seul que ce blé peut être rendu en France en quinze jours, par cela seul que les Français sont informés des prix de New-York presque heure par heure, il se produit des modifications dans la structure de la société française.

La société est antérieure à l'humanité. Nos ancêtres simiens vivaient déjà en petites bandes. L'homme s'est toujours senti solidaire d'un groupe quelconque de ses semblables, mais l'étendue de ce groupe se modifiait constamment sous l'influence de nombreux facteurs. Nous donnons le nom de patrie à l'association dont nous nous sentons solidaires. Eh bien ! dans cette catégorie de notre esprit, comme dans toutes les autres, il y aura toujours un élément subjectif. C'est *nous* qui traçons les limites de la patrie et non pas la nature. Dans l'antiquité, à Rome, les fils de deux sœurs ne se considéraient pas comme parents. Plus tard, les idées se modifièrent et on se sentit cousin par les femmes comme par les hommes. Dans les sociétés anciennes ceux qui n'adoraient pas le même dieu se considéraient comme étrangers. Si tous les hommes étaient athées, on ne pourrait plus, naturellement, établir des divisions sociales basées sur la religion. Aujourd'hui si la Bretagne était attaquée par l'ennemi, les Provençaux se croiraient obligés de voler à son secours. Cependant le dialecte provençal ne ressemble pas plus au dialecte celtique qu'à l'anglais. Pourquoi le Provençal se croit-il solidaire du Breton ? Pour cent raisons qu'il est inutile d'exposer ici. Mais si le Provençal voulait établir avec l'Anglais les mêmes rapports politiques qu'il a établis avec le Breton, le Provençal considérerait l'Anglais comme son compatriote aussi bien qu'il considère maintenant le Breton. La différence des langues ne serait pas un obstacle à l'union de Marseille et de Londres, puisqu'une différence de langue, plus grande encore, n'est pas un obstacle à l'union de Marseille et de Brest.

La nature est une. C'est nous qui posons les limites de nos catégories mentales. Les constellations astronomiques peuvent nous servir d'exemple. Ainsi les étoiles de la Grande Ourse peuvent se trouver à des distances incommensurables les unes des autres. Elles forment un groupe seulement à *notre* point de vue. Il en est de même des groupes sociaux. C'est nous qui posons leurs limites selon nos conceptions subjectives.

Ces limites ont été conditionnées tour à tour par la parenté, les frontières géographiques, la sujétion à un chef, la religion, la langue, la culture intellectuelle, etc. D'autres considérations pourront guider plus tard pour établir les limites du groupe social, par exemple un principe de droit. Les hommes qui auront exclu la spoliation violente dans leurs rapports politiques pourront se sentir solidaires. Ils pourront considérer comme étant en dehors de leur groupe, comme étrangers, ceux qui continueront à pratiquer le brigandage. D'une façon générale les limites de la patrie sont marquées par l'intérêt le plus important d'une société. Aujourd'hui l'étendue kilométrique de l'État est notre passion dominante : nous plaçons les limites de la patrie aux frontières politiques. Que demain la culture intellectuelle passe au premier plan de nos préoccupations, nous identifierons les limites de la patrie avec celles de notre nationalité ou de notre groupe de civilisation.

Le mot patrie contient donc un élément subjectif irréductible. Chacun entend ce mot à sa façon. Chacun étend les limites de sa patrie selon la portée de son intelligence. Quelques individus affirment que leur patrie est l'humanité. Ils peuvent être parfaitement sincères. Cela veut dire que les intérêts généraux de l'humanité affectent leur conscience et leur sensibilité d'une façon plus vive que les intérêts des groupes subordonnés. Souhaitons qu'il y ait beaucoup d'individus de ce genre sur la terre.

Quand un homme se sent solidaire d'un groupe, il est porté, en vertu de l'égoïsme le plus pur, à travailler à sa prospérité. Je suis actionnaire de la compagnie de Suez. Si cette entreprise pouvait avoir des bénéfices doubles de ceux qu'elle réalise aujourd'hui, j'aurais des dividendes deux fois plus grands. Si je découvre une combinaison capable de produire ce résultat, je serai tenté, naturellement, de la faire adopter par mes coactionnaires. Il en est du groupe appelé *patrie* comme du groupe financier. Quelles que soient les limites que nous lui assignons, nous sommes portés à agir en vue de ses intérêts par un sentiment net ou obscur qu'il en proviendra du bien pour nous-mêmes.

Mais le patriotisme est une idée très complexe. Comme toutes les choses sociales, elle est formée d'éléments nombreux, disparates et parfois même contradictoires. L'homme n'est pas mû par une seule impulsion ici-bas, mais par des milliers d'impulsions. Elles se livrent des combats dans son esprit. Une aspiration triomphe aujourd'hui, une autre demain. Le prince de Talleyrand, à Erfurt, donnait des conseils à Alexandre Ier, empereur de *Russie*, sur les réponses qu'il devait faire à Napoléon; empereur des *Français*. On en a déduit que Talleyrand était traître à sa patrie. Talleyrand est un personnage peu intéressant. On affirme qu'il a vendu plusieurs fois les intérêts de son pays, ce qui est la dernière des infamies. Mais, dans le cas d'Alexandre Ier, Talleyrand *pouvait* obéir à des considérations patriotiques. Mettre un frein aux folies de Napoléon était certes travailler dans l'intérêt de la France. Talleyrand se représentait parfaitement un groupe supérieur à la France, l'Europe; il comprenait que son pays était une partie de ce tout; il comprenait que le bonheur de la fraction dépendait de celui de l'ensemble. En travaillant à abattre Napoléon, dont l'ambition était un des plus grands obstacles à la pacification de l'Europe, Talleyrand pouvait parfaitement avoir des visées patriotiques.

Le patriotisme est donc un phénomène des plus complexes. Raison de plus pour l'analyser avec soin en examinant ses éléments un à un sans les confondre.

L'histoire nous donne de nombreux exemples du plus ardent patriotisme et de l'indifférence à peu près complète de la chose publique. Dans les petits États de la Grèce, dans les républiques italiennes du moyen âge nous voyons les actes les plus admirables (1). Dans l'empire Romain, au ve siècle, la passivité la plus honteuse.

Les historiens expliquent ces variations de la façon la plus simple. Quand les populations ne montrent aucun patriotisme, c'est qu'elles sont démoralisées! Voilà tout. Comme c'est commode!

Nous croyons que la question est beaucoup plus complexe et qu'il faut l'aborder par un autre côté. Il

(1) La bataille navale de Meloria (1284) fut désastreuse pour la république de Pise. Les Génois firent de nombreux prisonniers. L'ambassadeur de Pise chargé de négocier la paix, offrit aux Génois le château de Castro en Sardaigne pour la rançon des prisonniers pisans. Ceux-ci furent informés de la négociation. « Ils obtinrent l'autorisation d'envoyer à Pise un commissaire pour manifester leurs vœux. Introduit dans le Conseil, il déclara que les prisonniers pisans ne pouvaient pas consentir à une capitulation aussi honteuse et qu'ils préféraient plutôt mourir dans les fers que de permettre à leur patrie d'abandonner le château de Castro ». Sismondi, *Histoire des Républiques Italiennes*. Tome III, p. 19.

faut partir tout d'abord, il nous semble, du phénomène de la conscience sociale. Quand les limites d'un groupe politique sont nettement perçues par ses membres, ceux-ci sont patriotes, c'est-à-dire ont des volitions très vives concernant le groupe. Dans le cas contraire, le patriotisme ne se montre pas.

Considérons, par exemple, ce qui se passait en Gaule au IVe ou au Ve siècle de notre ère. Il est probable que 999 habitants de cette province sur 1000 n'avaient alors aucune représentation de l'empire romain dans sa totalité, c'est-à-dire la représentation d'une unité politique allant de la brumeuse Albion à la brûlante Egypte et de la Colchide aux Colonnes d'Hercule. Les Romains avaient des cartes, très imparfaites sans doute, mais qui devaient leur paraître suffisantes. Seulement l'immense majorité de la société romaine étant composée d'esclaves, l'instruction y était fort peu répandue. Aussi la proportion des habitants de la Gaule qui avaient la représentation de l'empire entier devait être absolument infime. Cette masse de gens incultes ne pouvaient avoir aucun patriotisme *romain*, puisqu'ils n'avaient aucune conception de l'État romain (1).

Cependant chaque habitant de la Gaule savait, d'une façon plus ou moins vague, qu'il y avait quelque part un empereur chargé de gouverner les hommes. Aux gens obscurs, qui habitaient l'Aquitaine ou la Lugdunaise, cet empereur devait faire l'effet d'une espèce de divinité omnisciente et omnipotente. Depuis de longues années on s'adressait à lui pour redresser les torts, pour obtenir des grâces et des privilèges. L'empereur nommait à tous les emplois importants ; il était le dispensateur de tous les biens. Tout semblait émaner de lui. Cette puissance de l'empereur devait

---

(1) Si la Gaule était restée séparée en quatre-vingts cités, comme avant la conquête de César, la représentation de chacune de ces cités aurait été possible pour les populations et le patriotisme local aurait pu être très vif. Mais ces groupements régionaux perdirent toute importance après la conquête romaine.

paraître formidable. Le souvenir très vague de la conquête de César, si dure et si impitoyable, et des tentatives de révolte toujours domptées devait avoir laissé
dans l'esprit des populations comme une intuition qui
pourrait se formuler par ces mots : « se soulever contre
l'Empereur est aussi vain que de se révolter contre les
éléments. Se soumettre à l'Empereur, c'est se conformer à l'ordre établi par Dieu ».

Il se forma alors un réflexe dans l'esprit des Gaulois :
« les affaires publiques regardent l'Empereur ». La
force de ce réflexe devait être d'autant plus grande que
l'empire remplit mieux sa tâche pendant un temps plus
long. Or, les empereurs avaient fort convenablement
protégé les provinces contre les razzias des barbares et
contre les fauteurs des troubles pendant plus de deux
siècles. Ce temps suffit certainement pour faire naître
un réflexe social.

Tel devait être l'état mental des populations gauloises
au ive et au ve siècles quand les expéditions des chefs barbares devinrent plus fréquentes et plus hardies. La passivité des populations ne vint pas de ce qu'elles étaient
démoralisées, comme on se complait à le répéter d'une
façon si moutonnière. Vers l'an 350, l'empire Romain
devait avoir une centaine de millions d'habitants, dont
vingt millions à peine étaient des citoyens, le reste des
esclaves. Même parmi les citoyens, les riches n'étaient
pas nombreux. Ceux donc qui avaient été *corrompus*
par le luxe et la débauche devaient former une infime
minorité. Les sociétés anciennes étaient beaucoup plus
pauvres que les nôtres. En France, en l'an de grâce
1895, la viande est encore un objet de luxe pour la moitié de la population. Songez à ce que devait être la
Gaule, à l'époque de Julien. La nourriture des malheureux esclaves était horrible. Les gens qui à cette
époque mangeaient de la viande tous les jours devaient
être proportionnellement plus rares que de notre temps.
On ne voit donc pas comment le luxe avait pu gan-
grener jusqu'à la moelle les populations gauloises, par-

mi lesquelles 99 hommes sur 100 ne mangeaient jamais à leur faim. Non, si ces populations restèrent inertes devant les barbares, cela provient d'autre chose que leur prétendue corruption. Cela vient de l'ensemble des représentations mentales et des réflexes sociaux qu'avait fait naître la domination romaine et l'organisation de l'empire (1).

On ne voit pas bien pourquoi les Italiens du xiᵉ siècle devaient être moins corrompus que ceux du vᵉ ? Les premiers siècles du moyen âge ne nous montrent pas une société composée de personnes angéliques. Les Mérovingiens se vautraient dans les débauches les plus abjectes. Charlemagne avait un véritable harem. Il avait épousé neuf femmes. La cour des papes, au ixᵉ siècle, est connue par ses scandales. Ils étaient si grands, qu'ils donnèrent naissance à la légende de la papesse Jeanne. Nous ne parlons déjà plus de l'extrême brutalité des mœurs de cette époque. D'où venaient donc ces soi-disant vertus qui firent éclater un si ardent patriotisme dans les républiques italiennes comme Pise, Milan, Florence et Venise ? Ce sentiment s'explique par la dimension de ces États. Leurs citoyens en avaient une représentation très nette et, à cause de cela des volitions très ardentes se rapportant à eux. Quand des hommes se représentent l'unité politique dont ils font partie, ils sont patriotes, quand ils ne se la représentent pas ils ne le sont pas. Nous sommes loin d'affirmer, à coup sûr, que cette circonstance soit la cause unique du patriotisme, non certes ; mais, sans cette circonstance, le patriotisme peut se produire très difficilement. La réaction du muscle est en raison directe de l'énergie de l'excitation. De même l'énergie de la volition est en raison directe de la sensibilité.

(1) Celui-ci fut d'abord dans un État fort décentralisé. S'il était resté tel, les populations (nous parlons particulièrement de la Gaule) n'auraient pas perdu la représentation de la cité. Par malheur, à partir du iiiᵉ siècle, la centralisation commence à tout envahir et à tout détruire.

Quand nous pouvons nous représenter très vivement les besoins de nos compatriotes, notre patriotisme devient plus ardent.

D'autre part, le groupe sur lequel s'étend notre sympathie est aussi, dans une certaine mesure, celui sur lequel peut s'étendre notre action. On aime d'autant plus sa patrie (toutes choses égales d'ailleurs bien entendu) qu'on peut le plus influer sur ses destinées.

L'outillage technique étant peu perfectionné dans l'antiquité, un ensemble comme l'empire romain (il avait près de cinq millions de kilomètres carrés) devait difficilement faire naître une image assez précise dans les cerveaux. Mais, il n'en était pas ainsi d'un État comme l'Angleterre, par exemple. Pendant des siècles, ce royaume n'eut guère plus de 130.000 à 150.000 kilomètres carrés (1). Même à cheval et par les plus mauvaises routes, on pouvait le parcourir assez rapidement et en avoir une représentation assez complète. De plus, l'Angleterre était une île. La barrière de l'océan était surtout importante parce qu'elle traçait une limite claire et nette dans les esprits. Chose remarquable, dans tous les partages, opérés dans la dynastie des Plantagenets, l'Angleterre forme toujours un seul tenant, un seul lot. Les barons anglais, à l'époque de Guillaume le Roux, pouvaient se former une image assez nette de l'unité politique dont ils faisaient partie. La preuve en est que très vite les barons anglais se sentirent solidaires entre eux, mais ne se sentirent pas solidaires des barons de la Normandie et de l'Anjou, bien que la langue, la religion, les mœurs et les traditions fussent les mêmes des deux côtés du détroit (2). Cette circonstance influa probablement sur

______

(1) Nous ne parlons pas bien entendu des possessions continentales possédées à différentes époques par les *rois* d'Angleterre.

(2) Jusqu'au xv⁰ siècle, les modes, le beau langage, les œuvres littéraires et artistiques, les plaisirs, tout cela allait du continent en

les destinées de l'Angleterre, plus que tout le reste. La mer la protégeait moins qu'elle ne lui donnait une personnalité accusée. L'aristocratie anglaise, ayant de très bonne heure une représentation claire de l'unité politique du pays, agit comme un seul homme et parvint à acquérir ce bien plus précieux que tous les trésors de la terre : la liberté. La différenciation des fonctions sociales en fut la conséquence. L'Angleterre, seule parmi les États européens, a le bonheur de posséder un gouvernement qui ne se croit pas obligé de s'immiscer constamment dans le domaine de la production économique et intellectuelle de la nation.

Tous ces immenses avantages, l'Angleterre ne les doit pas seulement à son état insulaire, comme on l'a répété si souvent (1), mais aussi à sa petitesse. Elle a formé, la première, une unité politique parfaitement en rapport avec l'état de l'outillage technique, industriel et intellectuel.

Le moyen âge est traversé tout entier par une lutte entre deux conceptions politiques opposées. Les uns se

Angleterre. L'individualité mentale de ce pays s'accusa beaucoup plus tard que son individualité politique. Certains historiens contemporains envisagent, on le sait, la conquête de Guillaume de Normandie à un point de vue très différent de celui qui a régné auparavant. Guillaume débarqua en Angleterre pour combattre Harold, usurpateur d'un trône dont, lui, Guillaume, se disait l'héritier légitime. L'invasion de 1066 a été une guerre dynastique et nullement une guerre de race. Aussi les Saxons ne l'ont jamais considérée comme telle. Beaucoup de seigneurs Saxons furent persécutés, non pour leur nationalité, mais parce qu'ils avaient été les partisans de Harold. L'idée de faire des distinctions de race dans les questions de politique intérieure n'entrait certainement pas dans les cerveaux des hommes du xie siècle. Voir entre autres, l'intéressant ouvrage de M. A. C. Champneys : *History of English, A sketch of the origin and development of the English Language*, New-York, Macmillan, 1893.

(1) La sécurité, procurée par la mer, sans être nulle n'était pas bien grande cependant. En somme, à bien considérer les faits, on voit que depuis les Romains, en passant par les Saxons, les Danois, les Normands, pour arriver à Saint-Louis, les descentes victorieuses en Angleterre n'ont pas été moins nombreuses que les invasions dans les autres pays.

représentaient l'empire romain (1), les autres ne se le représentaient pas (2). Ceux qui se représentaient l'ancien empire sous les couleurs les plus brillantes désiraient naturellement le restaurer. Les autres tenaient davantage pour les autonomies locales. Qui avait raison? A coup sûr, pour restaurer l'empire Romain, au moyen âge, d'une façon durable, il aurait fallu, tout d'abord, en créer la représentation et la volition au moins dans l'élite des nations européennes. C'était le meilleur moyen. Mais certes, les hommes à cette époque ne pouvaient pas comprendre que c'était là le procédé le plus rapide et le plus efficace. On ne connaissait d'autre moyen de produire des groupements politiques que la force. Certes, si une ville ou une nation s'était trouvée plus puissante que toutes les autres, l'empire Romain aurait pu être restauré, comme il avait été créé une première fois, c'est-à-dire par le fer et par le sang. Mais aucun État européen n'eut plus de puissance que tous les autres réunis et la monarchie universelle fut impossible.

Pour la grande majorité des hommes, aujourd'hui, la limite du groupe social est marquée par l'État, ou, si l'on veut, par l'unité du commandement militaire. Les sociétés humaines sont encore entièrement prédatrices, aussi l'armée en est l'organe principal. Le souverain est partout le général en chef des soldats, puisque naturellement le souverain doit exercer la plus haute fonction de l'État. Dans la plupart des pays de l'Europe les sou-

1) Quand Philippe de Souabe fut élu roi des Romains en 1198, il prit le titre de Philippe II, parce que l'empereur Philippe l'Arabe (244-249) avait été Philippe Ier. Pour agir de la sorte, il fallait évidemment connaître l'histoire. Or combien de personnes étaient dans ce cas au XIIe siècle? A coup sûr une infime minorité.

2) Le lecteur ne prendra pas notre affirmation d'une façon trop absolue. Il serait impossible de soutenir certainement qu'aucun guelfe ne se représentât jamais l'empire romain. Comme dans toutes les choses sociales, il y a, aussi ici, une certaine somme de relativité.

verains portent constamment le costume militaire, symbole de l'importance attribuée au métier des armes. Au fond, dans la période anarchique où nous nous trouvons encore, une patrie, c'est une armée. L'élément civil sert pour ainsi dire de piédestal à l'élément militaire. Un gouvernement est un ensemble d'institutions servant à nourrir l'institution principale, l'armée. L'Autriche-Hongrie forme un État, parce qu'elle a une seule armée dont François-Joseph est le chef. Les Canadiens français ne sont pas considérés comme compatriotes des Français d'Europe, parce qu'en cas d'invasion, les Canadiens seraient défendus par le ministère de la guerre siégeant à Londres et non celui siégeant à Paris.

Mais des milliers de facteurs travaillent simultanément à modifier notre conception actuelle des limites de la patrie. Encore ici l'outillage technique joue un rôle d'une grande importance. Grâce à la facilité des communications, le globe entier est devenu un marché unique. La guerre civile éclate aux États-Unis. Les arrivages de coton s'arrêtent. Deux cent mille hommes dans le Lancashire chôment et souffrent de la faim. Ces souffrances leur font bien comprendre qu'il y a une solidarité entre eux et les habitants des États-Unis. Un Français donnait sa terre en ferme pour dix mille francs. Vient une récolte superbe en Amérique. Le blé tombe à dix francs l'hectolitre. Personne n'offre un prix de fermage aussi élevé qu'auparavant. Le propriétaire français est obligé de donner sa terre pour cinq mille francs. Son bien-être diminue de moitié. Il sent bien qu'il y a une solidarité entre les Américains et lui puisque leurs actions influent sur sa destinée.

Toutes ces circonstances sont récentes. Elles n'existaient presque pas il y a soixante ans. De plus, grâce aux progrès de l'outillage intellectuel et de l'instruction publique, les intérêts de l'ordre mental commencent à acquérir une importance de plus en plus considérable. Bien que le chef de l'armée soit le même, Tchèques et

Allemands en Autriche, Polonais et Russes dans l'empire des Tsars sentent parfaitement qu'ils ont des aspirations différentes. D'un autre côté, malgré des chefs d'armée différents, les Allemands de l'arc iduché d'Autriche et ceux du royaume de Bavière sente   ls ont certains intérêts communs.

Les facteurs économiques et intellectuels travaillent donc à briser la conception étroite de la patrie qui a dominé jusqu'à ce jour. Déjà un grand nombre des membres de l'élite sociale, dans les pays civilisés, ont une certaine représentation de l'ensemble de notre globe. Les atlas complets, de grand format, ne coûtent pas maintenant plus de vingt francs et les petits atlas de poche se vendent trois francs. Cela rend ces publications accessibles aux fortunes les plus modestes. Il y a donc tout lieu de croire que dans un avenir assez rapproché les classes cultivées étendront l'idée de patrie au groupe de civilisation, puis, dans un avenir plus éloigné, à l'humanité entière (1).

(1) Il y a lieu d'examiner encore la volition sociale au point de vue de la profondeur, s'il est possible [d'exprimer ainsi. Ici, nous retrouvons de nouveau les mêmes facteurs : les perfectionnements techniques et l'état social. Un fait affecte la conscience d'un nombre d'individus d'autant plus grand qu'il est plus simple et plus élémentaire. Le besoin d'alimentation est universel, le besoin de liberté civile est aussi très grand, mais déjà le besoin d'avoir une presse libre, par exemple, est beaucoup plus restreint. Il est ressenti seulement par ceux qui veulent faire imprimer leurs écrits ou avoir une haute culture intellectuelle. Quant aux idées, elles descendent d'autant plus vite dans les couches populaires qu'elles sont plus simples.

Mais, d'autre part, l'état social fait que certaines idées se répandent plus rapidement dans les foules que certaines autres. On trouve dans les journaux de Prague des annonces comme celles-ci : « Moulin à vendre à tel endroit. Ne sera cédé qu'à un Tchèque de *patriotisme éprouvé*. » En Bohême, la conscience qu'il faut lutter contre l'absorption mentale de l'Allemagne est déjà descendue jusqu'aux couches inférieures de la population. En Angleterre et en France les plus grands hommes d'État n'ont pas la moindre notion, parfois, du processus de la dénationalisation. Aussi, certains faits qui affectent la conscience sociale dans un pays ne l'affectent pas dans un autre et n'y produisent, par con-

II

Considérons maintenant les limites de l'organisme social dans le temps.

On l'a dit fort justement : une nation n'est pas seulement composée par ses représentants vivants, mais encore par la série ascendante des ancêtres. *Nation* est un terme psychologique. C'est un ensemble d'idées, de sentiments et de formes artistiques, une civilisation *sui generis*, en un mot. Or, nos ancêtres ont créé le plus grand nombre des idées et des sentiments qui sont en nous ; ils ont élevé la plus grande partie des monuments qui donnent un caractère particulier à nos patries. Ces ancêtres vivent donc encore en nous et nous vivons par eux.

Mais, où faut-il poser les limites de l'organisme social dans le temps ? Les Italiens modernes forment-ils une seule nation avec les Romains, ou faut-il les considérer comme une nation nouvelle ?

Quand on veut donner une réponse à cette question on se trouve en présence des mêmes facteurs qui déterminent les limites de l'organisme dans l'espace : la conscience, l'outillage intellectuel et le sentiment.

séquent, pas de volitions correspondantes. Qui songe actuellement en France à soutenir les frères Canadiens dans leur lutte contre l'anglicisation ? Or, des considérations de ce genre composent pour ainsi dire la trame de la vie des Tchèques.

D'une façon générale les idées se répandent dans les masses populaires en raison directe de la diffusion de l'instruction. Le referendum est possible en Suisse, mais il ne le serait guère encore en Roumanie ou en Russie. Si on posait la question aux populations de ce pays de savoir s'il faut une banque d'émission unique ou la liberté des banques, elles seraient bien embarrassées de donner une réponse, parce que des millions d'hommes en Roumanie et en Russie n'ont pas la moindre idée d'une banque. Une question, qui passionne un public instruit (celle du monométallisme et du bimétallisme, par exemple), n'atteint même pas la conscience d'un public ignorant. Elle ne produit donc aucune volition en lui.

Il va sans dire que les limites de l'organisme dans le passé sont fixées tout d'abord par les représentations. Un grand nombre d'Italiens modernes, grâce à la connaissance de l'histoire, se représentent parfaitement la manière de vivre et les actions des anciens Romains. A cause de cela, ils peuvent se sentir solidaires avec eux. Mais nul ne se représente aujourd'hui les prétendus Pélasges qui auraient habité l'Italie dans la plus haute antiquité. Comme on ne sait rien de ces hommes, ils sont comme s'ils n'avaient *jamais été*. Ils n'affectent pas la conscience des individus actuellement vivants qui n'ont donc rien de commun avec eux. Par conséquent, là où s'arrêtent les représentations s'arrêtent aussi les limites de l'organisme social dans le temps.

Encore ici, l'outillage joue un rôle des plus importants. Nous en avons parlé au chapitre V (voir page 80). Nous ajouterons seulement une considération. Les progrès de l'outillage font descendre les représentations du passé dans des couches toujours plus basses de la population. Autrefois, quand les gravures coûtaient cher et quand elles étaient très imparfaites, une petite élite avait, seule, une représentation plus ou moins exacte du passé national. Maintenant, grâce aux nouveaux procédés graphiques, les images précises des objets anciens peuvent se trouver dans toutes les familles, même les plus modestes. Par cela, le sentiment national gagne en profondeur et en force.

Mais après la conscience vient le sentiment. Et son rôle, en cette circonstance, comme dans toutes les autres, est de premier ordre. Un exemple pourra montrer le plus nettement comment se passent les choses.

La nation grecque renaît aujourd'hui à la lumière après une longue éclipse. Etant parvenue à reconquérir son indépendance politique et à retrouver une certaine somme de sécurité intérieure (trop insuffisante encore, hélas !), les Hellènes se préoccupent de nouveau d'une façon très vive de leur culture intellectuelle. Ils ont créé une instruction primaire, moyenne et supérieure. Ils ont essayé de faire refleurir tous les genres littéraires qui composent une civilisation complète. Pour tout cela ils se sont appuyés sur les fondations élevées par leurs ancêtres de l'Hellade antique. Ils ont recommencé à enseigner la philosophie de Platon et d'Aristote ; ils ont recommencé à s'enivrer des poèmes d'Homère, des tragédies d'Euripide et des odes d'Anacréon. Ils ont adopté les trois ordres antiques dans les monuments qu'ils élèvent. Ils s'inspirent du Parthénon et de l'Erechtéion. Leurs plaisirs vont être aussi ceux de leurs aïeux : on restaure les jeux olympiques. Les noms que les Grecs modernes donnent à leurs enfants sont souvent empruntés à l'antiquité. Ceux de Périclès, de Phocion, de Thrasybule, sont très fréquents. D'après les dogmes de l'église orthodoxe tout individu doit avoir un patron qui intercède pour lui auprès de Dieu. Or, il n'y a pas de saint Thrasybule, par exemple. Donner ce nom à un chrétien, c'est transgresser un commandement de l'Église. Cependant, les Grecs modernes, bien que bons orthodoxes parfois, passent sur cette difficulté, tant est grande leur admiration pour leurs glorieux ancêtres. Quand on se promène dans l'Athène moderne, on voit un désir très accusé d'imiter l'Athène antique. On est convaincu, en parcourant les rues de cette ville, que la Grèce de nos jours tient par les liens les plus étroits à celle de Périclès et forme un seul organisme avec elle. Pourquoi les Grecs du XIXe siècle se sentent-ils solidaires de ceux du Ve et du IVe avant notre ère ? Mais parce que la civilisation antique leur inspire de l'admiration et de la sympathie.

Chronologiquement, Byzance est plus près de la Grèce moderne que l'Hellade antique. Mais les Grecs modernes oublient Byzance. Ils disent que ce nom est synonyme de servilisme et d'abjection. Ils prétendent n'avoir rien de commun avec l'esprit et la civilisation qui ont régné dans la nouvelle Rome depuis Constantin le Grand jusqu'à Constantin Dragasès. Vous ne verrez pas un seul édifice moderne à Athènes inspiré par de l'architecture byzantine, bien qu'elle soit infiniment mieux adaptée à nos besoins que l'architecture antique. Les Grecs modernes répudient Byzance. Ils n'en étudient ni la littérature, ni les arts. Ils peuvent perdre complètement la représentation de ce qu'elle fut. Les Grecs ne *désirent* pas se sentir solidaires de Byzance, parce qu'elle leur inspire de l'antipathie et, à cause de cela, il peut arriver que le lien social se rompe entièrement entre Byzance et eux. On devra alors déclarer que la Grèce moderne et Byzance forment deux organismes séparés (1).

Quand on répudie, comme on dit, « ses grossiers ancêtres », on cesse de faire corps avec eux, s'il est permis de s'exprimer ainsi. Le lien avec le passé est coupé et l'organisme nouveau semble s'être détaché de l'ancien.

Rien de plus vague que le sentiment. Ainsi les Français modernes se sentent certainement plus fils des Romains que des Gaulois. Nombre de Parisiens qui trouvent aujourd'hui une jouissance considérable à lire les poésies d'Horace en trouveraient une bien moins grande à lire celles des poètes Gaulois de la même époque, si elles s'étaient conservées. Mais, d'autre part, beaucoup de Français éprouvent la plus vive sympathie pour Vercingétorix (2) et le considèrent comme un héros national. Si les limites de l'organisme dans le temps sont posées par le sentiment, on comprend que ces limites doivent rester vagues et indéterminés comme le sentiment lui-même. Il est donc impossible de déterminer précisément où finit la solidarité dans le passé et quels sont ceux de nos ancêtres que nous considérons ou ne consi-

(1) On le voit, le don de sympathie, qui est le plus puissant facteur de l'expansion d'une nationalité dans l'espace, est aussi le plus puissant facteur de sa durée dans le temps.

(2) La statue qui lui a été élevée à Alésia en 1865, dix-huit siècles après sa mort, en est une preuve.

dérons pas comme nos compatriotes. En ce cas comme en tant d'autres, les phénomènes sociaux ne se laissent pas délimiter par des lignes nettes et tranchées. On peut seulement dire d'une façon générale que les limites de l'organisme dans le temps sont conditionnées par la conscience (1) et le sentiment.

(1) Ainsi les Tunisiens modernes ne se sentent pas Carthaginois parce qu'ils n'ont aucune représentation de la civilisation punique.

CHAPITRE XVI

Pathologie de l'organe sensoriel.

I

Les naturalistes ont signalé depuis longtemps les similitudes entre l'ontogenèse et la phylogenèse. L'embryon revêt successivement les formes de tous ses ancêtres animaux. Ce fait se retrouve dans les cas pathologiques. Il y a des ressemblances fort curieuses entre l'arrêt de développement et certaines maladies. Les affections du cerveau peuvent plonger des hommes, autrefois actifs et intelligents, dans un état qui rappelle complètement les idiots de naissance.

La même chose peut s'observer dans les sociétés. Il y en a qui donnent des signes incontestables de stagnation et de léthargie. On est alors en présence d'une grande difficulté. La vieillesse chez l'homme se reconnait à des signes non équivoques. Il est facile de décider si l'affaiblissement que nous observons chez l'individu provient d'un arrêt de développement, d'un état pathologique ou de cette maladie incurable qui est la vieillesse. Il n'en est pas de même des sociétés. Combien de siècles peuvent-elles vivre? Nous n'en savons rien. Combien de temps dure leur jeunesse? Nous ne le savons pas davantage. Aussi, quand nous voyons une société plongée dans la léthargie, il nous est difficile de déterminer si elle est frappée d'un arrêt de développement (qui en fait un avorton social), si elle est momentanément malade, ou si elle a atteint la décrépitude.

Toutes ces phases ne peuvent pas s'apprécier à première vue chez l'homme. Mais quand il s'agit des sociétés il faut la connaissance de l'histoire et, parfois, de très patientes recherches pour déterminer s'il y a arrêt de croissance ou décrépitude. Les deux phénomènes se produisent parfois simultanément, si paradoxal que cela puisse paraître à première vue. A cause de cela, les ethnographes, à certains moments, sont fort perplexes. Faut-il considérer les sauvages Australiens, par exemple, comme des primitifs ou comme des dégénérés ? La même question se pose pour les Védahs de l'Inde.

Il ne nous appartient pas de discuter ici ces questions à fond. Nous ne prétendons pas faire un travail sur la pathologie générale de la société, mais seulement dire quelques mots sur la pathologie de l'organe sensoriel.

Il y a maladie dès que chaque organe n'accomplit pas sa fonction d'une manière satisfaisante. Deux cas peuvent se produire : ou l'organe n'a pas assez d'activité, alors il y a atonie; ou l'organe en a trop, et alors il y a surexcitation. Comme la fonction influe sur l'organe, il y a pour conséquence une atrophie dans le premier cas, une hypertrophie dans le second.

Nous retrouvons tout cela dans les sociétés. Leur vie reste végétative et terne aussi longtemps que l'organe sensoriel n'y acquiert pas assez d'importance. Quand un pays n'a pas d'aristocratie riche et bien nettement différenciée, il reste dans un état d'infériorité qui le rend semblable à un avorton biologique.

On peut montrer de nombreux cas de ce genre. Beaucoup de groupes ethniques n'ont pas pu constituer de puissantes élites sociales. Tel est le cas des Lithuaniens, des Slovaques, des Slovènes. Il y a de grands propriétaires terriens dans ces pays et des gens riches, mais ces individus ne parlent pas constamment lithuanien, slovaque et slovène dans leurs familles (1); ils ne se considèrent pas comme formant

____

(1) Il est impossible des soutenir des affirmations de ce genre

une seule et même nation avec les basses classes, comme
c'est le cas des aristocrates en France ou en Angleterre.
Le lithuanien, le slovaque et le slovène sont des langues de paysans, non des langues de bonne compagnie
possédant une littérature complète et variée.

On ne peut pas contester que ces trois sociétés soient
encore dans un état d'enfance. Leur organe sensoriel
pourra se développer un jour, mais ce jour n'est pas
encore venu. Par contre, la société qui occupe l'antique Ionie est ou bien dans une phase pathologique ou
bien dans l'âge de la décrépitude. Là l'organe sensoriel
s'est presque complètement atrophié. Il n'y a plus sur
les bords du Caystre et du Méandre de brillantes aristocraties intellectuelles comme au temps des Mausole et
des Attale. Quand nous connaissons mal l'histoire d'un
pays, il nous est difficile de décider s'il est à l'âge de
l'enfance ou à celui de la décrépitude par cela seul que
son organe sensoriel est peu développé.

La faible croissance de l'élite doit être considérée
comme un cas pathologique ou comme un arrêt de développement. Quand trop peu de gens s'enrichissent
dans une société, cela peut arriver soit par leur propre faute soit par suite de circonstances extérieures. Si
aucun citoyen n'a d'initiative, si aucun n'ose combiner
de grandes entreprises et exploiter les ressources du
pays, cela veut dire que les facultés mentales de ces individus sont extrêmement restreintes et qu'ils vivent
constamment dans une espèce de léthargie. Si, au contraire, les citoyens sont capables d'activité et d'initiative, s'ils travaillent et s'enrichissent, mais s'ils sont
dépouillés de leurs gains, c'est preuve que l'anarchie
l'emporte dans la société. Cela montre que la fonction
régulatrice, la justice, ne s'exerce pas d'une façon satisfaisante. C'est encore un symptôme morbide. Beau-

d'une façon absolue, le lecteur le comprend bien. Nous le répétons, en sociologie on ne peut parler qu'en général. Des cas individuels, contraires à ce que nous venons de dire, doivent exister
certainement.

coup de sociétés asiatiques sont dans ce cas. En Perse.
les hommes riches cachent soigneusement leur fortune,
de crainte qu'elle ne leur soit arrachée par les fonctionnaires publics, c'est-à-dire, par ceux-là mêmes qui ont
pour devoir d'en garantir la possession aux citoyens.
Quand un pays est infesté de brigands et que la sécurité y est insuffisante, il est déjà malade. Mais quand
les fonctionnaires publics deviennent brigands eux-
mêmes, alors la maladie prend des proportions extrêmement inquiétantes. Or l'organe sensoriel ne peut
pas se développer sans sécurité. D'une part, parce que
les fortunes sont plus difficiles à édifier quand on
est constamment sous le coup d'une spoliation ; de
l'autre, parce que la richesse, devant être cachée, ne
peut procurer ni une vie élégante, ni cette haute culture intellectuelle qui est l'attribut véritable de l'élite.
En troisième lieu, si la fortune doit être soigneusement
dissimulée, la notoriété qu'elle procure peut s'acquérir
avec peine. Dans certains pays orientaux toutes
les demeures ont l'aspect le plus sordide à l'extérieur.
Elles ne peuvent donc pas servir à différencier facilement la classe des notables.

On voit ici nettement l'action réciproque des organes.
Le sensorium ne peut pas se former sans une dose considérable de sécurité. Sans justice pas d'aristocratie (1),
et sans aristocratie pas de développement national.

Les phénomènes sociaux se décomposent en une série de phénomènes psychiques. Quand un homme a des
loisirs, s'il ne cultive pas son intelligence, il aboutit à
un état pathologique. En effet, il faut employer sa jour
née d'une façon quelconque. Rester dans une immobilité absolue, c'est tomber dans un hébétement maladif.
Il faut donc faire quelque chose. Si l'on s'adonne exclu-

____

(1) Nous parlons bien entendu de la marche régulière de l'évolution sociale. Dans le cas où les perturbations se produisent (invasions, conquêtes, violences de toute sorte), il arrive, au contraire, que la richesse de quelques-uns est fondée sur les violations
les plus criantes de la justice, sur le vol et la spoliation.

sivement aux plaisirs matériels : la table, la boisson, les femmes, on détraque sa santé. Si on s'adonne exclusivement à un sport quelconque, si on passe sa journée à jouer du billard, par exemple, on arrive à l'idiotisme. La culture intellectuelle peut seule fournir un intérêt inépuisable. Mais il vient un âge où on ne se contente plus d'apprendre, on veut enseigner. Après avoir subi l'ascendant des autres, on veut, à son tour, imposer le sien. On veut agir. Si l'on en est empêché, on éprouve de la souffrance. En un mot, un homme ayant des loisirs tombe dans un état morbide s'il ne met pas au premier plan des préoccupations de l'ordre intellectuel et politique.

Ce qui est vrai d'un individu particulier est vrai de toute la classe aristocratique en général. Les organes exercent une action réciproque les uns sur les autres. Quand une aristocratie n'accomplit pas sa fonction, elle perd l'État; quand l'État ne laisse pas l'aristocratie accomplir sa fonction, il perd l'aristocratie.

Des traits de mœurs des grands seigneurs russes peuvent servir d'illustration à cette vérité.

« Le jeune Démidof, dit le prince Mechtcherski, était un des plus grands jouisseurs de Saint-Pétersbourg. Son immense fortune était mise à coupe réglée non seulement par ses amis, mais encore par tous ses fournisseurs et particulièrement par les restaurateurs. L'un de ces derniers, nommé Borel, fut un de ceux qui exploita le mieux le richard russe. Sans parler des formidables additions qu'il lui présentait, il savait encore lui soutirer des sommes considérables au moyen des glaces brisées et des tableaux crevés. Après souper, étant complètement gris, Démidof avait la manie de tout casser. Quand il avait détruit ce qui se trouvait dans une pièce, Borel s'avançait le sourire aux lèvres. Il menait le jeune jouisseur dans une pièce voisine et lui disait avec le plus profond respect : « Monsieur Démidof, voilà encore une glace qui n'est pas brisée. » On se figure les comptes que le restaurateur présentait le lendemain ! »

Beaucoup de membres de la haute aristocratie russe vivaient comme le jeune Démidof.

Nous le demandons, seraient-ils tombés dans une pareille dégradation, si à l'exemple des Darby, des Salisbury et des Devonshire ils avaient pris une part directe au gouvernement de leur pays et si, à chaque instant, ils auraient pu se trouver dans le cas de devenir ministres?

Mais il y a un exemple encore plus général. Celui de l'aristocratie française. Les rois, en l'écartant des affaires, lui portèrent un coup mortel.

Nous voyons ici la manifestation d'une grande loi biologique : l'atrophie de l'organe par suite du non-exercice de la fonction.

Mais il y a non seulement action réciproque des organes entre eux, il y a encore action de chaque organe sur le corps entier. C'est ce qu'oublient toujours les esprits à courte vue.

Si les hommes ayant des loisirs ne cultivent pas leur intelligence et ne gouvernent pas gratuitement l'État, la société dépérit. Pour deux raisons : d'abord parce que la fonction gouvernementale est alors accomplie par des individus non qualifiés (les politiciens ignorants et véreux), ensuite parce que l'aristocratie devient une classe parasitaire consommant sans rien produire. Mais, d'autre part, quand la société dépérit, elle entraine dans sa ruine cette même aristocratie dont la conduite absurde a causé la perte de la collectivité. Pendant de longues années les nobles polonais ont sacrifié la patrie à leurs intérêts individuels. Maintenant ils subissent les plus cruelles souffrances et les plus dures humiliations.

L'intensité de la vie est en raison directe de la différenciation des fonctions. Quand il n'y a pas dans une nation un nombre suffisant d'individus pour s'adonner aux arts, aux sciences ou aux recherches philosophiques, sa puissance mentale reste médiocre et son rôle dans l'humanité complètement nul. Peu de sociétés modernes ont un sensorium suffisamment développé. Presque toutes sont encore comme des êtres microcéphales. Même dans les pays les plus avancés de l'Europe, les hommes qui s'intéressent aux progrès de la science sont une infime minorité. Les ouvrages scientifiques de la plus haute valeur se tirent à peine à mille exemplaires. Tandis que des millions de soldats sont enrégimentés pour se disputer quelques lambeaux de territoire, on ne se figure même pas, de nos jours, qu'il soit possible d'organiser une armée de la science. Sous le rapport des sentiments la situation est tout aussi mauvaise que sous le rapport de la pensée. Il y a trop peu d'hommes à qui la fortune confère une haute dignité et une fière indépendance. Souvent il arrive aussi que ceux qui ont les richesses ont une culture intellectuelle des plus médiocres. Le cerveau social étant mal conformé et débile, il n'est pas étonnant que les sociétés humaines végètent dans une grande langueur et qu'il faille parfois des siècles et des siècles pour y répandre une idée nouvelle. Un jour viendra, sans doute, où les courants de pensées atteindront une rapidité infiniment plus considérable. Le point culminant sera atteint, quand chaque idée nouvelle, concernant les besoins de la société entière, pourra être portée en vingt-quatre heures à la connaissance de l'universalité des citoyens.

L'atrophie de l'organe sensoriel est donc le fait le plus commun depuis les temps historiques. Cependant on peut observer aussi certains traits manifestant des symptômes d'hypertrophie. Ce qu'on appelle l'encombrement de carrières libérales en est un cas. Dans certains pays l'agriculture et l'industrie sont découragées par des causes diverses (préjugés, absence de sécurité, etc.) (1). Alors une masse d'individus se portent vers les carrières libérales. Il y a plus d'avocats que de

(1) Ce dernier facteur commence à agir avec une grande force depuis quelques années. On est porté à considérer de plus en plus les industriels comme des malfaiteurs. Cela détourne beaucoup de personnes de cette carrière si utile.

procès, plus de médecins que de malades. Pour une place de maîtresse d'école, il y a des milliers de postulantes. Ces personnes ne pouvant pas toujours réaliser des profits licites en cherchent souvent d'interlopes ou même d'illégaux. De là un développement du parasitisme social et de la criminalité, c'est-à-dire un état pathologique. Chose curieuse, ce cas d'hypertrophie de l'élite mentale peut s'accompagner d'une atrophie dans le reste de l'organe. Ainsi, en Grèce, il y a actuellement fort peu de grandes familles riches, possédant une haute culture intellectuelle et une grande indépendance. L'aristocratie y est encore à l'état embryonnaire. Cependant les carrières libérales y sont fort encombrées.

II

Après avoir considéré l'organe, passons à la fonction.

Dire qu'un organe accomplit bien sa fonction, c'est dire qu'il manifeste une activité aussi intense que possible. Un estomac travaille bien quand il opère la digestion dans le temps le plus court. Certes, il y a des limites. Si l'estomac accomplit sa besogne avec une rapidité exagérée, il faut que l'organisme entier s'occupe trop souvent de lui fournir des aliments. C'est un mal. L'activité exagérée des organes de la vie végétative peut être préjudiciable, parce que ces organes jouent un rôle subordonné. Mais il n'en est plus ainsi dès qu'il s'agit de l'organe dominateur du corps humain : du cerveau. Ici plus il y a d'activité, mieux cela vaut. Toute accélération de mouvement est un bien. Imaginez un homme capable de comprendre un problème de mécanique en deux minutes. Si, plus tard, il le comprend en une seule, il y a bénéfice; s'il en faut une demie, c'est encore mieux. Bref aucune limite n'est utile. Une plaque de gélatino-bromure prend une épreuve en un cinq centième de seconde; une autre en un millième; la seconde est plus parfaite que la première. Il en est de même du cerveau. Or que signifie comprendre en une minute, au lieu de deux ? Cela signifie avoir un organe intellectuel qui travaille deux fois plus vite, c'est-à-dire avec une plus grande activité.

Mêmes circonstances dans les sociétés. Le fonctionnement du sensorium y est d'autant plus parfait qu'il est plus rapide. Le bonheur d'une société est en raison directe de la vitesse de ses mouvements psychiques ou, en d'autres termes, de la possibilité de s'accommoder à des circonstances différentes dans le temps le plus court. Comme nous l'avons montré, c'est l'élite qui découvre les besoins de la société. Plus elle est prompte à le faire, moins il lui faut de temps pour adopter les projets nouveaux, plus vite l'élite sait se faire suivre par les masses populaires, plus la société est heureuse. M. March évalue à un demi-milliard de francs par an, les pertes provenant de l'orthographe anglaise (1). Cette perte produit une diminution de jouissance, donc un mal social. Imaginez que M. March compose un nouveau vocabulaire anglais bien conçu et que vingt-quatre heures après sa publication, tous les Anglais l'adoptent comme un seul homme. La perte du demi-milliard est immédiatement évitée et le bien-être augmente dans une mesure correspondante. Ainsi de toutes les autres améliorations sociales. Si leur nécessité pouvait pénétrer dans l'entendement des hommes en quelques minutes, la société atteindrait, dans le temps le plus court possible, l'organisation la plus parfaite possible. On dit souvent qu'un parti conservateur a une grande utilité. Il faut quelqu'un pour serrer les freins ; sans cela la société n'aurait pas le temps d'assimiler les réformes exécutées, elle vivrait dans une espèce d'ahurissement perpétuel. L'anarchie se mettrait alors, dans les esprits, en premier lieu, puis, plus tard, dans les ins-

(1) Voir nos *Gaspillages des sociétés modernes.* Paris, Alcan, 1894, p. 183.

titutions. Il y a du vrai là dedans. Mais analysons ce que
cela veut dire. Tous les hommes n'ont pas une intelligence égale. Les uns comprennent vite, les autres lentement. Il faut donner le temps aux moins intelligents de
rejoindre les plus intelligents. C'est la fonction du parti
conservateur. La société est comme un troupeau. Toujours il est composé de bons et de mauvais marcheurs.
Les premiers sont en tête, les seconds en queue. Si l'a-
vant-garde s'écarte trop, le troupeau se disloque. Ceux
qui font ralentir la marche des plus avancés, sauvent
la cohésion du groupe. C'est incontestable. Mais il ne
s'ensuit pas que le troupeau ait avantage à avancer
lentement. Il trouvera toujours de l'herbe plus abondante en avançant plus vite. Il y aurait toujours plus de
bénéfice à voir l'arrière-garde redoubler de pas qu'à
voir l'avant-garde ralentir le sien. Si le parti conservateur est utile, ses services sont purement relatifs.
Mais, en général, les services rendus par les conservateurs sont une quantité infinitésimale en comparaison
des maux qu'ils causent.

Reprenons l'exemple de l'orthographe. L'écriture
n'est pas un but, mais un moyen. Imaginons une
orthographe française simplifiée. Il faudra, par hypothèse, mille lettres pour exposer un fait. Avec l'orthographe ancienne il en faudra 1.300. On aura donc fini
plus vite dans le premier cas que dans le second. Il y
aura moins de fatigue ou, en d'autres termes, moins de
souffrance. Dire : « la nouvelle orthographe est plus
commode, mais je tiens à l'ancienne, parce qu'elle est
celle de mes pères » (c'est ainsi que parlent les conservateurs) équivaut à dire « je renonce à une certaine
quantité de jouissance » (1). Je mets dix minutes pour

(1) En poussant l'analyse jusqu'au bout, il faudrait dire plutôt :
« Je renonce à de nombreuses jouissances à venir, pour m'épargner une souffrance actuelle ». Quand nous sommes conservateurs, quand nous renonçons à changer nos habitudes, c'est pour
nous épargner le petit effort que cela exige parfois. Conservatisme et imprévoyance vont de pair, comme progrès et
prévoyance.

écrire une page. X invente un procédé à l'aide duquel elle peut s'écrire en cinq. A partir de ce moment, X a un avantage sur moi, il devient mon supérieur. Si je l'imite, je monte à son niveau. Se procurer toujours ce que le milieu peut offrir de plus agréable, c'est réaliser le maximum de jouissance possible ici-bas, c'est *progresser*. Le conservateur prend pour règle de conduite, « *video meliora proboque deteriora sequor* ». Cela provient souvent de ce que la fidélité au passé l'emporte chez lui sur toute autre considération. Cette prédominance exclusive d'un seul facteur est un cas pathologique. Aussi le triomphe des conservateurs est toujours un symptôme d'une grave maladie sociale.

Nous avons montré quelles aptitudes sont nécessaires pour faire partie de l'élite. Elles peuvent se diviser en deux séries. La première comprend la haute culture intellectuelle; la seconde la fortune, la respectabilité, la notoriété. Quand ceux qui possèdent les avantages de la seconde série n'ont pas une instruction et une activité mentale supérieures à la moyenne des citoyens, il y a état pathologique. La fonction de l'aristocratie consiste à guider la société. Sitôt que l'aristocratie, au lieu de se mettre à l'avant-garde des idées, se met dans une situation diamétralement opposée, la société devient malade.

Or, il est malheureusement incontestable que la plupart des nations européennes sont profondément affectées par un conservatisme outré des classes aristocratiques. Dans presque tous les pays, les grandes familles, possédant des noms historiques, sont le plus souvent dans le camp conservateur et même dans le camp rétrograde. En France, le faubourg Saint-Germain semble se complaire dans un monde chimérique. Ressusciter le passé, refaire les Croisades, si c'était possible, voilà les rêves qui hantent les cerveaux des descendants des Luynes et des Montmorency. La noblesse française, comme la Belle au bois dormant, se plonge dans une léthargie séculaire. Elle attend le prince charmant qui viendra la réveiller. Combien son véritable devoir est différent! Elle devrait descendre dans l'arène et défendre jusqu'au dernier souffle les véritables intérêts de la patrie. Elle devrait prendre l'initiative de toutes les réformes utiles et bienfaisantes. La politique, à coup sûr, est un métier bien malpropre, mais celui des armes qui a « le vol pour but et le meurtre pour moyen », ne l'est guère moins. Si un noble ne déroge pas en faisant la guerre, il ne devrait pas déroger non plus en se jetant dans la mêlée des luttes électorales et parlementaires.

Si de France nous passons en Allemagne, nous voyons une situation identique. Ici aussi l'aristocratie tourne décidément le dos à toutes les aspirations raisonnables et généreuses de l'époque. Quand les malheureux peuples de l'Europe, accablés sous le poids insupportable du militarisme, aspirent de tout leur être à se débarrasser de cet affreux cauchemar par l'entente et la fédération, l'aristocratie allemande, elle, a des idées diamétralement opposées. Pour Guillaume II et ses fidèles Brandebourgeois, les annexions brutales, comme on en faisait du temps de Frédéric Barberousse, paraissent constituer la plus noble aspiration de l'âme humaine. Massacrer sur le champ de bataille pour annexer des provinces, violer les droits les plus sacrés de ses semblables, voilà ce qui passe aux yeux des hobereaux prussiens pour la plus haute des vertus. A l'heure actuelle, les « fidèles Brandebourgeois » sont, hélas, un des plus puissants obstacles à la formation des États-Unis d'Europe. Honte à eux! Ah! combien leur rôle eût été plus beau, si ouvrant enfin les yeux à la lumière, ils avaient compris que la violence est abjecte et que le monde est affamé de sécurité, de fraternité et d'amour! L'aristocratie allemande a maintenant une puissance énorme. Les destinées de l'Europe sont entre ses mains. Quel dommage qu'elle comprenne si mal son devoir!

Ceux qu'on appelle les nobles en Russie ne sont pas beaucoup plus avancés que les hobereaux prussiens.

Montrer une fidélité béate aux choses mortes, obtenir de mesquins privilèges de caste, des faveurs pécuniaires, payées au détriment du contribuable, des places aussi nombreuses et aussi bien rémunérées que possible, voilà le cercle qui borne l'horizon du *dvoriantsvo* russe. Du reste aucune idée d'ensemble ni sur les besoins de leur pays, ni sur ceux de l'Europe.

L'aristocratie anglaise est sensiblement supérieure à celles du continent. Mais chez elle aussi il y a beaucoup trop de conservatisme. Le noble marquis de Salisbury a cru devoir s'élever contre la doctrine évolutionniste. Il a mis son ambition à vouloir remonter le courant de la pensée moderne, c'est-à-dire à faire justement l'opposé de ce qui est la véritable fonction de l'aristocratie. Dans la politique intérieure, les lords ne sont peut-être pas aussi réactionnaires qu'ils l'auraient voulu, parce que la menace de la suppression de la Chambre haute plane toujours sur leur tête. Cette menace est sérieuse. Les lords le savent bien. De là la modération de leur opposition. Mais, dans tous les cas, faire de l'opposition aux mesures proposées par les ministères libéraux, voilà presque à quoi se borne l'action de la Chambre des lords. C'est une bien triste fonction ! Les lords auraient dû être les premiers pionniers des idées nouvelles. Ils sont, hélas ! tout juste le contraire (1). Depuis le commencement de ce siècle, jamais la Chambre des lords n'a pris l'initiative d'une réforme importante et bienfaisante. Tous les courants généreux de la société anglaise (il suffit de mentionner la campagne de Wilberforce contre l'esclavage) sont sortis de la classe bourgeoise.

Nulle part l'aristocratie européenne ne remplit donc sa fonction véritable. Nulle part elle ne marche au pre-

---

(1) Nous parlons, bien entendu, de la classe entière, non des individus séparés. Quelques lords se sont grandement signalés dans toutes les branches de l'activité humaine. N'oublions pas, d'ailleurs, que l'aristocratie anglaise est tout le contraire d'une caste fermée. Elle attire systématiquement toutes les illustrations du pays.

mier rang, tenant fièrement la bannière du progrès: Aussi, les sociétés modernes présentent l'aspect d'une armée où les soldats auraient à combattre leurs propres généraux, pour les forcer à marcher contre l'ennemi et à gagner des batailles. Des armées de ce genre présenteraient un aspect bien étrange, car ce sont, au contraire, les chefs qui doivent entraîner les soldats. Toutes les conquêtes de la civilisation moderne (égalité devant la loi, tolérance religieuse, etc.), ont été faites *contre* l'aristocratie, tandis que c'est elle qui aurait dû prendre l'initiative et réaliser toutes ces mesures (1).

A aucune époque de l'histoire, l'abîme n'a été aussi grand entre ce que les esprits éclairés conçoivent comme devant être et ce qui est en réalité. De là l'universel mécontentement qui règne de nos jours, de là le pessimisme et la désespérance. Or, s'il en est ainsi, nous le devons dans une forte mesure à l'état pathologique de l'aristocratie européenne.

Après le conservatisme, une autre manifestation morbide du sensorium social est l'absence d'idéal. Ces deux phénomènes se tiennent de près, car la stagnation intellectuelle produit le marasme et l'atonie. A part les socialistes, aucun parti politique n'a aujourd'hui de programme nettement formulé.. Or un programme est un idéal. C'est l'ensemble des réformes qu'on croit possibles, bienfaisantes et désirables dans un avenir immédiat. Un programme engendre l'énergie et pousse à l'action.

Les programmes d'avenir sont toujours formulés par le parti progressiste, quelles que soient les dénominations dont il s'affuble (libéral, radical, socialiste, démocrate, etc., etc.). Les conservateurs ne peuvent avoir

(1) L'aristocratie a eu un noble mouvement le 4 août 1789. Par malheur, cela n'a pas duré. Qui sait si, sans l'émigration et la fuite de Varenne, on n'aurait pas pu éviter les horreurs du Jacobinisme.

qu'un seul programme : laisser les choses comme elles sont (1).

Leur rôle consiste à conseiller, à préconiser l'immobilité et l'inactivité. Or, l'immobilité n'est pas un programme, c'est la négation de la vie. Stephenson inventa les chemins de fer. En soixante ans, on en construit 720.000 kilomètres sur le globe. Ce moyen de transport créa une masse de relations nouvelles entre les hommes. Elles eurent besoin d'être régularisées. Il fallut faire une législation entière sur les chemins de fer. Si au moment où on proposa de l'élaborer, les conservateurs avaient dit : « Nos ancêtres n'ont pas connu les chemins de fer, nous ne voulons pas les connaître non plus, nous ne consentons pas à légiférer sur eux », ils se seraient tout simplement couverts de ridicule. La vie amène chaque jour de nouvelles circonstances et, bon gré mal gré, il faut les prendre en considération. D'autre part, on ne peut pas empêcher les hommes de penser. Des idées nouvelles s'élaborent constamment. Dès qu'elles ont acquis une puissance souveraine, il faut bien s'y soumettre et y conformer la législation positive. Ainsi, sous Napoléon Ier, on trouvait naturel de placer les inculpés face à face devant le juge d'instruction. Maintenant, on trouve cela odieux. Il faudra bien, tôt ou tard, faire une loi pour permettre aux accusés de prendre un défenseur, même pendant l'instruction préliminaire. Proposer de rester immobile, c'est proposer une impossibilité absolue, même une contradiction, puisque tout ce qui est vivant change. Vouloir un être vivant immobile, c'est vouloir un triangle sans trois angles. Le parti conservateur ne peut donc pas avoir un programme, car du moment où il propose de changer ce qui existe

(1) Encore ici il faut prendre ce que nous disons dans un sens général. Les conservateurs, en Angleterre, ont proposé des mesures fort radicales. D'ailleurs, il ne faut pas l'oublier, tout est relatif. Ce qui est considéré comme conservateur sur les bords de la Tamise, serait considéré comme ultra-radical sur les bords de la Néva.

(peu importe dans quelle direction), il n'est plus conservateur (1).

D'autre part, les partis extrêmement avancés (aujourd'hui les socialistes, les collectivistes, les anarchistes, etc.), ne peuvent pas non plus formuler un programme de réformes bien sérieux. Il y aura toujours dans les théories ultra-radicales un fond d'utopie inévitable. La preuve, c'est que les partis extrêmes ne parviennent pas à formuler leurs revendications d'une façon toujours bien nette et bien compréhensible, sauf les socialistes allemands. Mais nous ferons remarquer que le programme d'Erfurt est presque exclusivement un programme politique. Sans doute l'utopie d'aujourd'hui peut devenir la réalité de demain. Mais elle peut aussi ne pas la devenir. Tous les projets de réforme que forge l'imagination humaine n'ont pas toujours la raison pour fondement. Beaucoup d'utopies ont été démontrées irréalisables et ont été abandonnées.

La tâche d'élaborer un programme d'avenir, de formuler un idéal, ne peut donc être dévolu, d'une façon constante et normale, qu'au parti progressiste ou libéral. Or, il faut le reconnaître, le parti libéral remplit bien mal cette fonction dans la plupart des pays civilisés; aussi il est bien malade. Les libéraux viennent de subir coup sur coup des défaites désastreuses en Allemagne, en Belgique, en Angleterre, en Italie. Partout ce parti se désagrège et dépérit. D'où vient ce phénomène déplorable? Il vient surtout de ce que les libéraux n'ont aucun programme, aucun idéal. Ils n'ont rien à proposer à l'amour et à l'admiration des hommes, rien qui puisse faire battre les cœurs d'espérance et soulever des mouvements d'enthousiasme. Aussi le parti libéral a perdu son prestige et son autorité. Et cependant les libéraux avaient un magnifique programme tout indiqué : établir

____

(1) Voilà pourquoi les réactionnaires farouches et les radicaux avancés se touchent de si près et se comprennent si bien. Tous les deux veulent fortement modifier l'état présent par des mesures violentes et parfois sanguinaires.

la sécurité internationale, comme ils ont établi la sécurité au sein de l'État. En effet, que signifie la liberté ? C'est la possibilité pour chaque citoyen d'aller, de venir, de travailler, d'écrire, de prier comme bon lui semble, sans crainte d'être molesté ni par ses voisins ni par les autorités. Tyrannie et crime sont des termes identiques. Le crime est la violation des droits d'un citoyen par un autre citoyen, la tyrannie, la violation des droits des citoyens par le gouvernement. L'homme *libre* est celui qui possède la sécurité complète. Tout l'effort du parti libéral, depuis des siècles, a consisté à procurer cette sécurité au citoyen. Dans les pays libres, elle est entière. L'Anglais sait qu'il ne sera jamais arrêté sans mandat légal, qu'il ne sera pas soustrait à ses juges naturels, qu'il ne comparaitra pas devant un tribunal dont les arrêts sont dictés d'avance par le gouvernement.

Dans un assez grand nombre de pays européens (il s'en faut, hélas ! de beaucoup que cela soit dans tous), le parti libéral a obtenu l'établissement de garanties suffisantes pour le citoyen. Son œuvre est donc terminée à l'intérieur de l'État. Mais, ce n'est pas assez. Le parti libéral devrait travailler à faire respecter les nations autant qu'il est parvenu à faire respecter les individus. Il devrait travailler à établir la sécurité internationale. Mais qui comprend cette nécessité ? Nombre de libéraux repoussent avec horreur la liberté de choisir sa patrie, dès qu'il s'agit, non pas d'individus, mais de communautés politiques. Sur le terrain international, les libéraux sont despotes, autoritaires et anarchistes.

L'éclipse du parti libéral est presque complète. Certains pays européens vivent aujourd'hui dans un marasme et une atonie presque complets. Élite et gouvernement semblent mettre leur unique ambition à

> marcher comme un troupeau les yeux fixés à terre,

à vivre le jour le jour, sans oser aspirer à un avenir meilleur. Certains pays se trouvent véritablement dans un état comateux.

Ainsi, nous observons une atonie et une atrophie de l'organe sensoriel dans les sociétés modernes. Le nombre des individus composant l'élite est trop petit. Cet organe, peu développé, fonctionne imparfaitement. Les besoins intellectuels des nations civilisées sont ridiculement restreints.

S'il en est ainsi dans le présent, il en était encore plus ainsi dans le passé. Voilà pourquoi il est très difficile de trouver des exemples de surexcitation des fonctions sensorielles. Tout au plus pourrait-on signaler quelques circonstances où l'activité mentale l'a emporté au point de rompre l'équilibre des fonctions sociales. Ainsi, à Byzance, la passion des disputes théologiques a entravé parfois l'œuvre de la défense nationale. En Italie, au XVe siècle, les besoins intellectuels étaient assez intenses. Ils ont peut-être fait aussi un peu négliger les préoccupations de l'ordre politique. Quand les grandes monarchies se sont formées en Europe, les Italiens auraient dû se fédérer aussitôt pour leur résister. Entraînés par leur brillante civilisation artistique, ils n'ont pas accordé une attention suffisante à ce besoin de premier ordre. Mais, nous le répétons, les exemples d'activité surabondante de l'organe sensoriel sont trop rares et trop peu caractérisés pour qu'il soit nécessaire d'en parler.

III

Après la fonction intellectuelle de l'élite sociale, passons à la fonction régulatrice, au gouvernement. Ici nous observons encore des cas pathologiques fort accusés, mais provenant d'une cause diamétralement opposée. Nous voyons une hypertrophie de l'organe des plus menaçantes.

Le personnel administratif et gouvernemental est surabondant dans presque tous les pays de l'Europe. Il y a au moins trois fois plus de fonctionnaires qu'il n'en faudrait réellement. Malgré cela, leur nombre augmente tous les jours. Où s'arrêtera la marée montante de ce funeste parasitisme social ? Nul ne peut le dire. Il semble que nous allons être dévorés par lui. Le fonctionnarisme, comme une pieuvre gigantesque, étend de plus en plus ses horribles bras. Pour vaincre ce monstre redoutable, les sociétés devraient réduire autant que possible les attributions de l'Etat. Mais, non, hélas ! tous les jours on les accroit !

Nous montrerons par un exemple des plus vulgaires comment se produit ce funeste envahissement de l'Etat qui tarit à la longue toutes les forces vives des nations.

La ville de Moscou possède une banque de crédit immobilier. Ses membres (qui sont fort nombreux) élisent une délégation pour administrer les affaires de la société. Des fraudes se produisirent lors des élections de 1894. Le gouvernement avisa. Le conseil des ministres cassa les élections. Il autorisa le ministre des finances à nommer un délégué pour procéder à de nouvelles élections sous sa surveillance. Eh bien ! nous ne craignons pas de le dire tout haut : c'est par des mesures de ce genre qu'on ruine les sociétés et qu'on perd des empires. Et ce qu'il y a de plus tragique, c'est que ces mesures sont dictées par les intentions les plus pures et les plus patriotiques. En Russie, on a applaudi à l'intervention du ministre des finances, la croyant des plus bienfaisantes. L'empire romain a aussi péri par des mesures analogues. Si paradoxal que cela puisse paraître, nous affirmons qu'il a eu une durée si éphémère *parce que les empereurs ont voulu le bien gouverner.*

Auguste introduisit un certain ordre dans l'administration. A partir de ce moment, les empereurs commencèrent à recevoir des rapports constants sur l'état des provinces. Ils apprirent que certaines institutions y fonctionnaient mal. Ils voulurent les améliorer et ils commencèrent à s'en occuper. Dès lors le déclin de l'empire commença. L'administration centrale voulut perfectionner tous les jours plus de services publics et, naturellement, elle les plaça dans la main de ses fonctionnaires. Alors la vie se retira du corps entier pour se concentrer dans la seule tête. « L'élection des magistratures fut enlevée à la plèbe par les rescrits de Marc-Aurèle et de Vérus, dit M. De Greef (1). Le peuple se désintéressa de la vie politique par l'impérialisme. » Tout se concentra à Rome. Les « bureaux » firent leur funeste apparition dans l'histoire du monde. La centralisation étendit sa puissance partout. La fiscalité excessive en fut la conséquence, et bientôt on abandonna la culture dans des provinces entières pour ne pas payer les impôts dont la terre fut grevée. L'empire romain devint un corps exsangue. Le désir de l'empereur de bien administrer l'État fut un coup dont l'empire romain ne se releva jamais.

Revenons à l'exemple du crédit immobilier de Moscou. Après cette intervention ministérielle, toutes les institutions de crédit de ce genre tomberont sous la surveillance du gouvernement. Ce terrible minotaure aura avalé une victime de plus. Naturellement, ayant à exercer de nouvelles fonctions, le gouvernement devra nommer de nouveaux fonctionnaires. Alors il faudra établir aussi de nouveaux impôts pour les payer. La fiscalité augmentera de plus en plus jusqu'au jour où la société succombera sous le faix, c'est-à-dire jusqu'au jour où l'impôt, comme à Rome, rendra la production non rémunératrice.

Imaginez que le ministre des finances ne fût pas intervenu dans l'affaire des élections du crédit immobilier de Moscou. Les intéressés eux-mêmes auraient pu en appeler aux tribunaux. Alors les fraudes eussent été annulées sans que l'initiative personnelle des citoyens, ce fondement par excellence de la prospérité publique, eût subi le moindre dommage. Qu'est-ce qu'il arrivera maintenant ? Aux élections suivantes, beaucoup de

(1) *Le Transformisme social.* Paris, Alcan, 1895, p. 447.

membres de cette institution pourront se dire : « Inutile de me déranger pour aller voter; le ministre des finances surveille, il n'y aura pas de fraudes. » Du jour où un individu fait une réflexion pareille, un ressort vital de plus est détruit dans la société. Des millions de cas de ce genre, se répétant constamment, finissent par détruire l'esprit d'initiative des citoyens et la vigueur des nations.

La loi du balancement des organes s'applique aux sociétés comme aux individus. L'hypertrophie d'une part amène l'atrophie de l'autre. On peut dire que beaucoup de gouvernements dévorent la substance de leurs sociétés. Ils attirent tout à eux, ils paralysent tout. Si nos législateurs comprenaient leur devoir, ils n'auraient qu'un seul souci : abattre les rameaux inutiles de l'arbre administratif. Sa frondaison immense dessèche et détruit nombre de plantes magnifiques qui auraient pu admirablement prospérer à ses pieds. Quand les sciences sociales auront fait plus de progrès, quand la théorie organique sera tombée dans le domaine public, les hommes comprendront que la perfection est dans la différenciation des fonctions. Alors on débarrassera l'État des neuf dixièmes de ses attributions actuelles. On abolira le fatras chaotique des lois et des règlements élaborés par des siècles de bureaucratie tracassière et rétrograde.

La grande erreur consiste à croire que le gouvernement doit et *peut* guérir tous les maux de la société. Or il n'en est pas du tout ainsi. Il y a des cas où l'impuissance du gouvernement est aussi absolue que celle du cerveau dans le corps humain. Je me suis écorché la peau. Mon cerveau a beau faire, le mal ne passera que quand certaines cellules dermiques, sur lesquelles mon cerveau n'a aucune action, auront réparé le tissu.

Il en est de même dans les sociétés. Les gouvernements sont absolument impuissants à guérir certains maux. Prenons la presse comme exemple. Les journaux ressemblent à certains microbes tour à tour bienfaisants ou pathogènes, selon l'état de l'organisme. Le mal que peut faire la presse est énorme. Mais c'est une bien vaine erreur de croire qu'on puisse supprimer ce mal par des mesures gouvernementales quelconques. On a essayé de toutes les législations possibles depuis la censure préalable (comme elle existe encore en Russie) jusqu'à la liberté absolue comme en Angleterre et en Amérique. De tous les régimes le plus démoralisateur est encore la censure préalable. Elle fait de tout article publié l'objet d'un bon plaisir individuel, ce qui est la chose au monde la plus dégradante qui se puisse imaginer (1).

Pour guérir certains maux de la société, il faut la *vis medicatrix* de l'organisme lui-même. Il faut la puissance suprême de l'opinion, les actions multipliées de millions d'individus. On propose souvent des gravures pornographiques sur les boulevards de Paris. Si tout le monde les refusait, ce commerce cesserait immédiatement. Dans un pays sain, la presse sera saine. Un journal comme le *Times* ne se permettra jamais d'imprimer un article pornographique. Il ne le fera pas, parce qu'il se respecte et non par crainte des poursuites judiciaires.

Du moment que les gouvernements ne peuvent pas guérir tous les maux de la société, ils n'ont plus aussi le devoir de l'essayer. Très souvent l'intervention de l'État cause infiniment plus de pertes qu'elle ne produit de bienfaits. On parle d'introduire en Russie une administration spéciale pour l'inspection des vins. Les dépenses occasionnées par ces nouveaux fonctionnaires seront un mal de beaucoup supérieur aux quelques fraudes qu'ils pourront peut-être empêcher.

On ne saurait se lasser de le répéter : la santé pro-

____

(1) Un autre exemple remarquable de l'impuissance des gouvernements même dans les choses matérielles. De 1878 à 1895, le trésor des États-Unis a acheté 28 pour 100 de tout l'argent produit sur notre globe sans pouvoir parvenir à arrêter l'énorme dépréciation de ce métal.

vient de l'équilibre des organes. Si un gouvernement veut la santé de la nation, il doit se restreindre à une fonction unique, la justice. Voilà la loi et les prophètes. Mais hélas! cette vérité élémentaire est méconnue tous les jours. On propose presque chaque matin de charger l'État de nouvelles attributions. En Allemagne on veut qu'il se fasse marchand de blé, en France qu'il distribue le pain *gratuit*, etc., etc.

Pour être saine une société doit être morale. Or la moralité est impossible sans la justice. La seule différence entre la morale et la justice, c'est que la première a une sanction psychique interne, la seconde, une sanction matérielle externe. Par l'établissement de la justice, l'État oblige le citoyen à respecter les droits de ses semblables. Mais comment les gouvernements pourront-ils moraliser quand ils violent la justice eux-mêmes, quand les privilèges et les lois d'exception foisonnent encore dans les sociétés civilisées? Je pourrai avoir du charbon étranger en payant dix unités monétaires. On m'oblige d'acheter le charbon national et de le payer quinze unités. En établissant le droit de douane, le gouvernement autorise donc le producteur de charbon à me voler de la différence. Je voudrais professer une religion différente de celle de mon père. On me dit que si j'ose le faire, je perdrai une partie de mes droits civils. On viole donc ce qu'il y a de plus respectable chez l'homme, ses convictions. Un désordre se produit dans la ville où je demeure, auquel je n'ai pris aucune part. On proclame l'état de siège. Me voilà dépouillé des garanties judiciaires les plus indispensables. Le régime du bon plaisir a duré pendant des siècles. Il a produit la gangrène morale que nous voyons aujourd'hui. Il faut se décider enfin à changer de voie. Si les gouvernements veulent la santé nationale, ils doivent faire le contraire de ce qu'ils ont fait jusqu'ici ; ils doivent respecter la personne et les biens des citoyens.

La pathologie sociale deviendra un jour une science aussi vaste que la pathologie du corps humain. Cela demandera le travail collectif d'un nombre immense de chercheurs et de savants. Mais il est un principe qu'on peut formuler dès aujourd'hui : sitôt qu'on aperçoit des signes de décrépitude et de léthargie dans une société, c'est que la justice ne fonctionne plus d'une façon satisfaisante, c'est que les droits fondamentaux des hommes, et le premier de tous, la liberté de conscience, ne sont pas assez respectés.

En résumé, un grand nombre de sociétés modernes ne jouissent pas d'une somme de santé suffisante, parce que l'organe sensoriel n'est pas assez développé et parce que l'organe régulateur l'est beaucoup trop.

LIVRE III

CHAPITRE XVII

Succession et durée des volitions sociales.

Des milliers d'impressions extérieures impriment leur trace sur le cerveau. Elles s'y condensent à l'état latent ou s'y livrent des combats furieux pour la prééminence. On est occupé d'une besogne quelconque. Soudain, sans aucun antécédent, un paysage aperçu peut-être de longues années auparavant, surgit des profondeurs de l'esprit, comme un plongeur du fond de l'océan, brille un moment à la surface, puis disparaît, de nouveau, dans les abîmes de l'inconscient. Comment ce phénomène se produit-il ? Les vibrations que nous recevons à la vue d'un paysage doivent se répercuter de cellule en cellule. Elles rencontrent des vibrations venant d'une autre impression. Une lutte se produit entre elles. La vibration victorieuse s'empare du terrain, c'est-à-dire s'impose à la conscience. Mais sa victoire est chèrement disputée et, parfois, des plus éphémères, parce que les autres adversaires sont ardents et ne veulent pas abandonner le combat. Ce qui est vrai des images l'est aussi des idées. Elles aussi luttent dans notre cerveau. La plus puissante, l'emporte à un moment donné, domine ses rivales, les écrase et arrive à s'emparer de la conscience. Mais ces triomphes sont plus ou moins décisifs. Telle idée reste consciente pendant quelques secondes. Elle traverse notre esprit comme un éclair. Telle autre (avec des intermittences, bien entendu) peut durer des années ou même la vie entière.

Dans la lutte perpétuelle que se livrent les excitations externes actuelles et les idées latentes, la victoire, à chaque moment, se prononce pour un seul combattant. Il n'y a, pour ainsi dire, qu'une seule idée à la fois à l'ordre du jour de la conscience. Cette proposition, le lecteur le comprend bien, ne doit pas se prendre dans un sens trop absolu. Le cerveau humain est un centre de tourbillons auprès desquels la tempête la plus furieuse est presque de l'immobilité. Ces mouvements nous échappent par leur petitesse, mais ils sont d'une rapidité vertigineuse. Mille idées disparates se heurtent en nous à tout moment. Cependant, d'une façon très générale, on peut affirmer qu'à chaque instant une idée domine sur toutes les autres et dirige nos actions.

Des phénomènes semblables se retrouvent à *peu près* dans la conscience sociale. Ici nous demandons une grande latitude. Les mots à *peu près* doivent être particulièrement soulignés.

Si le cerveau d'un individu est un monde, pour ainsi dire, insondable, combien plus complexe encore doit être la résultante de milliers de cerveaux pareils ? Cependant, avec de grandes réserves, il est impossible de méconnaître l'analogie entre la conscience individuelle et la conscience sociale sur ce point particulier.

Considérons d'abord l'apparition des images et leur durée.

De nos jours, dans les sociétés civilisées, les journaux quotidiens, les publications hebdomadaires illustrées et les revues sont les principaux instruments par lesquels les images se forment dans la conscience sociale. Quels objets affectent celle-ci ? Tout d'abord, bien entendu, les événements extraordinaires qui sortent du courant habituel de la vie. La discrimination est la base de toute conscience. Mais immédiatement il faut considérer le facteur subjectif. Un homme s'intéresse seulement à ce qu'il peut se représenter. Voilà pourquoi les événements les plus vulgaires touchent le plus grand nombre de personnes. Le journaliste sait que les esprits d'élite sont rares. Il rédige sa publication en conséquence. Il donne une large place aux faits divers : le passant écrasé sur le boulevard, l'incendie d'un théâtre ou d'une usine, la rupture d'une digue, les assassinats, etc., etc.. Ces petits accidents quotidiens prennent un grand espace dans les journaux. Puis, on s'y occupe des actions des personnages en vue : les souverains, les ministres, les comédiens. On peut formuler comme une loi la proposition suivante : *les faits qui attirent l'attention quotidienne de la société sont en raison inverse de leur importance.* Rien ne montre mieux, soit dit par parenthèse, combien les sociétés civilisées sont encore peu développées.

Les journaux illustrés nous fournissent des indications très intéressantes sur ce qui affecte couramment la conscience sociale. Ainsi, l'*Illustreted London News* du 25 août 1894 contient une vignette représentant l'appareil volant de Maxim. C'est un léger croquis, occupant l'espace d'une seule colonne. L'article et le dessin sont relégués au verso d'une des pages qui contient les grandes illustrations du journal. Or, les appareils volants auront une importance énorme pour l'humanité ; ils donneront l'empire de l'air ; ils révolutionneront jusque dans ses fondements l'organisation des sociétés. La poudre à canon et l'imprimerie ont à peine plus de valeur. L'aéronef fera la fédération des peuples de la terre. Il mettra fin à l'état anarchique, legs de nos ancêtres animaux, il établira le véritable règne humain. On le voit, l'importance de cet appareil est assez considérable. Eh bien ! le dessin et l'article qui lui sont consacrés dans le journal londonnien sont relégués à la place la plus modeste. Quels faits s'étalent, au contraire, au premier plan ? Ceux qui n'ont absolument aucune importance pour l'histoire de l'humanité. Ainsi, quand la fille du duc d'Edimbourg a épousé le grand-duc de Hesse, l'*Illustrated London News* a consacré un numéro entier à cet événement. On a donné les portraits du fiancé et de la fiancée, ceux des grands-parents, des gravures représentant le château où a eu lieu la cérémonie nuptiale elle-même, l'entrée des fiancés dans la ville de Cobourg, etc., etc. Or, nous le demandons, qui s'occupera de cette princesse, nous ne dirons pas dans vingt ans, mais seulement dans vingt mois ? Tandis que si Maxim parvenait à faire l'appareil volant, on s'occupera encore de lui dans vingt siècles.

Feuilletez l'*Illustration* de Paris, vous y trouverez les mêmes disproportions. La rupture d'un pont de chemin de fer est représentée par de magnifiques gravures et à la place d'honneur ; les plus importantes découvertes, qui peuvent modifier complètement notre conception de l'univers, sont à peine signalées (quand elles le sont) par un petit entrefilet.

Mais si les bagatelles arrivent plus vite à la conscience sociale que les faits de grande importance, elles disparaissent aussi avec une rapidité égale. En sorte qu'on peut formuler une seconde loi, faisant pendant à la précédente : *plus un fait s'efface vite de la conscience sociale, moins il est important pour la société.* Il parait des milliers de volumes tous les ans dans les pays civilisés. La plupart d'entre eux durent ce que durent les roses. Ils sont oubliés en quelques jours. Le temps fait le triage. Au bout d'un siècle il reste peut-être un volume sur vingt mille. Mais, ce qui reste, est précisément ce qui a de la valeur pour l'humanité. De même les événements historiques s'effacent d'autant plus vite de la mémoire sociale que leurs conséquences ont été moins importantes. Cependant, dans le moment même, ils ont pu occuper les esprits d'une manière assez vive. Les incidents de la guerre sino-japonaise, en 1894, ont été rapportés d'une façon très circonstanciée par les journaux européens. Qui se souviendra de ce conflit dans quelques années ?

Il est impossible de méconnaître dans tous ces faits une grande analogie avec la conscience individuelle. Ici aussi les caprices, les fantaisies, occupent la première place, mais ne l'occupent pas longtemps. Tandis que les impressions durables sont, par cela même, d'une grande importance pour le développement de l'intelligence.

On peut comparer aussi les mouvements de la pensée à ceux de l'atmosphère. Les atomes de cette dernière, perpétuellement agités, produisent des tourbillons, des orages, des tempêtes, des courants continus. La diversité des vitesses et des durées est immense. Tantôt le vent change chaque minute : une courte rafale succède à une accalmie relative ; tantôt le vent souffle dans la même direction pendant quelques heures, quelques jours ou quelques mois. D'autres courants peuvent rester invariables pendant une période géologique tout entière.

De même la pensée. La matière cérébrale des cerveaux humains est agitée de mouvements perpétuels, comme la matière gazeuse de l'atmosphère (1). Ici aussi, nous observons de courtes rafales, des sautes, des orages, des tempêtes, des courants réguliers, enfin, des courants constants qui durent toute une période physiologique, c'est-à-dire aussi longtemps que l'animal n'acquiert pas un sens nouveau. Certains mouvements cérébraux durent à peine quelques jours (les modes, la faveur d'une pièce, d'un roman, d'un acteur, les scies et les plaisanteries), d'autres des mois, des années et même des siècles (les théories scientifiques,

____

(1) La ressemblance est d'autant plus exacte que la pensée (il y a tout lieu de le croire) est aussi produite par un mouvement de la substance nerveuse.

les systèmes de philosophie, les religions). Mais jamais de repos. La matière cérébrale est encore plus instable que la matière gazeuse. On observe aussi de légères déviations locales dans un courant qui garde une direction déterminée. Ainsi des opinions athées apparaissent tout à coup au milieu d'une période de foi religieuse fort intense. Mais cette perturbation partielle s'efface et disparaît bientôt, noyée dans le torrent général. Selon le vent qui souffle, la face de la planète est modifiée. Quand les froides effluves du nord passent sur une contrée, la végétation périt, les fleurs se fanent, un dur manteau de glace recouvre les campagnes naguère vertes, riantes et fertiles. De même, quand souffle le vent glacé de l'intolérance, les champs sont abandonnés, les maisons tombent en ruine, les routes deviennent des sentiers impraticables, le désert envahit tout. Des campagnes naguère pleines de vie et de prospérité deviennent mornes, arides et désolées (1). Vienne le souffle chaud et vivifiant de la tolérance, tout renaît, tout refleurit, tout prospère !

Dans le cerveau humain deux genres d'impression, après une lutte très-vive, arrivent à affecter la conscience : celle du fait perçu immédiatement et celle du fait perçu par réminiscence.

La même chose se produit dans les sociétés. Un grand tremblement de terre a eu lieu. Les journaux en informent le public ; ils disent le nombre des victimes, les pertes matérielles, etc. L'événement atteint la conscience et la société.

Il semblerait que les impressions directes devraient arriver à la conscience sans aucune difficulté. Il n'en est pas ainsi, cependant ; elles ont une lutte à soutenir. Les centres nerveux, à chaque moment de la vie, sont disposés d'une façon particulière. Une impression, qui aurait été vivement ressentie dans certaines circons-

(1) Tel est l'aspect de l'Asie occidentale, tuée par l'intolérance islamique, et de quelques parties de l'Espagne, ruinées par l'inquisition.

tances, peut ne pas l'être dans d'autres. Même cas dans les sociétés. Les massacres de Bulgarie ont remué toute la société russe, en 1876, les massacres d'Arménie, en 1895, s'il y en a eu (1), l'ont laissée fort indifférente. Si l'on veut agir fortement sur la conscience sociale, il faut la disposer d'une façon particulière par une propagande préparatoire. Ainsi le comité arménien, qui siège à Londres, s'est occupé, depuis des années, de préparer l'opinion occidentale au sujet de ses compatriotes. S'il avait réussi, les massacres de Van et d'Erzeroum auraient eu un grand retentissement. Ils auraient affecté la conscience des pays occidentaux d'une façon très vive.

De nombreux individus et de nombreuses associations ont un intérêt considérable à impressionner l'opinion. Beaucoup de sensations simultanées s'efforcent donc de pénétrer dans la conscience sociale. Aussi, doivent-elles lutter entre elles. La plus forte l'emporte seule et parvient à dominer pendant un temps plus ou moins long. La plus forte, seule aussi, parvient à atteindre les centres nerveux supérieurs et à se transformer en action. Ainsi, pour reprendre l'exemple de l'Arménie, une agitation, très heureusement conduite, aurait pu aboutir. Les gouvernements auraient pu adresser des notes à la Turquie, au besoin lui déclarer la guerre.

Passons aux idées qui se forment dans le cerveau, sans une impulsion extérieure apparente. Nous en retrouvons l'analogue dans les sociétés.

Un individu invente une machine nouvelle. Son idée semble surgir directement comme les réminiscences et les traits de lumière surgissent directement dans les cellules du cerveau. Mais, pour affecter le public, la

---

(1) Ces lignes ont été écrites en août 1895. A cette époque les nouvelles de l'Arménie étaient encore assez vagues. L'auteur se permet de se donner lui-même en exemple. Il a suivi de la façon la plus distraite les événements de l'Asie mineure, tandis que ceux de la Bulgarie, vingt années auparavant, l'avaient vivement passionné.

nouvelle venue doit soutenir une lutte. L'inventeur est obligé de se donner beaucoup de peine pour faire connaître sa machine. Une série de moyens s'offrent à lui : la réclame dans les journaux, la distribution de prospectus, etc. Mais, comme un inventeur ou un fabricant n'est jamais seul, sa réclame heurte la réclame de ses concurrents. De là un combat, qui peut devenir fort âpre par moments et qui coûte beaucoup d'efforts et d'argent. Un individu écrit un article de journal, de revue ou un livre. Son but est évidemment de faire pénétrer ses idées dans la conscience sociale. Les publicistes désirent tous que leurs œuvres se tirent à un nombre d'exemplaires aussi grand que possible. L'importance de la vente leur fait plaisir parce qu'elle témoigne de la diffusion de leur pensée. S'ils pouvaient la faire parvenir à la totalité des hommes, il éprouveraient le maximum de satisfaction. Mais les publicistes sont nombreux, comme les industriels. L'idée de l'un rencontre celle de l'autre. Alors commence une bataille, parfois des plus ardentes, pour la conquête de l'opinion. Celui qui a le plus d'habileté, le plus de talent ou le plus de chance parvient à faire pénétrer ses idées dans le public d'une façon plus ou moins complète. Tel écrivain aura des millions de lecteurs, tel autre à peine des milliers.

Dans le cerveau humain, l'idée qui est à l'ordre du jour de la conscience n'efface pas les autres d'une façon complète : elle les relègue seulement au second plan, les réduit à l'état latent.

Le même phénomène se retrouve dans les sociétés, mais beaucoup plus atténué, plus affaibli. Les sociétés sont la totalisation de millions de cerveaux. Chacun d'eux a sa préoccupation individuelle, son ordre du jour spécial. De plus, il y a encore les ordres du jour particuliers des collectivités, comme les classes sociales, le gouvernement, le corps judiciaire, etc. Il y a beaucoup moins d'idées latentes dans la société que dans le cerveau humain. Il suffit d'ouvrir un journal pour voir combien de préoccupations se trouvent simultanément à l'ordre du jour dans les pays civilisés. Intérêts économiques, politiques, religieux, artistiques, s'affirment parallèlement et simultanément. Le cerveau social étant infiniment plus vaste que le cerveau individuel, sa capacité s'en accroît en proportion. Un fait n'absorbe jamais l'opinion publique au point de supprimer complètement toutes les autres préoccupations. Cependant, il arrive, presque tous les jours, qu'un fait l'emporte sur tous les autres dans une mesure très appréciable. L'aventure du boulangisme, l'affaire de Panama, peuvent être données en exemple. Pendant quelques semaines, ces événements ont éclipsé tous les autres dans les préoccupations du public français. De même, un livre signé par un auteur très illustre peut préoccuper pendant quelques jours l'opinion publique plus que tout le reste, au point de devenir un « événement », comme on dit en langage usuel.

Tout ce qui vient d'être dit des images et des idées peut s'appliquer aux volitions.

A chaque moment il y a une chose que nous voulons par-dessus toutes les autres. De même, dans les sociétés, il y a toujours une volition qui est au premier rang. Mais elle change constamment de nature. Ainsi, de 1520 à 1560, les réformes religieuses l'emportaient sur toute autre préoccupation dans l'Europe occidentale. Plus tard, la puissance politique fut l'objectif le plus ardemment poursuivi. La volition à l'ordre du jour acquiert, aux yeux des hommes, une importance démesurée. Parfois elle les aveugle complètement. Il leur semble alors *qu'il ne peut exister d'autre but à l'activité sociale*. Puis la roue tourne. On est tout étonné de voir combien on attribuait autrefois de valeur à des questions qui paraissent de purs enfantillages. Mais on court après d'autres chimères auxquelles on sacrifie tout et qui font bientôt l'effet, à leur tour, de ridicules puérilités. Ainsi va le monde ! Cependant il n'y a pas lieu de désespérer. En définitive, le nombre des idoles abattues ira toujours en augmentant, et, moins il y aura d'idoles, plus on se rapprochera des réalités concrètes et sérieuses.

Quelques exemples rapides de variation des volitions sociales (1).

L'accroissement de la puissance politique de la cité fut longtemps la passion dominante en Grèce. Athènes, Sparte, Thèbes combattirent tour à tour pour l'hégémonie, c'est-à-dire pour l'extension de leur domination politique. Vers le IIᵉ siècle avant notre ère, ce but était complètement abandonné. Personne n'y songeait plus. La question à l'ordre du jour était devenue désormais la forme du gouvernement; on combattait pour l'aristocratie ou la démocratie (noms sous lesquels se cachait la question sociale à cette époque).

En Europe, on vit encore dans la période de la passion politique. L'agrandissement de l'État est la folie universelle. Mais nous entrevoyons que les volitions économiques vont passer au premier plan. Les socialistes dans certains pays se prétendent les ennemis des capitalistes leurs compatriotes et les alliés des socialistes étrangers.

Maintenant des faits plus particuliers.

En 1791 la loi abolit les corporations en France. On défendit de les rétablir sous quelque forme et sous quelque prétexte que ce fût. Les maîtrises et les jurandes, toute l'organisation du travail au moyen âge avaient soulevé des critiques acerbes. La passion de les détruire fut irrésistible. La loi de 1791 y pourvut. Mais bientôt de nouvelles idées se font jour. Les coalitions sont autorisées en Angleterre en 1824, en France en 1865, en Allemagne en 1869. En 1887, la Bourse du travail est ouverte à Paris. Cet édifice est élevé aux frais des contribuables pour loger les chambres syndicales des ouvriers. On donne une subvention de

_____

(1) Nous les reprendrons avec plus de détails aux chapitres suivants.

100.000 francs pour son entretien. Ainsi ce qui est défendu par la loi jusqu'en 1865 est autorisé et subventionné par l'État en 1887. La loi du 21 mars 1884 fonde en France les syndicats professionnels. Il a été même question de faire une loi contre les patrons qui refuseraient de prendre des ouvriers syndiqués.

Arago et Thiers se montrèrent hostiles aux chemins de fer. Ils firent de l'opposition contre des individus qui désiraient en construire à leurs risques et périls, sans aucune subvention de l'État. Plus tard, les chemins de fer sont devenus une véritable folie. L'État construisit des lignes qui non seulement ne pourront jamais rémunérer les capitaux engagés, mais qui ne pourront même jamais payer leurs frais d'exploitation. D'une façon générale, comme dit M. P. Leroy-Beaulieu (1), « les travaux publics ont été successivement en Europe un objet d'indifférence, puis d'intérêt, ensuite d'engouement et enfin de passion ».

L'engouement à l'ordre du jour dans les sociétés exerce son contre-coup sur les actions individuelles. Nous avons connu un négociant en Russie qui désirait obtenir une décoration. Il créa une bourse dans un lycée. L'instruction publique est fort à la mode à notre époque. Si un autre courant dominait en Russie (par exemple le désir de favoriser les recherches scientifiques), le négociant en question aurait donné la même somme pour construire une lunette astronomique ou un laboratoire de chimie. Bref il aurait subi le contre-coup de la passion dominante dans la société.

Quand la volition d'un homme se heurte à des volitions contraires de ses semblables il se produit une lutte (2). Celle-ci amène une souffrance; la conscience est affectée. Une *question* surgit. Nous avons montré plus haut, au chapitre XIII, qu'une question disparait quand elle est réglée conformément à la justice. Alors

(1) *L'État moderne et ses fonctions*, p. 129.
(2) Quand au contraire, des volitions semblables se rencontrent, il se produit une alliance.

elle est effacée de l'ordre du jour et rentre dans l'inconscience. Mais, ce moyen de disparition n'est pas le seul. Il en existe un second, dont c'est ici l'occasion de parler.

Une volition peut aussi disparaître quand elle est remplacée par une autre. Ainsi depuis la plus haute antiquité on a combattu pour l'acquisition des territoires. La soif des kilomètres carrés est à l'ordre du jour de la conscience depuis des siècles (sauf quelques rares interruptions comme celle que nous avons signalée en Grèce). Supposez que dans quelques années la première de nos préoccupations soit la question sociale. Alors personne ne se souciera plus des divisions territoriales. On pourra dire alors que les luttes *politiques* seront terminées. A coup sûr, aussi longtemps qu'il y aura des hommes, il y aura des intérêts territoriaux. Il sera nécessaire d'opérer de temps à autre des remaniements de frontières. Seulement ces remaniements pourront ne plus toucher l'opinion publique, ils pourront ne plus affecter la conscience sociale, parce qu'un autre intérêt l'absorbera plus complètement. Bref, une *question* peut retomber dans l'inconscience non seulement par suite de son règlement conformément à la justice, mais encore parce qu'elle est remplacée par une autre.

Dans le corps humain il y a un ensemble de volitions simultanées. Tous les organes ont la leur. Nous éprouvons en même temps la faim, la soif et d'autres appétits. La vie cérébrale ne rend *complètement* inconsciente aucune des manifestations de la vie physiologique. Il en est de même dans les sociétés.

Les phénomènes économiques, politiques et intellectuels ne s'excluent pas les uns les autres. Au contraire. Par conséquent la société doit avoir à chaque instant des volitions économiques, politiques et intellectuelles. Il en est incontestablement ainsi, seulement chacune de ces catégories de volitions ne *sont pas conscientes au même moment*. Mille circonstances diverses peuvent donner la prédominance tantôt à l'une de ces catégories, tantôt à l'autre. On peut dire, à cause de cela, d'une façon très générale, qu'il y a un certain ordre de succession *nécessaire* dans les volitions sociales.

L'unique préoccupation de l'enfant en bas-âge est de manger. A l'époque de la puberté apparaissent les phénomènes affectifs. Dans l'âge mûr les besoins intellectuels passent au premier plan : l'ambition, l'amour de la gloire, etc.

Ce n'est pas à dire que le phénomène dominant supprime les autres. En aucune façon ; il les met seulement au second ou au troisième plan. Parce qu'on a le plus âpre désir de s'illustrer et de passer à la postérité, ce n'est pas à dire qu'on dédaigne un bon dîner et qu'on ne soit pas séduit par la grâce de la femme. Mais il y a seulement ceci : pour un sauvage la question du repas peut être la préoccupation dominante de la vie, pour un homme civilisé cela peut être un plaisir qui s'efface rapidement de la conscience.

L'évolution sociale, dans ses grandes lignes, suit la marche de l'évolution individuelle, comme, en biologie, l'ontogénèse reproduit les phases de la phylogénèse. Les volitions physiologiques sont pendant un certain temps au premier plan de la conscience, puis elles sont remplacées successivement par des volitions économiques, politiques et intellectuelles. Mais cet ordre subit, naturellement, de nombreuses interversions. Les couches géologiques, sont tordues, plissées de mille manières, parfois complètement renversées. De même les strates des volitions sociales subissent des perturbations nombreuses. Cependant il ne faut pas perdre de vue l'ordre général ; il a une grande importance. Il doit guider l'historien. On nous parle, par exemple, de guerres entre Ariens et Catholiques en Espagne au vi^e siècle. Penser que les hommes ont consenti à cette époque à sacrifier leur vie pour des subtilités dogmatiques paraît assez invraisemblable. En réalité, quand on regarde les choses de près, on s'aperçoit qu'il s'agissait de tout autre chose. L'église catholique avait un établissement déjà considérable et de grandes propriétés en Espagne. Si l'arianisme venait à triompher, elle aurait été dépossédée de tous ces biens au profit d'un autre personnel ecclésiastique. De là l'opposition et les batailles. On le voit : il s'agissait en réalité d'un intérêt économique masqué sous un aspect religieux.

Cependant, il est incontestable que les interversions s'observent bien souvent dans l'ordre normal des volitions. De nos jours la question des nationalités, qui est de l'ordre intellectuel, semble devoir céder le pas à la question sociale qui est plutôt de l'ordre économique.

Bien entendu, quand les volitions sociales montent à un échelon supérieur (passent, par exemple, de l'ordre économique à l'ordre politique), les préoccupations inférieures ne sont pas supprimées ; elles sont rejetées au second plan, repoussées dans l'inconscience, réduites à l'état latent, comme dans le cerveau humain. Elles peuvent renaître à chaque moment. Dans ces dernières années, la question sociale préoccupe le plus les esprits. Mais si, par malheur, une guerre générale éclatait en Europe, la question sociale serait reléguée au second plan et les préoccupations de l'ordre politique repasseraient au premier.

La nature des volitions qui prédominent le plus chez un être dépendent naturellement de son idiosyncrasie. Toutes les fonctions sont indispensables pour la vie de l'individu, toutes agissent simultanément. Malgré cela, le gourmand accorde une plus grande importance aux fonctions nutritives, l'ascète aux fonctions intellectuelles.

Il en est de même des sociétés. Aucune d'elles ne peut exister sans fonctions économiques, juridiques, mentales, religieuses, etc. Toutes ces fonctions s'accomplissent simultanément. On observe néanmoins des sociétés où l'une d'elles l'emporte et prédomine sur les autres. Dans une phase peu avancée de l'évolution toutes les activités intellectuelles sont confondues. On ne distingue pas encore la science de la religion et du droit. Les sociétés anciennes ont commencé par la théocratie. Elle a existé un moment à Rome aussi bien qu'en Judée. Seulement la théocratie romaine fut tout différente de la théocratie juive.

Par suite de milliers de facteurs, dont quelques-uns restent insaisissables, tel groupe accorde la prédominance à une fonction et tel autre à une autre. Quand les Juifs formaient un État indépendant, ils avaient une armée, des tribunaux, des agriculteurs, etc., bref tous les organes d'un corps social. Ils poursuivaient les fins les plus matérielles, ne considéraient en aucune façon leur royaume « comme ne devant pas être de ce monde » et faisaient des conquêtes très volontiers. Ils ne se distinguaient en rien de leurs voisins. Cependant, on ne peut pas contester que les Juifs s'intéressaient beaucoup plus aux questions religieuses que les Romains à l'époque des rois ou de la république. Le caractère national des Israélites fut certainement très différent de celui des Romains ou des Grecs. La psychologie des peuples est bien difficile à faire. Comment définir le caractère du peuple russe, par exemple ? Est-il plutôt mystique ou plutôt réaliste ? La vérité c'est qu'il y a en Russie des Tolstoy et des Bakounine, comme il y avait en Israël des Isaïe et des Cohélet (1). Quand on veut déterminer le caractère d'un peuple on doit se tenir à des généralités très vagues qui, par cela même, se perdent dans les abstractions insaisissables et s'évaporent dans l'air. Les caractères nationaux échappent presque entièrement à l'analyse de l'esprit ; mais ils n'échappent peut-être pas au sentiment. On ne peut pas dire comment sont les Russes, mais on peut le *sentir*. Justement parce que le sentiment est d'un vague qui correspond parfaitement à la nature des caractères nationaux. Ceux-ci n'ont aucune précision géométrique, ils sont ondoyants et divers.

Quelle que soit la cause des idiosyncrasies nationales,

(1) L'auteur de l'*Ecclésiaste.*

elles se manifestent dans un groupe social par la prédominance de telle ou telle volition. Mais les volitions proviennent des représentations. « Changez les idées d'une
société, dit M. Ward (1), et vous changerez les actions
que commettent les hommes sans faire aucun effort
direct pour obtenir cette modification ». On ne saurait
mieux dire. Le point d'attaque véritable est l'idée. A ce
compte on a raison de dire que les idées gouvernent le
monde. Leur puissance dépasse celle des canons de
cent tonnes comme la foudre dépasse en rapidité la
tortue.

Nous avons dit au chapitre XII que pour modifier
les conditions d'une société il faut substituer un nouvel
objectif à un objectif ancien ou, en d'autres termes,
détrôner une volition au profit d'une autre. Mais les
volitions se ramènent à des idées. Ces dernières déterminent donc, en dernière analyse, le caractère d'une
nation.

(1) *Dynamic Sociology*. Tome II, p. 547.

CHAPITRE XVIII

Volitions économiques.

Les sociétés primitives traversent une longue période pendant laquelle les besoins économiques occupent le premier plan de la conscience. Les hordes sauvages sont constamment talonnées par la faim. Tant qu'elle gronde, l'homme ne songe à autre chose qu'à l'apaiser.

Il a fallu de longs siècles, un rude labeur, une dépense intellectuelle énorme pour assurer d'une façon plus ou moins satisfaisante l'approvisionnement quotidien de nos marchés. Alors on ne s'est plus contenté de manger n'importe quoi et n'importe comment. On a voulu se donner des jouissances par l'alimentation. On a inventé la cuisine raffinée. De même le luxe a été la conséquence de nos besoins. Un jour est venu où le désir de la richesse a passé au premier plan des préoccupations. A coup sûr la richesse implique une bonne nourriture, mais elle implique aussi beaucoup davantage. L'individu qui rêve des millions n'a pas seulement en vue de bons repas, mais, en outre, un grand nombre de jouissances, où celle de la table prend place à côté d'autres. La nourriture n'est donc plus au premier plan de sa conscience.

L'homme a convoité depuis la plus haute antiquité une masse d'objets qui pouvaient lui donner des jouissances : approvisionnements, vêtements, ustensiles de tout genre, demeures, etc. Deux moyens s'offraient à lui pour se procurer ces objets. Les fabriquer lui-même ou les arracher aux autres par la violence (1). Ce dernier procédé *parut* le plus rapide. C'était une erreur manifeste. Un moment de réflexion aurait suffi pour s'en convaincre. Par malheur les hommes n'ont pas voulu s'en donner la peine jusqu'à nos jours. « Une razzia que fit Judas Macchabée, dit Renan (2), eut un plein succès.. La bande revint à Jérusalem avec un butin énorme. » Cette conquête soudaine des objets convoités procurait une jouissance immédiate. On ne vit que cela. Mais on ne réfléchit pas au nombre de journées de travail nécessaires pour obtenir ce butin. Tout d'abord l'organisation de l'armée, ses exercices, son approvisionnement, la confection de ses armes, la campagne elle-même (nous ne parlons même pas des hommes tués), les soins à donner aux blessés et aux malades, la nécessité de nourrir les veuves et les orphelins. Mais il y a plus. Il ne suffit pas de prendre le butin. Il faut encore pouvoir le garder. Or, quand tout le monde croit que le brigandage est le procédé le plus rapide d'enrichissement, tout le monde est porté à le pratiquer. Il faut donc se défendre contre les razzias des autres. Pour cela il faut fortifier les lieux habités. Quand on considère les remparts cyclopéens de Tirynthe et de Mycènes, quand on songe à l'outillage imparfait des sociétés antiques, on peut s'imaginer le nombre de journées de travail exigées par ces fortifications. Mais ce n'est pas tout. Il ne suffit pas d'avoir des murs si épais qu'ils soient. Il faut encore les garder jour et nuit, sans quoi d'autres brigands viendront tout piller. Eh bien ! si on avait pensé à ces journées de travail, on se serait vite aperçu qu'elles dépassaient singulièrement en nombre celles qui étaient nécessaires pour fabriquer les objets dont on pouvait s'emparer dans la plus heureuse des razzias. Par malheur, pendant de longs

(1) Ou les obtenir par voie d'échange. Mais cette idée est seulement une variante de la fabrication.

(2) *Histoire du peuple d'Israël*, Paris, C. Lévy, 1893, tome IV, p. 373.

siècles, les hommes étaient trop bornés pour être capables de cette réflexion. Ils ne la firent point. Une série de souffrances incalculables en fut la conséquence pour la misérable humanité. Nous subissons le contre-coup de la stupidité de nos ancêtres, et nos descendants le subiront encore longtemps. Les milliards de journées de travail, consacrées par nos prédécesseurs à se dépouiller les uns les autres, sont entièrement perdues pour nous. Si elles avaient été employées à des œuvres utiles, nous serions infiniment plus riches aujourd'hui. Mais ce n'est pas tout. L'idée qu'on s'enrichit plus vite par la spoliation que par le travail est encore extrêmement répandue. Elle maintient sous les armes près de 3.800.000 soldats en Europe. Elle empêchera les hommes d'employer leur labeur d'une façon productive pendant on ne sait encore combien d'années.

Mais il n'y a pas seulement le pillage, il y a encore la servitude. Beaucoup de travaux sont pénibles. Dès la plus haute antiquité, l'homme s'est imaginé qu'en faisant travailler son semblable au lieu de travailler lui-même, il augmenterait le nombre de ses jouissances. Ici il y a une erreur aussi fondamentale que pour la spoliation. Il y a « ce qu'on voit et ce qu'on ne voit pas ». Et voici précisément ce qu'on ne voit pas. C'est que pour *forcer* Jean à travailler au profit de Paul, Paul doit se donner un mal beaucoup plus grand que s'il travaillait lui-même. En effet, ici aussi, il faut suivre la filière précédente : organisation de l'armée, outillage militaire, campagne, etc., etc., pour s'emparer de l'esclave. Puis, quand il est introduit dans la cité du vainqueur, il faut un ensemble de moyens pour le maintenir sous le joug. Tout cela demande plus de travail que la production économique. Par malheur, les hommes ne le comprirent pas pendant de longs siècles. C'est à peine si nous commençons à nous douter nous-mêmes que la servitude ralentit la production, donc la somme de bien-être dont nous pouvons jouir ici-bas.

Grâce à l'idée que la spoliation des biens et de la liberté du prochain était le procédé le plus rapide d'enrichissement, on considéra le travail avec mépris et le brigandage avec admiration. Aussi l'élite sociale et les gouvernements daignèrent à peine s'occuper de la production nationale. Si aveugle que fût l'homme, il ne put méconnaître les immenses services de certains outils. L'invention de quelques-uns d'entre eux (la charrue par exemple) parut si utile qu'elle fut attribuée aux dieux. Mais si la conscience sociale fut affectée quelquefois par des découvertes techniques, ce fut rarement. L'outillage industriel fut grandement perfectionné en Europe depuis le ixe siècle avant notre ère jusqu'à la fin du moyen âge. On vit éclore des milliers de précieuses inventions. Mais nous ne connaissons presque jamais leur date. Les écrivains de l'antiquité et ceux du moyen âge ne daignent pas en parler. Preuve qu'elles n'affectaient pas la conscience sociale à leur époque. Même en plein xviiie siècle, il en était encore ainsi. Les admirables inventions de Hargreaves, Arkwrigt et Cartwright ont créé pour ainsi dire l'industrie textile moderne. Qui s'occupa alors de ces bienfaiteurs de l'humanité? Qui les connaît encore aujourd'hui? A peine les personnes qui s'occupent spécialement de l'économie politique, et encore !

Le travail était donc méprisé autrefois. L'élite se préoccupait peu de la production agricole et industrielle. C'était l'affaire des malheureux serfs et des vilains, relégués aux derniers échelons de la hiérarchie sociale. Quand les famines éclataient, on se préoccupait, sans doute, de la production agricole ; mais, en temps normal, les fonctions économiques affectaient peu ou n'affectaient pas du tout la conscience sociale.

Cependant ces fonctions ont une importance si énorme qu'elles exercent parfois une action indirecte des plus puissantes sur les autres branches de l'activité sociale. Il ne faut pas s'y tromper. Beaucoup de faits historiques, où nous croyons voir des mobiles politiques ou intellectuels, cachent, au fond, des mobiles économiques. Karl Marx affirme que l'histoire tout entière n'en offre pas d'autres. Il a raison et il a tort. Sans doute, la presque totalité des préoccupations humaines se ramènent, en dernière analyse, à l'estomac. Si on ne mangeait pas, il n'y aurait plus d'humanité. A ce compte, Marx a raison. Il y a bien un *fond* économique dans toute affaire humaine. Mais un *fond* seulement. Sans doute Napoléon Ier avait plus de revenus en 1811 qu'en 1804. Mais Napoléon ne fit pas la campagne d'Austerlitz et de Wagram *en vue* d'acquérir plus de revenus. Quand il entreprit ces deux guerres, il n'avait pas un objectif économique. On le voit, Marx a aussi tort. Les conséquences dernières d'un grand nombre d'événements historiques ont été de l'ordre alimentaire (1), mais les hommes, qui ont produit ces événements, avaient des volitions d'une nature différente.

Pourtant il est bon d'examiner les choses de près pour connaitre le véritable motif des actions humaines.

Ainsi nous avons tous vécu sur cette idée que la terrible inondation des Arabes au viie siècle était dictée surtout par des mobiles religieux. Les disciples de Mahomet s'élancèrent, disait-on, à la conquête du monde pour le convertir par l'épée. Il n'en a pas été absolument ainsi. Les Arabes avaient en vue la richesse plus que le prosélytisme. « Le nombre des partisans de Mahomet, dit M. Wahl (2), infime tant qu'il ne s'annonçait que comme un apôtre, avait grandi le jour où il offrait à qui voulait le suivre, la guerre, le pillage et la dépouille des infidèles. » Les Arabes, dans leurs nouvelles dominations, imposèrent un tribut aux non-musulmans. Alors des masses de chrétiens se convertirent. Cela contraria vivement les conquérants. Ils craignirent que « le trésor ne perdit toutes ses ressour-

----

(1) Puisque Marx parle d'estomac, le terme alimentaire est parfaitement applicable.

(2) *Histoire générale*, t. Ier, p. 452.

ces » (1). Preuve que le prosélytisme n'était pas leur intérêt principal.

Un autre exemple. Beaucoup de raisons ont précipité les Français aux armées pendant la Révolution. En tout premier lieu le réflexe social qu'il faut obéir aux autorités constituées, puis l'enthousiasme, le patriotisme et mille autres mobiles. Mais incontestablement les biens nationaux ont aussi joué un certain rôle. A tort ou à raison leurs nouveaux possesseurs croyaient qu'il fallait combattre la coalition européenne pour les conserver. Ainsi les guerres de la Révolution ont eu *aussi* une cause économique indirecte. L'ardeur batailleuse de cette époque provient, en partie, de ce que le peuple français avait la représentation d'un but très positif qu'il s'agissait de réaliser. Ce n'est donc pas seulement pour délivrer les peuples étrangers et pour faire des conquêtes (motifs de l'ordre politique), mais pour garder certains avantages matériels que beaucoup de Français se précipitèrent aux frontières.

Ces deux exemples montrent comment des raisons économiques très réelles sont cachées sous des apparences toutes différentes.

Dans beaucoup de cas, les préoccupations économiques (base de tout l'édifice) sont arrivées en pleine lumière de la conscience sociale. Les réformes proposées par les Gracques sont certainement de l'ordre économique. Au fond, si l'on veut, la question qui se débattait entre César et Pompée était aussi une affaire de distribution des richesses. Mais elle était masquée par des intérêts qui, aux yeux des acteurs, paraissaient de l'ordre politique.

Quand les grandes monarchies se formèrent en Europe, les questions économiques affectèrent de nouveau la conscience sociale. Les souverains considéraient leurs États comme un domaine privé. Ils désiraient lui faire rapporter le plus possible. Ils prirent donc des

(1) *Hist. gén., ibid.,* p. 480.

mesures pour accroitre la production. Ils firent, par
exemple, des règlements sur les métiers. Le législateur
détermina jusqu'à la largeur des étoffes qui devaient
être vendues sur les marchés.

Mais chaque souverain ne voulait pas seulement être
riche, il voulait surtout l'être plus que son voisin. En
effet, tant que la conquête fut considérée comme avantageuse, on devait désirer que le voisin fût pauvre; cela
le rendait faible; cela donnait la possibilité de s'emparer un jour de son territoire. Il y a deux moyens pour
produire des disproportions de fortune : s'enrichir soi-
même, appauvrir les autres. On usa des deux procédés.
On fit tout pour ruiner la prospérité de l'ennemi. Comme
on identifiait l'or avec la richesse, on voulut en avoir
beaucoup et on désira que le voisin en eût le moins
possible. En temps de guerre, on exigea des tributs.
En temps de paix, on chercha à drainer l'or du voisin
en l'obligeant à solder ses achats en espèces métalliques et non en marchandises. On favorisa donc l'exportation et on mit des entraves à l'importation. Le système protecteur était né.

En trois siècles, l'enfant grandit singulièrement !
De nos jours il est devenu un géant. Le protectionnisme a dépassé depuis longtemps la phase de la volition. Il a atteint celle de la passion la plus folle, de la
véritable démence.

Comme nous le disions plus haut (voir page 124) tout
doit céder devant ce torrent déchainé. Les lois les plus
positives sont violées par les gouvernements eux-mêmes
dès qu'il s'agit de leur dada favori : l'industrie nationale.
L'article 1180 du code pénal russe dit : « Les négo-
ciants ou industriels ayant formé une coalition en vue
d'élever les prix des denrées alimentaires ou de toute
autre marchandise d'utilité générale... sont passibles de
quatre à huit mois de prison ». Or on lisait dans les
journaux russes du 9 juillet 1893 : « Les représentants
de l'industrie sucrière se sont réunis à St-Pétersbourg,
sous la présidence du ministre des finances. La récolte

de la betterave dans l'année promettant d'être fort belle, Son Excellence proposait d'organiser un syndicat comprenant toutes les fabriques de sucre de l'empire pour éviter la surproduction (1) ». Ainsi voilà un ministre qui, en une séance publique, propose ouvertement de violer une loi positive ! N'avions-nous pas le droit de dire que la passion de la production nationale *per fas et nefas* a supprimé toute autre considération ?

Les travaux publics sont devenus dans ces dernières années une autre folie. La petite Roumanie va dépenser 35 millions de francs pour le port de Costanza. Evidemment on veut avoir des ports bien outillés pour diminuer le prix des produits. Mais à quoi cela peut-il servir si les droits de douane sont augmentés en proportion de l'économie obtenue ? Grâce à l'outillage moderne le blé du Minnesota peut revenir à 10 fr. l'hectolitre en France, au lieu de 17 que coûte le blé indigène. Le droit de douane sert précisément à supprimer la différence. Si après de nouveaux prodiges de labeur, de génie et d'invention on pouvait livrer le blé américain, en France, au prix de 8 francs, alors le droit serait porté de 7 à 9 fr. ; voilà tout.

On poursuit à la fois deux buts opposés dans presque tous les pays du monde : le bon marché des marchandises, par les perfectionnements de l'outillage, et leur cherté par les droits de douane. Vouloir en même temps deux choses contraires n'est-ce pas de la pure démence ?

Il y a malheureusement des épidémies morales comme des épidémies physiques. Quand le choléra fait son apparition dans un pays, il est rare qu'il n'en envahisse pas un autre. Il fait sa funeste tournée sur des régions immenses. Une épidémie, sortie des foyers

(1) « Pour éviter la surproduction » est vraiment délicieux ! En Russie on consomme 3 kilogrammes de sucre par tête et par an ; en Angleterre 32. La mesure normale de l'homme est de 50 kilos environ. On le voit, le peuple Russe a besoin de *seize* fois plus de sucre qu'on ne lui fournit. Et on parle de surproduction !

pestilentiels du Bengale, s'étend parfois à travers toute l'Europe jusqu'au détroit de Gibraltar.

Ainsi de la folie protectionniste. Elle sévit partout. Non seulement les vieux pays d'Europe, mais encore les jeunes sociétés de l'Amérique et de l'Australie en sont infestées. Partout le protectionnisme accomplit son œuvre dévastatrice. Il ralentit partout l'accroissement de la richesse et, par contre-coup, celui de la population. Dans les provinces d'Ontario et de Québec l'augmentation décennale des habitants a été moindre qu'en Angleterre. Quand fut inauguré le transcontinental canadien, un avenir merveilleux semblait s'ouvrir devant l'Amérique anglaise. On prévoyait l'arrivée d'un flot d'émigrants, on escomptait d'avance de nombreux bénéfices futurs. Les désillusions ne se firent pas attendre. Les émigrants arrivèrent en très petit nombre. Beaucoup repartirent. C'est qu'en effet le Canada semble couper l'herbe sous les pieds de ses colons par son tarif de douane insensé. Quand, par suite de nombreux facteurs, le prix des produits agricoles vint à baisser très sensiblement dans les pays civilisés, les bénéfices des fermiers furent considérablement réduits. Eh bien ! dans ce moment même on augmenta le prix de tous les articles manufacturés (vêtements, machines agricoles, etc., etc.) par une surélévation énorme des droits de douane. Les gouvernements ne sont pas des magiciens. Ils ne peuvent pas créer la richesse *ex nihilo*. Pour donner à Paul ils doivent prendre à Pierre. Quand on encourage une branche de l'activité humaine, en augmentant artificiellement ses profits, il faut nécessairement en décourager une autre en lui imposant des frais supplémentaires. Les parias sur lesquels on rejeta toutes les charges au Canada furent les malheureux fermiers. Ils succombèrent sous le faix. L'agriculture cessa d'exercer de l'attrait. L'immigration diminua et des espaces énormes, qui auraient pu être mis en culture, restèrent en friche. Les emblavures furent même diminuées. Mais il ne faut pas croire que les colonies souffront seules de cet état de choses. La mère-patrie en subit aussi le contre-coup. Chaque Européen établi dans une région nouvelle est consommateur pour ses anciens concitoyens. L'approvisionnement des colonies est une source immense d'activité pour les pays anciens. Mais le pire de tous les maux c'est que l'expansion de la race blanche, dont l'avenir pourrait être si magnifique, est enrayé par la folie protectionniste. Nous passons notre temps à empêcher le voisin de vendre. Mais le voisin fait exactement la même chose. En sorte que si personne ne peut vendre personne ne peut acheter. Les droits de douane arrêtent des millions d'affaires. Si on n'a pas l'espoir d'écouler une marchandise on ne la fabrique naturellement pas. D'autre part, quand des marchés, auparavant plus larges, deviennent plus étroits, par suite de la surélévation des droits, les stocks accumulés deviennent aussi trop grands ; il y a surproduction, perte et ruine de tout genre.

Par les hauts tarifs protecteurs les hommes civilisés s'arrachent tous les jours le pain de la bouche les uns des autres. Il n'est pas étonnant que notre postérité s'acroît avec une plus grande lenteur. Dans notre folie nous faisons tarir nous-mêmes les sources de notre propre vie.

Grâce au système protecteur, l'État prend aujourd'hui l'argent de Pierre pour le donner à Paul. Pierre souffre. Il cherche à s'épargner cette peine. Les victimes du système protecteur sont légion. A vrai dire, ils forment les 999 millièmes de la population. Par malheur la plus grande partie de ces malheureux ne *savent* pas qu'ils sont spoliés de la façon la plus impitoyable. Mais ceux qui le *savent* commencent à devenir de plus en plus nombreux. Ils ne se laisseront pas écorcher éternellement sans protester. Déjà ils commencent à s'organiser pour faire de l'opposition et défendre leurs intérêts. Des sociétés libre-échangistes se fondent dans tous les pays. Il y a des libre-échangistes dans tous les parlements européens. Le protectionnisme est constamment présent à la conscience sociale par les souffrances qu'il nous fait endurer et par les efforts que nous faisons pour nous en débarrasser.

Imaginez des sociétés plus parfaites que les nôtres. Imaginez une différenciation complète des fonctions sociales : l'État occupé uniquement à rendre la justice. Supposez qu'il ait complètement renoncé à spolier Pierre au profit de Paul. Qu'arrivera-t-il alors? Ce qui arrive aujourd'hui entre la Normandie et la Bretagne. Qui se préoccupe de savoir au profit de laquelle de ces deux provinces se solde le bilan de leur commerce? Certes aucun Normand et aucun Breton ne sauraient le dire (1); d'ailleurs cela leur est complètement indifférent. Quand donc nous serons sortis de notre barbarie actuelle, quand nous aurons mis fin à la spoliation mutuelle des citoyens, la question de l'échange des richesses sera *réglée conformément à la justice.* Alors cette question cessera d'affecter la conscience sociale.

Tandis que la question de la production nationale se trouve maintenant dans la phase de la passion la plus aveugle (2), une autre préoccupation de l'ordre économique arrive maintenant à la phase du désir. Nous voulons parler du bien-être des déshérités ou, en d'autres termes, de la question sociale.

Dans l'antiquité la classe laborieuse était formée en majeure partie d'esclaves. Ils étaient la *chose* du maître; il pouvait les tuer comme nous tuons nos bœufs et nos moutons. C'était du bétail humain. De plus l'homme antique était extrêmement cruel. A Rome, l'élite de la population : l'empereur, les sénateurs, les dignitaires, allaient se délecter dans les amphithéâtres à la vue des

(1) Les gouvernements ne prennent aucune mesure pour le savoir. Nulle part, on ne fait de relevés statistiques du commerce des différentes provinces du même État.

(2) L'analogie avec l'individu est encore complète sur ce point. Le fou court à sa perte. De même la folie protectionniste des États modernes les pousse à la misère et à la ruine.

massacres. Comment espérer la pitié de la part de créatures de cette espèce ? Qui connaissait, qui se préoccupait des misérables qui suaient sang et eau pendant toute leur vie pour nourrir, habiller, loger et amuser quelques impitoyables guerriers ? Les souffrances des esclaves ne touchaient en aucune façon la conscience sociale (1). Elles paraissaient aussi naturelles que les souffrances des animaux nous paraissent naturelles aujourd'hui quand nous les conduisons à l'abattoir. Cela semblait conforme à l'ordre des choses, comme la guerre à M. de Moltke.

Mais les siècles marchèrent. La sensibilité humaine s'affina. Vers 1832 les journaux anglais firent le plus sombre tableau des souffrances auxquelles des enfants de quatre ans étaient soumis dans les manufactures de coton. L'émotion du public devint profonde. Bientôt le parlement fit une loi pour mettre fin à ces barbaries (1833). Certes la pitié n'a pas été inventée au xix⁰ siècle. Mais c'est de notre temps seulement que l'État se croit appelé à protéger les faibles et les humbles. Jusqu'à présent on s'en tenait à ce précepte de l'évangile : « On donnera à celui qui a et il sera dans l'abondance ; quant à celui qui n'a pas, on lui ôtera même ce qu'il a (2).

Les esclaves n'avaient rien ; le serf travaillait une

---

(1) Après avoir terminé ses études en France, Leconte de Lisle retourna à Bourbon. « Tout le long du jour il était poursuivi par les cris des noirs qu'on frappait devant les cases mal closes, il entendait des hurlements plaintifs, des supplications désespérées : « Grâce, maître, grâce ! » et ce cri lamentable, dont il s'était déshabitué, le déchirait à présent, l'affolait. Mais s'il était blessé des souffrances de toute cette chair noire, l'indifférence de ceux qui la torturaient lui semblait plus avilissante encore. Il regardait les jeunes créoles passer, blanches et délicates, drapées dans de claires mousselines, telles que des anges de lumière, devant les cases entr'ouvertes. Elles entendaient les gémissements, avec un sourire sur leurs lèvres rouges. Cela faisait partie pour elles des bruits de la nature ». J. Doris, *Revue des Deux-Mondes* du 15 mai 1895, p. 325. On ne saurait mieux décrire comment certaines horreurs monstrueuses n'affectent pas la conscience sociale.

(2) Mathieu, XIII, 12.

partie de l'année pour son maître ; le paysan de l'ancien régime était dépouillé des quatre cinquièmes de son revenu au profit de l'État. Plus un homme était petit, moins il avait la possibilité de faire entendre sa voix, plus on le dépouillait. On commence à comprendre aujourd'hui que le rôle de l'État est de faire précisément le contraire, qu'il a le devoir de protéger le citoyen en raison directe de sa faiblesse, et on demande, entre autres choses, avec la plus grande raison, la gratuité complète de la justice. Combien de malheureux sont incapables d'entamer un procès, aujourd'hui, faute de pouvoir acquitter les droits de timbre exorbitants qu'exige la moindre affaire.

Dans quelques pays civilisés les classes supérieures ont fini par conquérir ce bien suprême qui s'appelle la liberté. La condition de l'homme n'est pas écrite sur son front. A première vue on ne peut pas savoir si un homme est un privilégié ou un simple corvéable. Les libertés doivent donc être octroyées à la totalité des citoyens pour que les privilégiés puissent en jouir. Les grands ont été portés à demander certaines garanties pour tout le monde, afin de les posséder pour eux-mêmes. Mais dès que le dernier des prolétaires sut qu'il avait tous les droits civils, il leva la tête et formula d'autres exigences. Dans les pays despotiquement gouvernés la question sociale ne peut pas venir à l'ordre du jour de la conscience, parce que le peuple a des préoccupations d'un caractère encore plus grave : tâcher de garantir sa vie et ses propriétés. Quand un individu n'a pas la faculté de quitter sa commune sans se munir d'un certificat nécessitant des démarches longues, fastidieuses et fort chères, cet individu a besoin, tout d'abord, d'obtenir ces libertés civiles fondamentales. Sans elles, nul ne peut jouir complètement du fruit de son travail et ne peut exercer le maximum de son activité.

Les machines, les inventions du génie humain, les perfectionnements de l'outillage ont mis à la portée du grand nombre ce qui était accessible autrefois à quelques rares privilégiés. On peut avoir une bibliothèque entière aujourd'hui pour le prix que coûtait un livre d'heures au moyen âge. Le bien-être relatif a ouvert les yeux des classes populaires. Quand on ne sait rien on ne désire rien. Les masses savent désormais beaucoup plus de choses. Elles désirent aussi des améliorations en conséquence ; de là ce qu'on appelle le mouvement socialiste.

Il a une autre source dans l'étatisme. Si le gouvernement prend des mesures pour accroître le bien-être de l'industriel, pourquoi n'en prendra-t-il pas aussi pour accroître le bien-être du travailleur? Si l'État est la Providence des uns, pourquoi ne la sera-t-il pas des autres? On peut faire des syllogismes impeccables en partant d'un point de départ faux, comme d'un point de départ vrai. On ne s'aperçoit pas que l'Etat ne crée pas de richesse et que pour donner de l'argent à Pierre il doit le prendre à Paul. C'est là l'erreur fondamentale de l'étatisme. Mais s'il est admis que l'État doit enrichir les citoyens, alors pourquoi pas plutôt les ouvriers que les patrons?

Enfin une des dernières sources du socialisme vient des idéalistes. En tout temps et en tout lieu, il y a des hommes dont l'imagination ardente est de beaucoup en avance sur les réalités de la vie. Ces individus rêvent un avenir meilleur pour l'humanité. Leur nom est légion. L'histoire nous en montre une filière ininterrompue allant des prophètes d'Israël, passant par Platon, Morus, Campanella et Fourier, pour aboutir à M. Bellamy. Jamais il n'y aura de cerveau humain où ne se produira pas la projection dans l'avenir. Jamais il n'existera de société humaine sans individus mécontents de l'ordre actuel et désirant un avenir meilleur. Ces hommes seront plus ou moins utopistes. Les uns, comme Ezéchiel et Fourier, rêveront des choses impossibles : la disparition des animaux sauvages, des fleuves roulant du lait, des hommes n'ayant plus de vices; les autres auront un idéal parfaitement réalisable, comme la fédération européenne, par exemple; mais jamais dans l'humanité la fonction de voyant et de prophète ne disparaîtra.

Eh bien! le socialisme contemporain procède, dans une mesure considérable, de voyants de ce genre. Saint-Simon, Fourier, Owen, Cabet, et tant d'autres, ont fait briller aux yeux des hommes les tableaux enchanteurs du paradis futur.

Le socialisme, pareil aux grands fleuves de la terre, a des sources fort nombreuses. Quelques-unes sont parmi les plus pures et les plus nobles de l'âme humaine; pourquoi faut-il, hélas! que d'autres soient parmi les plus funestes et les plus empoisonnées?

Le socialisme est plus particulièrement une aspiration de l'ordre économique. Mais toutes les fonctions sociales se tiennent comme toutes les fonctions physiologiques. Aussi les socialistes sont-ils obligés d'empiéter sur le terrain de la politique intérieure et extérieure. Ils ont formulé, du moins en Allemagne, un programme fort net : celui d'Erfurt. Ils y préconisent une série de réformes qu'on peut se représenter sans la moindre peine. Par exemple la suppression des douanes et des armées. Rien n'est plus facile à comprendre. Les rapports commerciaux, entre États différents, seraient réglés comme le sont aujourd'hui ces rapports entre les différentes provinces d'un même État. L'Europe, d'autre part, aurait une organisation fédérale et nos immenses armées deviendraient complètement inutiles. Ces articles du programme socialiste sont d'une clarté parfaite. Il pourra arriver qu'ils soient adoptés aussi par d'autres partis. Le nombre des gens qui se rallieront à eux ira toujours en augmentant. Alors ces articles acquerront une force croissante et passeront de la phase du désir à celle de la volition et de la passion.

Le programme économique des socialistes est bien différent de leur programme politique. Il n'est pas encore arrivé à la phase des représentations. Quand on demande aux socialistes de décrire par le menu l'organisation de leur rêve, ils se dérobent très généralement. Pourquoi ? Parce qu'ils ne peuvent pas faire cette description. Ils n'ont pas une représentation concrète de la société telle qu'ils la désirent. C'est chez eux une aspiration encore vague et incohérente. Ils veulent une chose et veulent, en même temps, la chose contraire. Mais, tôt ou tard, l'idéal socialiste se condensera. De tous les désirs indéterminés, qui flottent aujourd'hui dans l'air, quelques-uns acquerront des contours plus précis et passeront à la phase de représentation. Alors les programmes économiques des socialistes deviendront aussi clairs que le sont aujourd'hui leurs programmes politiques.

Le socialisme sera-t-il bienfaisant pour l'humanité ? Hélas ! nous ne le croyons guère. Nous sommes même profondément convaincu du contraire. C'est une doctrine qui nous paraît contenir les erreurs les plus néfastes. Mais nous comprenons bien que ses erreurs ne l'empêcheront pas de triompher. Nous dirons même plus, sa victoire nous paraît bien probable. Elle aurait pu être évitée si les classes supérieures comprenaient un peu mieux leurs intérêts. Par malheur, nous les voyons plongées dans un aveuglement tellement profond qu'il inspire les plus sombres préoccupations quant à notre avenir immédiat.

Le socialisme triomphera donc probablement, et, après avoir régné pendant une période dont nul ne peut prévoir la durée, il sera vaincu à son tour.

Parfois, dans une tonne de gravier, on trouve seulement deux ou trois grammes d'or. Le travail du mineur consiste précisément à les en extraire. L'expérience accomplit la même besogne. Elle débarrassera un jour l'humanité des erreurs du socialisme. On finira par découvrir le véritable système économique, comme on a découvert le véritable système du monde. Quand l'humanité sera débarrassée des scories du socialisme, au

fond du creuset, il restera le plus pur et le plus inesti-
mable de tous les joyaux, cette vérité précieuse : l'État
existe pour les masses populaires, non pour quelques
milliers de privilégiés.

On trouvera aussi un jour le principe naturel de la
justice. Dès que la répartition des richesses paraîtra se
faire conformément à l'ordre des choses, ce phénomène
économique cessera d'affecter la conscience sociale.

CHAPITRE XIX

Volitions politiques.

I

Dans les volitions politiques, celles de l'ordre international ont l'importance la plus grande. La structure d'un organisme est déterminée par son milieu. Les animaux qui vivent dans l'eau ont des branchies, ceux qui vivent sur terre, des poumons. Pour les sociétés, tout dépend du milieu international. S'il est anarchique, la prépondérance de l'armée s'impose nécessairement. Toute la structure sociale est conditionnée par cette circonstance. Non seulement les institutions, mais, ce qui est plus grave encore, la psychologie nationale est complètement modifiée par le militarisme. Comparez la Prusse aux Etats-Unis d'Amérique. Il y a là deux idiosyncrasies différentes. Si l'Europe pouvait former une fédération, la structure entière de nos sociétés subirait une transformation radicale (1).

Mais le *milieu* international est précisément la résultante des volitions particulières de chaque État composant un groupe. En ce moment, dans notre vieille Europe, la conquête passe pour avantageuse. Aussi tout le monde désire en faire. De là nos armements formi-

---

(1) Ainsi, dans une Europe fédérée, on supprimerait les douanes internationales. L'Etat n'aurait plus à s'occuper alors de favoriser la production. Cela produirait une différenciation de fonctions d'une importance énorme.

dables. Si la conquête était considérée comme funeste, personne ne voudrait en faire. Les relations internationales seraient alors tout autres.

Nous avons vu comment la spoliation parut le moyen le plus *rapide* de se procurer le bien-être (voir p. 258). Faire une razzia, enlever du butin et rentrer chez soi semblait une excellente affaire. Il ne fallut pas beaucoup de perspicacité pour découvrir qu'un butin, levé continuellement, valait mieux qu'un butin levé par occasion. C'est l'origine du tribut permanent. Mais il est manifeste qu'il y a encore plus d'avantage à se rendre maître de tous les impôts, payés par une population, que d'en recevoir une petite part, sous forme de tribut. Dès qu'on fit cette réflexion, la conquête, c'est-à-dire l'occupation permanente du territoire du vaincu, *parut* la spéculation la plus avantageuse qu'on puisse faire ici-bas. Mille circonstances devaient fortifier cette idée. Un exemple. Pompée fit une campagne en Syrie en l'an 63 avant Jésus-Christ. Elle fut une simple promenade militaire. Quand Cicéron voulait tourner Pompée en ridicule, il l'appelait *Hierosolyma-rius*. Preuve que Pompée avait triomphé sans beaucoup de fatigue. Eh bien ! cette campagne, qui coûta à peine la vie à quelques soldats romains, rapporta 10.000 talents (près de 50 millions de notre monnaie). Quelle autre entreprise agricole ou industrielle aurait pu donner de si gros bénéfices en si peu de temps ? Des faits de ce genre devaient confirmer les hommes dans l'idée que les conquêtes sont les entreprises les plus avantageuses qu'il soit possible de faire ici-bas. Aussi on en a fait des milliers depuis l'époque historique. L'association d'idée entre la conquête et la richesse est une des plus profondément ancrées dans la cervelle humaine.

De plus, la conquête procure d'autres jouissances délicieuses : l'ivresse du triomphe, les satisfactions de l'amour-propre et de l'orgueil, la gloire parmi les contemporains et l'immortalité dans l'histoire, la possibilité d'imposer ses idées et sa personnalité à un très grand nombre de ses semblables, et beaucoup d'autres qu'il serait trop long d'énumérer. A la vérité, toutes ces jouissances sont surtout pour les chefs. Cependant, le dernier des guerriers en éprouve le contre-coup. Les hourras qui saluèrent Napoléon, le soir d'Austerlitz, exprimaient l'enthousiasme que la victoire allumait dans le cœur de ses soldats. Dans les grandes monarchies, les jouissances des conquêtes sont en majeure partie pour les rois et pour leur entourage immédiat. Mais, comme nous l'avons expliqué plus haut (voir page 133), les volitions des classes supérieures se transmettent à l'ensemble de la société.

Plus les conquêtes procuraient de jouissances imaginaires ou réelles, plus on désira en faire. La soif de l'expansion territoriale est devenue depuis longtemps la volition dominante, devant laquelle s'effacent toutes les autres ; elle a atteint la phase de la passion et même celle de la démence, comme nous l'avons dit au chapitre VIII (voir page 125). Toute action, ayant pour but l'accroissement de l'État, est considérée comme la plus haute des vertus ; toute action, ayant le but contraire, comme le plus abominable des crimes. Quand il s'agit de l'armée, les autres considérations passent au second plan. Il n'y a plus alors de conservatisme qui tienne. En Allemagne, il y a 4 pour 100 d'illettrés, en Russie 79. Dans l'empire des tsars, on n'est pas encore parvenu à imiter le voisin de l'ouest au point de vue de l'instruction primaire ; mais le fusil russe du nouveau calibre (modèle de 1891) n'est en rien inférieur au fusil allemand. On comprend partout désormais, qu'en ce qui concerne l'armement, l'admiration et l'imitation des ancêtres n'est absolument plus de mise.

Passons une petite revue de la folie kilométrique dans les différents pays européens.

L'Allemagne a arraché 14.153 kil. carrés à la France, en 1871. Elle considère comme un malheur terrible la possibilité de les reperdre. Le gouvernement, la classe aristocratique et un grand nombre d'individus dans la classe bourgeoise proclament, à haute voix, qu'ils consentiront à perdre la dernière goutte de leur sang, plutôt qu'à laisser les Alsaciens disposer librement de leur destinée. Les Allemands savent parfaitement que la conquête de 1871 leur coûte tous les ans des sommes immenses ; ils savent qu'elle diminue leur bien-être dans une mesure énorme. Mais ils regardent ces souffrances comme inférieures à la douleur de perdre l'Alsace-Lorraine. Eh bien ! quand un homme a une volition *manifestement* contraire à ses intérêts, c'est que cette volition est arrivée à la période de la démence. Cela est vrai des unités collectives comme des individus.

La passion kilométrique pousse les Allemands à considérer leurs forces militaires comme toujours insuffisantes. C'est un cauchemar qui les empêche de dormir tranquilles, une monomanie qui semble inguérissable. Certes l'hégémonie allemande n'était pas contestée, en Europe, en 1892. Tout le monde était convaincu, à cette époque, que l'Allemagne était la plus grande puissance militaire de notre continent. Cela n'était pas l'avis de l'État-major prussien. Depuis lors on a augmenté l'effectif de 85.000 hommes. Quand la loi de 1893 aura exercé son plein effet, les Allemands pourront mettre à peu près 4.400.000 hommes sur pied de guerre (1). Bien entendu les dépenses se sont accrues en proportion. En 1874, le budget militaire montait à 407 millions de francs. Celui de 1894-95 monte à 899 millions. Mais évidemment les effectifs de 1893 sont une étape. Dans quelques années, ils paraîtront, de nouveau, insuffisants. Un cri d'alarme patriotique sera poussé et on les augmentera de nouveau.

Les Anglais ne sont pas moins affectés de la kilométrite que les Allemands. Une des raisons qui les empêche de régler la question de l'Irlande conformément à l'équité (en lui restituant son autonomie), c'est

(1) A peu de chose près la population totale de la Hollande.

la crainte qu'elle ne devienne un pays étranger. Alors, disent les Anglais, nous aurons un ennemi à notre flanc et notre situation internationale sera des plus dangereuses. La Grande-Bretagne a aujourd'hui pour voisins la France, puissance de 38 millions d'hommes, l'Allemagne, formidable empire militaire de 52 millions, la Russie, la fédération américaine. Tout cela n'empêche pas les Anglais de vivre et de prospérer. Mais il paraît qu'une Irlande de 4.700.000 âmes sera le roc sur lequel viendra se briser la fortune britannique ! Peut-on soutenir des plaisanteries plus singulières ? Il y a des craintes qui tiennent tout simplement de la déraison. En réalité, ce qui empêche les Anglais d'accorder l'indépendance à l'Irlande (la question de l'Ulster étant réservée), c'est l'ancienne idée qu'il est néfaste et honteux de perdre des provinces et cette idée, à son tour, provient de l'idolâtrie des kilomètres carrés. Dès que les Anglais, gens si raisonnables, aux sentiments, parfois, si nobles et si généreux, parlent de l'Irlande, ils battent positivement la campagne. Leur historien Froude proclame, à propos de la verte Erin, ce principe sauvage que « le droit d'un peuple à l'indépendance consiste seulement dans le pouvoir de se défendre ». Comme les Polonais n'ont pas pu se défendre, leur situation actuelle serait donc conforme au « droit », si on adoptait les idées de Froude. Jamais les Anglais n'ont soutenu de pareilles théories par rapport à la Pologne et on peut les en féliciter grandement ; mais, dès qu'il s'agit de l'Irlande, ils perdent absolument tout sens moral.

C'est grâce aussi à l'idolâtrie des kilomètres carrés, que les Anglais considèrent toute extension du domaine colonial des autres pays comme une atteinte portée à leurs droits. Il semble, dans l'opinion des Anglais, que toute terre encore inoccupée fasse partie, *ipso facto*, de leur domaine. Cette manie kilométrique leur fait le plus grand tort. Elle met contre eux toutes les nations civilisées. Elle pousse celles-ci à ne pas leur rendre justice, même quand ils ont raison. Lorsque les Anglais ont occupé la Birmanie, le cabinet de Saint-Pétersbourg n'a pas fait l'ombre d'une représentation et la presse russe n'a pas dit un seul mot. Il a été question dans ces derniers temps de l'annexion de la Corée à l'empire des Tsars. La presse anglaise a poussé des cris de fureur au seul bruit de cet événement. Or qu'arriverait-il si la Corée était réunie à la Sibérie ? Simplement ceci : le chiffre d'affaires que les Anglais feraient dans la Corée russe serait décuple de celles qu'ils font dans la Corée indépendante. Toute puissance européenne qui occupe un pays sauvage ou barbare tire les marrons du feu, comme on dit en langage familier, pour les autres nations civilisées. Les neuf dixièmes des bateaux à vapeur qui viennent dans les ports russes de la Mer Noire portent le pavillon britannique. Il en serait exactement de même des ports de la Corée. L'annexion de ce pays à la Russie est donc, en réalité, absolument *conforme* aux intérêts des Anglais. L'idolâtrie kilométrique les empêche seule de le comprendre (1).

Passons le Pas-de-Calais. L'idolâtrie kilométrique sévit sur les bords de la Seine avec autant d'intensité que sur les bords de la Tamise et de la Sprée. Les Français possèdent maintenant un empire colonial de 8.976.000 kil. carrés. Ils cherchèrent à l'agrandir constamment. Ils ont des contestations perpétuelles avec les Anglais sur les « sphères d'influence ». Quand il faut reculer ou céder quelque chose à la Grande-Bretagne, le mécontentement est très vif en France. Toute restriction du domaine colonial est considérée comme un mal. Les possessions asiatiques et africaines de la France (nous exceptons bien entendu l'Algérie et la

---

(1) Tout cela s'applique exactement au Maroc. L'Angleterre fait beaucoup plus d'affaires avec l'Algérie qu'avec le Maroc indépendant. Que la France fasse mine, cependant, d'annexer le Maroc, immédiatement elle rencontrera l'opposition la plus vive de la part de l'Angleterre, qui agira ainsi contre ses intérêts *véritables.*

Tunisie) ne sont pas des colonies de peuplement. Elles le seraient d'ailleurs, que la France n'en aurait guère besoin, puisque sa population est presque stationnaire et son émigration des plus insignifiantes. Les territoires acquis par la France sont des colonies d'exploitation. Or, une condition est absolument indispensable pour que des possessions de ce genre soient avantageuses. Il faut qu'elles ne coûtent pas d'argent au budget de la métropole. Ainsi la fameuse Chartered est en train de créer dans l'Afrique méridionale un empire qui ne le cédera peut-être pas un jour à l'Australie ou aux États-Unis. Mais la Chartered ne coûte pas un penny au contribuable Anglais. Il n'en est pas de même des possessions françaises. Toutes font une brèche au budget de la métropole et même assez considérable. Elles font augmenter les impôts; elles *diminuent* donc le bien-être des Français. Ces possessions ne sont pas une force, mais une faiblesse.

Nous sommes loin de soutenir que le peuple français n'est pas colonisateur. Au contraire. Il y a au moins une colonie française qui a montré une vitalité peut-être supérieure à celle de toutes les entreprises anglaises. C'est le Canada. Les compagnons de Montcalm étaient à peine 63.000 en 1753. Ils sont maintenant plus de deux millions. Il y a peu d'exemples d'un accroissement pareil par le simple jeu des facteurs démographiques, sans l'appoint d'une forte immigration. Notez de plus que le sol du Canada n'est pas d'une fertilité hors ligne et que le climat de ce pays n'est rien moins qu'avantageux.

Si les Français voulaient organiser leurs possessions comme les Anglais, c'est-à-dire les abandonner à des compagnies privées, nous sommes convaincus qu'elles prospéreraient très rapidement. Mais ce n'est pas fait. En France l'État veut tout accaparer. Tant qu'il en sera ainsi, l'extension du domaine colonial sera une cause d'affaiblissement pour la métropole, un tribu payé à l'idolâtrie kilométrique.

Nous observons en Italie un cas de kilométrite encore plus aigu. A peine son unité fut-elle accomplie qu'elle commença à jeter des regards de convoitises sur les territoires voisins. La Tunisie l'attira plus que toute autre région. Rome voulut reprendre Carthage. Les politiques du Quirinal furent hésitants. Cairoli aurait, peut-être, pu obtenir la régence au congrès de Berlin. Il ne sut pas saisir l'occasion aux cheveux. La France prit les devants et occupa Tunis. L'espérance d'acquérir 150 000 kilomètres carrés de territoire fut perdue pour les Italiens. Leur ressentiment devint si vif qu'ils entrèrent dans la triple alliance. Alors commencèrent des armements formidables. Les finances italiennes furent ruinées, la fiscalité fut poussée jusqu'aux limites les plus intolérables. Par ressentiment contre la France, qui l'a empêchée de s'agrandir, l'Italie se ruine elle-même. C'est comme si l'on disait à son voisin « Pour *vous* faire du tort je *me* coupe le bras ».

Mais il y a encore mieux que Tunis, c'est l'Erythrée. Certes, il était difficile de choisir une possession plus malheureuse et moins attrayante. Massaoua est l'endroit le plus chaud de la terre. Aux alentours, il n'y a que des déserts. Jamais, au grand jamais, la colonisation italienne ne se portera de ce côté. L'Erythrée restera éternellement un nid de fonctionnaires, elle fera éternellement une saignée au budget de la mère-patrie. Pour annexer un pareil pays il faut être atteint d'une kilométrite des plus dangereuses (1).

Et à quoi bon des annexions, grands dieux! L'Italie a une colonie qui ne lui coûte pas un sou; c'est l'Amérique du Sud. De 1857 à 1894, 893.000 Italiens sont allés dans la République Argentine (2). Si ce mouvement continue pendant une longue période de temps, la majorité de la population deviendra italienne. On aura

(1) Ces lignes ont été écrites en août 1895, avant les revers des Italiens en Abyssinie.

(2) 260.000 y sont allés dans la seule année de 1889.

alors une Nouvelle-Italie dans l'Amérique méridionale, comme on a une Nouvelle-Angleterre aux États-Unis et une Nouvelle-France au Canada. Mais, quand bien même cette Nouvelle-Italie serait devenue une puissance considérable, la statistique enregistrerait toujours pour l'ancienne un territoire de 286.589 kilomètres carrés. Or, on considère précisément comme un grand bonheur, non l'expansion spontanée de la nation, mais l'exten-sion territoriale, malgré tous les désastres financiers qu'elle peut occasionner.

Et votre propre pays, dira sans doute le lecteur? Nous donnerons une seule preuve qu'au point de vue de la *kilométrite* il n'a absolument rien à envier à ses voisins : le silence. L'auteur désire que ce livre puisse pénétrer en Russie. Il craint que la censure ne le mette à l'index, s'il expose d'une façon complète les mani-festations de l'idolâtrie des kilomètres carrés qui se produisent dans sa patrie. Aussi il s'en abstient.

En passant l'Atlantique, nous ne trouvons pas plus de raison. Un exemple curieux et récent. Le Brésil a 8.361.350 kil. carrés (seize fois la France envi-ron) et moins de deux habitants par kilomètre. La place ne semble donc pas manquer aux Brésiliens. Dernière-ment les Anglais ont occupé l'île de Trinidad, rocher minuscule, perdu en plein océan. Les Brésiliens ont protesté avec la plus vive indignation. Des meetings nombreux ont été tenus à Rio-Janeiro. A S.-Paulo des manifestations monstres de dix mille personnes ont parcouru les rues en proférant des cris de mort contre les Anglais. Tous ces hommes étaient affectés de la folie des kilomètres carrés.

« En peu d'années les impôts ont atteint partout des proportions qui excèdent la puissance économique de chaque pays, dit un auteur anonyme dans la *Revue des Deux-Mondes* du 1ᵉʳ février 1894. Ces nécessités engendrent la misère qui, déjà, se glisse impi-toyable dans plus d'une contrée. Cette détresse pro-voque à son tour, avec des troubles d'un autre ordre et non moins alarmants, des émigrations qui rappellent un âge reculé et le nouveau monde ne leur fait pas toujours un accueil sympathique... Nées manifestement de l'abus des impôts, ces difficultés financières et sociales sont-elles et devront-elles rester le lot des nations les moins favorisées ? Pendant que l'Italie en est si sérieusement menacée, verrons-nous d'autres États s'en accommoder aisément ? Le croire, ce serait se bercer de coupables illusions. Aucune puissance ne possède des ressources inépuisables, de façon que l'on ne sait plus si l'Europe est destinée à devenir la proie de la guerre ou bien celle de la misère. »

Quand la fiscalité atteint certaines limites elle devient un obstacle à la production. Tel fut le cas dans l'empire romain à partir du IIIe siècle. On cessait de cultiver les champs pour ne pas payer les impôts dont ils étaient accablés. Quand la production diminue, la dépopulation est proche. Un dilemme inexorable s'impose aux nations européennes ; dégrever ou décliner. Tout le monde comprend qu'en se débarrassant du fardeau militaire, on pourrait faire rentrer la fiscalité dans des limites raisonnables. Mais la folie des kilomètres carrés nous étreint. Plutôt que de renoncer à faire des conquêtes ou à abandonner nos conquêtes anciennes, nous préférons la ruine. Si ce n'est pas là de la pure démence, nous voudrions bien qu'on trouve une autre appellation pour qualifier une pareille conduite !

« Régner sur une matière imposable de plus en plus étendue » comme dit Renan (1), peut constituer encore un avantage pour les chefs des entreprises politiques, mais, à coup sûr, il n'en constitue aucun pour les contribuables, pour les masses populaires. Tout accroissement de l'État, obtenu par des moyens violents, diminue le bien-être des citoyens. En effet, le temps nécessaire pour attaquer et se défendre est perdu pour la production de la richesse, donc pour l'accroissement

____

(1) *Histoire du peuple d'Israël*, tome V, p. 120.

de la civilisation. Aucun Allemand ne s'imagine qu'il aura un meilleur dîner, des meubles plus commodes et une demeure plus confortable, si la Franconie est détachée de la Bavière pour être annexée au Wurtemberg. Mais beaucoup d'Allemands s'imaginent qu'ils seront plus heureux si l'Alsace-Lorraine reste rattachée à l'empire. Qu'on ne vienne pas nous parler de considérations morales. Si les Alsaciens étaient seuls en cause, ces considérations seraient de mise. Mais, quand on affirme qu'on garde l'Alsace pour des raisons militaires, il s'agit de topographie et de stratégie et non de créatures humaines. Maintenant que les changements territoriaux s'accomplissent au sein du même État ou entre États différents, la nature de ce phénomène n'est pas modifiée pour cela. Toujours ce fait reste de l'ordre politique et non économique. Or les facteurs économiques seuls font augmenter ou diminuer la richesse. Ainsi, l'invention d'une nouvelle machine motrice qui brûlerait 200 grammes de charbon par heure et par cheval, au lieu de 900, augmenterait la richesse de l'humanité ; mais une modification des frontières actuellement existantes ne peut pas produire ce résultat.

L'illusion kilométrique sévit depuis la plus haute antiquité. Aussi, les guerres ayant pour but les conquêtes territoriales ont été innombrables. Beaucoup de personnes s'imaginent que le désir des annexions est le seul motif des conflits internationaux dans l'humanité. Des historiens célèbres croient que leur unique mission consiste à raconter les circonstances qui ont influé sur les limites territoriales des États. La conquête nous hypnotise. Le désir de l'agrandissement a été pendant des siècles au premier plan de la conscience. Parfois il occupait une place si prépondérante qu'il rejetait toutes les autres préoccupations sociales dans le domaine de l'inconscient. Les inventions mécaniques d'Arkwright, Hargreaves, Watt, Bramah, Brinsley, Stephenson, Wedgwood, Maudsley, Davy ont transformé les conditions de l'humanité. Elles ont créé l'usine monstre et la grande industrie d'où découlent des conséquences colossales. Et cependant, qui connait les noms de tous ces hommes ? Dans leur patrie même, un petit nombre d'entre eux sont arrivés à la popularité. Or, qui ne connait pas Wellington en Angleterre ? Sa statue se dresse fièrement sur la plus belle place de Londres.

Comme les guerres de conquêtes ont duré des siècles, il nous semble qu'elles dureront toujours. C'est une profonde erreur. Les passions sociales changent comme les passions individuelles. La même volition ne reste pas éternellement à l'ordre du jour de la conscience, parce que les circonstances extérieures viennent modifier constamment cette conscience. L'humanité abattra l'idole des kilomètres carrés, comme elle en a abattu tant d'autres. Aussi longtemps qu'il y aura des hommes, des circonstances physiologiques, économiques, politiques et intellectuelles nécessiteront des changements de frontières (1). Seulement, ces changements cesseront d'affecter la conscience sociale. On parle actuellement de diviser la Podolie en deux provinces. Ce fait occupera le public dans une mesure très légère. Un très grand nombre de Russes en seront à peine informés et ceux même qui en seront instruits, n'y penseront pas deux heures après. Il en sera de même un jour de toutes les modifications territoriales qui s'opèreront sur le globe. La passion kilométrique sévit aujourd'hui parce qu'on identifie l'extension territoriale avec la richesse. Mais cette erreur ne sera pas éternelle. Les hommes comprendront un jour que les faits économiques et les faits politiques sont de nature différente. Aujourd'hui la moindre transformation de la carte politique

(1) Les hommes qui parlent la même langue ont évidemment certains intérêts communs. Mais, les limites des langues varient incessamment. Si on désire donc combiner les circonscriptions politiques ou administratives avec la limite des langues (ce qu'on peut être amené à faire pour des nécessités de bon gouvernement), on sera obligé de modifier ces circonscriptions de temps en temps.

coûte des flots de sang et des milliards de francs. « J'ai acheté l'Illyrie avec la perte d'un million d'hommes, disait Napoléon au comte Bubna le 16 mai 1813, vous ne l'aurez pas par la force sans en sacrifier autant » (1).

« On ne peut seulement pas concevoir, dit la *Nouvelle Gazette de la Croix* du 23 janvier 1896, une rétrocession de l'Alsace-Lorraine sans une lutte acharnée. Le ciment du sang et du fer ne peut être détruit à son tour que par du fer et du sang. »

Ces hécatombes et ces ruines causent d'épouvantables souffrances ; aussi les changements territoriaux affectent la conscience sociale de la façon la plus puissante. Mais, quand nous aurons été guéris de la folie kilométrique, il n'en sera plus ainsi. Les hommes trouveront alors un ensemble de formes juridiques pour modifier les frontières. Ces formes seront basées sur l'équité et sur les convenances des populations. Alors, les modifications des frontières n'affecteront plus la conscience sociale, comme la modification des circonscriptions administratives au sein de l'État ne l'affectent pas aujourd'hui.

II

Passons aux volitions de l'ordre interne.

Il n'y en avait pas de plus puissante autrefois que celle de la forme du gouvernement. Elle était considérée comme une panacée universelle. Les hommes, vivant sous un monarque absolu, s'imaginaient qu'ils auraient le paradis sur la terre s'ils réussissaient à établir la république. L'expérience a été faite plusieurs fois. La déception a été amère. Aussi les formes du gouvernement préoccupent moins les esprits. Sans doute, les peuples qui ont trop peu de liberté, voudraient en avoir davantage ; mais, sauf en Russie,

(1) Cité par M. Sorel. *Essais d'histoire et de critique.* Paris, P ou, 1894, p. 45.

les conquêtes constitutionnelles sont devenues désormais des questions de quantité et non de qualité, s'il est permis de s'exprimer de la sorte.

Nous subissons certainement à la fin du xix° siècle une espèce d'accalmie dans les volitions de l'ordre politique interne. Aucune question ne passionne les peuples d'une façon très vive. En Angleterre, il semblait un moment que la Chambre des lords était menacée et que l'antique Albion allait se jeter dans le gouffre de la démocratie pure. Mais il paraît que ce mouvement n'avait pas beaucoup d'intensité. La Chambre des lords ne semble pas devoir être supprimée de si tôt. La question de l'Irlande subit aussi un temps d'arrêt. On voit bien se dessiner vaguement dans le Royaume-Uni une agitation régionale. L'histoire a formé dans ce pays quatre unités irréductibles : l'Angleterre, le Pays de Galles, l'Écosse et l'Irlande. Une fédération de ces quatre pays serait peut-être la combinaison la plus avantageuse à l'heure actuelle. Au-dessus des parlements régionaux il y aurait un parlement central ou impérial pour les affaires communes, où les colonies pourraient aussi envoyer des députés. On a soulevé de pareils projets en Angleterre, mais, encore, d'une façon assez vague.

En France, après le triomphe définitif de la république, il n'y a pas de question bien palpitante à l'ordre du jour. Les radicaux parlent depuis longtemps de supprimer le Sénat, mais on ne voit pas trop que ce projet rencontre beaucoup l'appui des autres partis. On peut penser que le Sénat durera encore un certain temps. On commence aussi à comprendre, en France, que la représentation nationale anorganique, telle qu'elle existe aujourd'hui, ne peut pas fournir un gouvernement stable. Quelques voix s'élèvent aussi, de plus en plus nombreuses, contre l'épouvantable centralisation de Paris. Elle est bien près de faire tarir la sève dans ce corps admirable qui s'appelle la France. La décentralisation devrait être, à l'heure actuelle, la passion du peuple français. Là, nous semble le salut. Cependant, nous devons constater que ce mouvement est encore assez faible.

En Allemagne, par bonheur, le particularisme n'a pas dit son dernier mot (1). Mais il faut reconnaître aussi que la Prusse ne montre actuellement aucune velléité de pousser à une centralisation trop excessive. Le pacte de 1871 est exécuté loyalement de part et d'autre. Sans doute, la constitution de l'empire n'est pas parfaite ; mais on s'en accommode tant bien que mal. On ne voit pas se dessiner pour le moment en Allemagne, de volitions politiques bien puissantes.

Il en est de même de l'Italie. Ce merveilleux pays, objet des sympathies de tout esprit cultivé, est bien éprouvé à l'heure actuelle. Le mécontentement est grand dans le royaume, en général, et dans certaines provinces, en particulier. Cependant, le *statuto* n'est discuté par personne (les cléricaux mis à part, bien entendu). La dynastie jouit encore d'une certaine popularité. Encore ici, pas de grands courants de volitions sociales qui produisent des réformes importantes et fondamentales.

Dans les autres pays de l'Europe on semble aussi plongé dans une espèce d'accalmie relative.

La grande affaire à l'ordre du jour à l'intérieur des États est désormais le socialisme. Personne ne le conteste. Le socialisme et le militarisme voilà les deux pôles autour desquels tournent maintenant nos préoccupations.

Nous avons vu qu'une question disparait de l'ordre du jour de la conscience sociale, soit quand elle est ré-

(1) Nous serions désolés si notre expression *par bonheur* était interprété en Allemagne dans un sens hostile. Nous nous félicitons de la force du particularisme dans l'intérêt même du peuple allemand. Nous ne lui souhaitons pas l'odieuse centralisation qui dessèche tant de nations européennes. Mais nous ne lui souhaitons nullement le particularisme qui affaiblit l'unité de la patrie par rapport à l'étranger.

glée conformément à la justice, soit quand elle est remplacée par une autre. Cette dernière circonstance se produit pour le socialisme par rapport à la folie kilométrique. Les peuples ont fini par découvrir que les conquêtes ne leur procurent aucun bénéfice et ils se tournent de plus en plus vers des préoccupations de l'ordre économique. On dit avec raison : l'histoire de la Grèce antique est en raccourci celle de l'Europe moderne. Nous voyons maintenant la répétition de ce qui s'est passé dans l'Hellade au II° siècle avant notre ère (1). Là la question du gouvernement aristocratique ou démocratique passa au premier plan de la conscience sociale. Un athénien, démocrate, considérait comme ami un Thébain démocrate et comme ennemi un Athénien aristocrate. Nous voyons cette circonstance se reproduire de nos jours. « Prolétaires de tous les pays, unissez-vous », dit Karl Marx. Les socialistes se prétendent sans patrie. Ils disent que les ouvriers sont solidaires malgré les différences de sujétion politique et de nationalité. Nous verrons peut-être dans un avenir prochain des alliances entre États socialistes contre États individualistes comme on a vu dans la Grèce antique des alliances entre États démocratiques contre États aristocratiques.

Aux socialistes les contestations territoriales font l'effet de mesquines jongleries diplomatiques. Ils les tournent en ridicule, comme nous tournons en ridicule les questions de préséance, auxquelles on attribuait tant d'importance autrefois. Les socialistes, sous certains rapports, sont prodigieusement réalistes. Ils mettent au premier plan les questions de l'estomac. La prétendue dignité nationale et les autres rengaines de ce genre les laissent absolument froids.

Le socialisme nous débarrassera de la folie des kilomètres carrés, en mettant sur le tapis des problèmes devant lesquels les contestations territoriales paraitront

____

(1) Voir page 256.

des puérilités indignes de gens sérieux. Les hommes comprendront alors qu'il est si facile d'opérer les modifications des frontières, nécessitées par les besoins du jour, au moyen d'un ensemble de procédés juridiques basés sur l'équité !

CHAPITRE XX

Volitions intellectuelles.

En arrivant aux phénomènes intellectuels nous pénétrons dans une région immense, d'une complexité énorme. Ici nous trouvons des états psychiques aux phases les plus diverses, des contradictions extrêmes, un sol tout mouvant, des conditions presque chaotiques. De grandes différences se laissent voir non seulement de pays à pays mais, presque, d'individu à individu. Tandis que quelques-uns ont des besoins intellectuels très intenses, d'autres semblent pour ainsi dire ne pas en avoir du tout.

Afin que le lecteur puisse s'orienter au milieu de ce dédale, nous croyons utile de lui soumettre un aperçu général de ce chapitre.

Les fonctions intellectuelles impliquent naturellement le sentiment. Nous avons montré son importance; la religion en procède. Aussi lui donnerons-nous la première place. Puis nous passerons à la culture intellectuelle en la considérant d'abord au point de vue général, puis au point de vue national. Ici la matière s'amplifiera et cette section sera divisée en quatre paragraphes où nous parlerons de l'apparition tardive du sentiment national, de l'inconscience de la lutte mentale, du peu de préoccupation à l'égard de l'outillage intellectuel et de l'indifférence presque complète par rapport à l'expansion nationale. Nous terminerons par quelques mots, sur la phase où se trouvent actuellement les phénomènes intellectuels et sur les perspectives de l'avenir.

I

Après le langage, la religion est la manifestation la plus importante de l'âme humaine. Elle nous saisit par toutes les fibres de notre être, elle plonge les racines les plus profondes dans notre pensée et notre sentiment. La religion est une vaste synthèse. Elle comprend une philosophie, une politique et une morale par le dogme, une esthétique par le culte. Il n'y a pas de branches de l'activité humaine que la religion n'attire pas dans son giron et ne subordonne à ses fins.

De plus la religion nous domine entièrement par la puissance des émotions qu'elle nous fait éprouver. Une heure de véritable recueillement mystique donne à l'âme des jouissances incomparables. L'amour lui-même, dans ses extases les plus profondes, peut à peine égaler la douceur de ces minutes de recueillement. La religion agit directement sur notre sensibilité par le culte. Comme elle supprime tous les circuits, sa puissance est énorme.

Ajoutez de plus que la religion est la plus ancienne des manifestations psychiques. A une certaine phase, elle contient dans son sein la science, l'art et la philosophie qui se différencient, plus tard, deviennent adultes et se posent à la fin en antagonistes de leur mère commune. Comme les sentiments religieux sont fort anciens, l'hérédité a pu les fixer plus fortement dans nos âmes.

A cause de toutes ces circonstances, la religion a été la première à parcourir toutes les phases de l'évolution psychique. Elle a atteint depuis longtemps la phase de la volition, et même, parfois, celle de la passion et de la démence. Dans quelques pays, le sommet de la courbe a même été dépassé et la religion commence à rouler sur une pente descendante.

La religion étant la manifestation la plus puissante

de l'âme, il est naturel que des hommes aient consenti depuis longtemps à sacrifier leur propre existence et celle de leurs semblables pour le triomphe de leur foi. Comme nous l'avons vu, cet état psychique caractérise la passion et touche à la folie. Quand on croit très fermement à un dieu, on éprouve une horreur insurmontable à l'égard des dieux différents. De là le désir de les détruire, de les extirper. Dès que les Israélites, à l'époque de leur indépendance politique, prenaient une ville phénicienne, leur premier soin était de renverser les idoles de Baal et de Dagon. Mais on met autant de passion à défendre ses dieux qu'à détruire ceux des autres. On le fait au péril de la vie. Quand on succombe, on préfère parfois la mort la plus cruelle à l'apostasie. Qui dira quel fut le premier martyr? L'intolérance, hélas, est une bien vieille chose. Un conquérant soumettait un pays. Il voulait fort souvent lui imposer sa religion. Si les vaincus acceptaient sans résistance, l'affaire était réglée. Pour rendre les persécutions nécessaires, il fallut naturellement des résistances. Comme le vaincu était le plus souvent désarmé, sa résistance fut surtout de l'ordre moral, c'est-à-dire le martyre.

Pour se livrer au prosélytisme à main armée, il faut aussi que les impulsions religieuses aient atteint la phase de la passion. Dans les combats les chances contraires sont fort probables. Si un homme va combattre pour une cause, cela montre, qu'au cas échéant, il consent à lui sacrifier sa vie. Un bien petit nombre des croisés qui partirent pour Jérusalem, en 1096, revinrent dans leurs foyers.

L'histoire cite de nombreux exemples d'expéditions guerrières, entreprises en vue de convertir les infidèles. Cependant quelques-unes de celles qui ont ce but en apparence peuvent cacher un fond tout différent. Il faut bien examiner les choses, dans chaque cas spécial. Nous avons déjà parlé des conquêtes des Arabes qui ont toujours été données comme exemple de guerres de religion (voir page 261). Les croisades, non plus, ne

furent pas dictées par des impulsions toujours très pures.
Sans doute, la première avait pour but de délivrer le
tombeau du Christ. Mais, plus tard, les volitions devinrent d'une nature plus terrestre. « Il ne faut pas se
représenter tous les princes chrétiens, dit M. Seigno-
bos, unis contre les princes musulmans. Les intérêts
politiques étaient d'ordinaire *plus forts* que les haines
religieuses » (1). Mêmes circonstances en Espagne.
Incontestablement le long duel entre les chrétiens et les
musulmans fut, dans ses grandes lignes, une guerre de
religion; mais beaucoup de considérations purement
mondaines se mêlèrent à ce combat. La domination
des Arabes se fractionna au bout de quelques temps en
plusieurs émirats indépendants. Les Chrétiens aussi
étaient partagés en plusieurs royaumes. Des alliances
nombreuses se conclurent entre potentats chrétiens et
musulmans contre d'autres chrétiens et d'autres musulmans. La volition dominante, au fond, était de faire
des conquêtes. La guerre de Trente ans eut certainement au début, un caractère religieux; néanmoins,
l'ambition de la maison d'Autriche (en d'autres termes
sa soif d'acquérir des possessions territoriales) y joua
aussi un rôle important.

Mais, hélas! il n'y a eu que trop de guerres de religion
incontestables. Pendant de longs siècles, l'unité de la
foi a constitué dans certain pays une véritable frénésie.
Tout devait plier devant cet objectif. Quelques hommes
d'État comprirent assez tôt que les intérêts politiques
pourraient grandement souffrir de l'intolérance religieuse, mais ils furent impuissants contre des torrents
déchaînés. La passion, le délire ne raisonnent pas.
L'Espagne devrait toujours servir d'exemple, à ceux
qui tiennent pour l'intolérance. Ils peuvent voir le résultat tangible de la subordination de toutes les fonctions sociales à la religion. On peut dire que l'Espagne
s'est positivement suicidée par l'inquisition. Quiconque

(1) *Histoire générale.* Tome II, page 344.

osait réfléchir aux questions religieuses, quiconque se permettait d'examiner les fondements de sa foi pouvait être brûlé à petit feu et l'était même fort souvent. Alors il est arrivé ceci : certains individus n'ont plus osé s'occuper de ces questions ; ils sont tombés dans une somnolence intellectuelle voisine de la léthargie. D'autres individus ont continué à penser, mais ils se sont bien gardés de le dire ; alors l'hypocrisie est devenue la première des vertus. L'Église et l'État, par leur union néfaste dans l'œuvre de l'intolérance, sont devenus les agents de la mort intellectuelle et de la décomposition morale de la nation. La santé provient de l'équilibre des fonctions. Le scepticisme a son rôle à jouer dans le monde, comme la foi. En Espagne, on a voulu tout subordonner au catholicisme. On a produit l'anémie presque complète de la nation (1).

Tous les pays européens ont passé à leur heure par la folie de l'intolérance. Presque tous ont sacrifié des millions de nobles victimes à la chimère de l'unité de la foi. Cette chimère avait beau se dérober à chaque instant, on ne désespérait pas de pouvoir la saisir un jour. On croyait pouvoir amener des centaines de millions d'hommes à penser la même chose, pendant des siècles ! La quadrature du cercle, l'élixir de longue vie, la pierre philosophale, toutes ces folies insignes sont la sagesse même, en comparaison de la chimère de l'unité de la foi ! Les idées changent à tout moment dans le cerveau humain. La pensée est un résultat de

(1) Un autre exemple. Les Florentins jouaient au xiv⁰ siècle le rôle que les Anglais jouent aujourd'hui. Boniface VIII les appelait le cinquième élément. Ils étaient partout. Aucune grande affaire financière ne s'accomplissait en Europe sans leur participation. Florence était le banquier de tout l'occident. Après la contre-réaction catholique, les potentats italiens, y compris les Médicis, craignant que leurs sujets ne fussent contaminés par le protestantisme, mirent les plus grandes difficultés à leur délivrer des passeports pour l'étranger. Les voyages se firent rares. Les Florentins cessèrent d'être le cinquième élément. Ils tombèrent même dans une somnolence dont ils se réveillent à peine de nos jours.

la vie. Or, la matière protoplasmique est *vivante* précisément parce qu'elle est instable, c'est-à-dire changeante. Vouloir une pensée immobile c'est vouloir une cascade dont l'eau ne tombe pas, c'est vouloir du vent sans déplacement de l'atmosphère, c'est vouloir une pure contradiction.

On peut répéter les mêmes pratiques religieuses pendant des siècles. Les prêtres peuvent revêtir les mêmes costumes, accomplir les mêmes mouvements et les mêmes gestes, marmotter les mêmes prières, lire les mêmes textes, chanter les mêmes litanies. Mais alors, au bout de quelque temps, tout cela cesse d'affecter la conscience humaine. L'habitude rend ces pratiques purement mécaniques. Dès que, par leur sempiternelle répétition, elles causent de l'ennui, elles ne pénètrent pas dans l'âme et l'émotion religieuse ne se produit plus. Les apparences peuvent tromper. On peut croire qu'il y a des religions immuables. On oublie seulement qu'à partir du moment où elles sont fixées dans la tradition, elles sont *mortes*. Un culte où il ne reste que les pratiques extérieures peut *paraître* une religion, mais il en est justement l'opposé, parce que l'élément fondamental de la religion est l'émotion.

Ce qui nous fait croire que certaines religions, réduites à de simples pratiques, sont encore vivantes, ce sont les fidèles. Un certain nombre d'entre eux, quand ils vont à l'église, ne comprennent rien de ce que dit le prêtre et s'en soucient très médiocrement (1). Ils s'absorbent dans leur rêve intérieur... ils prient ! On les croit plongés dans l'extase *à cause* de l'office; nullement, c'est *malgré*. Ce sont eux qui infusent la vie de leur âme à ce qui est mort, et non le culte qui vivifie leur cœur. Et puis, il y a la musique. Quelle que soit la folie des hommes, ils n'ont pas encore porté

____

(1) Il y a deux preuves : la messe dite en *latin* (langue incomprise de l'immense majorité des catholiques), et la messe basse où le fidèle n'entend même aucune parole.

une main sacrilège sur cet art sublime. Même dans l'église orthodoxe, les litanies chantées aux offices varient encore un peu d'un jour à l'autre. Elles viennent doucement bercer l'âme et ouvrir des échappées sur l'infini !

Vouloir la religion immobile, comme la pensée immobile est donc une pure démence. Cependant les gouvernements ont poursuivi cette folie pendant des siècles et quelques-uns la poursuivent encore ! Et par quels moyens, hélas ! Par les plus cruels, les plus impitoyables. Il y a cent cinquante ans à peine, les hérétiques étaient mis à mort en Europe avec les raffinements de cruauté les plus diaboliques. Mais à quoi cela pouvait-il servir ? Si on voulait tuer tous les dissidents, il faudrait tuer tous les hommes. Jamais deux individus n'auront exactement les mêmes pensées ; on sera toujours le dissident de quelqu'un.

Quand on lit le récit des atrocités commises au xvie siècle pour motifs religieux, on se sent frémir d'horreur. Hélas! que de tortures, de souffrances, d'iniquités pour faire *confesser* (1), par exemple, que le fils est ὁμοούσιος ou ὁμοιούσιος du père ! A coup sûr, il n'est pas absolument exact d'affirmer que les hommes se sont enflammés à tel point sur des subtilités de ce genre qu'ils ont consenti à mourir pour les faire triompher. Non, sans doute. Mais en intercalant un iota dans ὁμοιούσιος on devenait *hérétique* et pour cela on était massacré comme un chien. La folie humaine nous parait avoir rarement dépassé ces limites.

Servet fut brûlé par Calvin parce qu'il proclamait Jésus fils du Dieu éternel et non fils éternel de Dieu.

(1) Car, bien entendu, le for intérieur échappe entièrement à l'action des causes physiologiques. Un individu est brûlé à petit feu. La souffrance peut lui faire avouer tout ce que l'on voudra. Mais aucune puissance au monde ne peut le contraindre à faire considérer comme faux ce qui parait vrai. Les idées ne peuvent se combattre que par d'autres idées. Pour faire abandonner une théorie, il faut démontrer qu'elle est fausse.

Nous nous étonnons que des gens aient consenti à sacrifier leur vie pour des subtilités théologiques qui semblent presque insaisissables. C'est que nous oublions le processus psychique de la passion. Et, chose étrange, nous oublions aussi que nos dadas contemporains ne sont pas plus sérieux que ceux de nos ancêtres. Ne versons-nous pas des flots de sang et ne sacrifions-nous pas des millions de jouissances à notre idolâtrie des kilomètres carrés ? Cette folie fera le même effet à nos descendants que les subtilités théologiques nous font à nous. Nous trouvons naturel de laisser prier chacun à sa guise. Cela nous paraît la solution la plus simple de la question des hérésies qui a passionné et tourmenté l'Europe pendant tant de siècles. Nos descendants trouveront tout aussi élémentaire de laisser chaque groupe humain disposer de ses destinées politiques.

C'est au xvie siècle que la passion religieuse atteint son point culminant en Europe. Depuis, elle va en décroissant (1). Elle semble se retirer au second plan.

Nous avons vu qu'une volition s'efface de la conscience quand elle est satisfaite ou quand elle est remplacée par une autre. Les deux cas se sont produits pour la passion religieuse. L'ensemble des recherches scientifiques a montré que les religions sont un produit de la pensée humaine. La psychologie nous a convaincu qu'il n'y aura jamais de concordance *absolue* entre le monde externe et nos représentations internes ; l'homme ne connaîtra donc jamais aussi la vérité *absolue*. Toute religion ne peut contenir qu'une part de vérité relative. Aucune religion n'étant plus vraie que l'autre, elles doivent être toutes également respectées.

(1) Nous parlons en général. Certains volcans avant de s'éteindre pour toujours font quelques éruptions à de longs intervalles. La Révolution de 1789 a déchaîné en France une nouvelle explosion de passions religieuses. Il en est de même du gouvernement des radicaux sous la troisième République. Mais les oscillations de ces ondes religieuses vont en s'affaiblissant.

La science a donc trouvé un principe qui englobe toutes les diversités dogmatiques dans une unité plus vaste. Aux *credo* étroits et antagonistes, elle est bien près de substituer une conception plus large et plus grandiose. Oui, le sentiment religieux est une des manifestations les plus importantes de l'âme humaine. Oui, toutes les extases s'effacent devant l'extase de l'infini. Mais la religion pour être une source de bonheur doit être *vécue et sentie*. Or, tout ce qui est imposé ne peut jamais réaliser cette condition indispensable ; donc la religion, plus que toute chose au monde, doit être une affaire privée, une région auguste et sacrée où les pouvoirs publics et la police ne doivent pas porter de main sacrilège. Faire entrer le gendarme dans l'enceinte mystique de la religion, c'est la profaner, c'est la détruire, c'est renverser le monument que l'on prétend édifier.

Telles sont les spéculations philosophiques qui servent de fondement à la tolérance.

Des facteurs de l'ordre matériel ont aussi exercé leur action. Il s'est établi un état de chose paraissant plus ou moins équitable aux parties en litige.

Au XVIᵉ siècle, on considérait la guerre comme le procédé le plus efficace dans les luttes religieuses. Protestants et catholiques étaient également intolérants. De part et d'autre, on désirait l'extermination des hétérodoxes. Les Huguenots du royaume de France auraient voulu qu'il n'y eût pas de catholiques dans les limites de cet État, les catholiques qu'il n'y eût point de protestants. On se battit pendant des années. On versa des flots de sang. Enfin, une certaine justice relative fut établie par l'Édit de Nantes. Il en fut de même en Allemagne, par les traités de Westphalie. On n'y proclama pas le principe de la tolérance individuelle (on n'était pas encore arrivé à concevoir cette chose si simple que tout homme doit être libre de prier Dieu à sa guise), mais celui de la tolérance territoriale, si on peut s'exprimer ainsi. L'empereur reconnut que le protestantisme était religion légale dans certaines parties de l'Allemagne. Ce fut un pas immense. Le principe *cujus regio ejus religio* fut admis également par les catholiques et les protestants. Quand un prince luthérien s'emparait d'un pays, précédemment catholique, ses sujets devaient devenir luthériens et *vice versâ*. Ce traitement équitable, cette égalité reconnue aux deux religions amena l'apaisement des passions, parce qu'il parut conforme à la justice.

Après l'accalmie des passions religieuses produite par les traités de Westphalie, un autre objectif passa au premier plan de la volition sociale : l'agrandissement territorial. Peu à peu, il l'emporta complètement sur les considérations religieuses. Aucun prince, si orthodoxe qu'il fût, ne refusa d'annexer une province peuplée d'hétérodoxes, même en étant convaincu qu'il serait incapable de convertir ses nouveaux sujets. Les Habsbourgs étaient très catholiques. Ils ne cessaient, cependant, de convoiter les provinces turques peuplées de musulmans et d'orthodoxes grecs. Louis XIV était bon catholique, la révocation de l'édit de Nantes le démontre surabondamment. Louis XIV essaya cependant de conquérir la Hollande. S'il avait pu annexer ce pays à ses États, le fait que les Hollandais étaient protestants ne l'aurait certainement pas arrêté.

Ces causes diverses et beaucoup d'autres, qu'il serait impossible d'énumérer ici, amortirent peu à peu les volitions religieuses et les firent passer au second plan. Ces passions sont maintenant à leur phase descendante. C'est grâce à cela que l'on jouit dans le monde civilisé d'une certaine dose de tolérance relative, encore bien insuffisante, hélas ! dans beaucoup de pays. Mais les vieilles passions assoupies se réveillent parfois. Qui aurait pu prévoir, à la fin du xixe siècle, le honteux regain d'intolérance qualifié du nom d'antisémitisme. C'est véritablement dégradant. Mais tout fait prévoir que cette explosion haineuse sera de courte durée. Il y a lieu d'espérer que la tolérance sera une conquête définitive de la civilisation. Alors l'État, cessant de s'immiscer dans le domaine auguste de la foi, les passions religieuses cesseront de plus en plus d'affecter la conscience sociale.

II

Les besoins intellectuels ont dominé dans l'humanité beaucoup plus tard que les besoins économiques. Cela est de toute évidence. *Primum vivere deinde philosophari.* L'homme eut à lutter pendant une période fort longue pour se procurer la nourriture et pour se préserver des intempéries des saisons. Quand la richesse créa les loisirs son esprit s'ouvrit à la méditation et l'homme aspira aux jouissances de l'ordre mental.

La preuve que les besoins intellectuels sont si tard venus, c'est qu'ils sont encore très faibles, même dans les sociétés les plus civilisées.

Nous avons montré que chaque Allemand achète en moyenne un peu moins de deux volumes par an !(1) Quelle misère ! Et c'est la nation la plus docte du monde civilisé ! Que dire des États-Unis, où il se publie à peine 4,665 ouvrages nouveaux pour une population de 70 millions ?(2) Nous ne parlons même pas de pays comme la Russie et l'Italie. Il ne faut pas trop les humilier. Bien entendu les romans les plus vulgaires, les livres de classe les plus modestes, les almanachs même sont compris dans les chiffres ci-dessus.

On voit combien on lit peu. Mille autre témoignages peuvent démontrer la faiblesse des besoins intellectuels. Ouvrez l'*Europe politique et Sociale* de M. Block (Paris, Hachette, 1893). C'est un gros volume de 579 pages. Vous y trouverez des chiffres relatifs à la popu-

---

(1) Voir page 78.

(2) Nous empruntons ce chiffre au rapport de M. Le Soudier sur l'imprimerie et la librairie à l'exposition de Chicago.

lation, aux naissances, aux décès, au commerce, aux chemins de fer, à la production. Vous y apprendrez combien chaque pays fabrique de sucre, combien il produit de fer, de fonte, de houille, combien ses chemins de fer transportent de voyageurs et de marchandises. Mais vous n'y trouverez pas de données se rapportant à la vie mentale des nations (sauf certaines indications sur l'instruction publique) : aucune statistique sur les publications de la librairie, les journaux, les bibliothèques publiques, leur fréquentation, des ouvrages demandés, du commerce des livres. Tout cela n'intéresse pas M. Block. On n'a pas encore songé à profiter des recensements pour recueillir des données sur la condition intellectuelle des populations. Par exemple sur le nombre de journaux reçus par famille, sur la nature de ces journaux, etc. Il est, sans doute, très difficile de se procurer des renseignements sur le mouvement des idées. Mais là n'est pas la question. Ce que nous voulons relever, c'est que personne n'y pense. En réalité, les idées gouvernent le monde et pourtant nul ne se soucie encore de savoir quelles sont celles qui gagnent du terrain et quelles sont celles qui en perdent.

Nul ne paraît soupçonner aujourd'hui que la science pourra être organisée comme le sont nos armées modernes. Nul ne semble entrevoir qu'elle aura besoin de contingents supérieurs à nos troupes actuelles. Que dire encore de la fonction de l'information ? Elle est d'une insuffisance lamentable. A peine un embryon du puissant organe qu'elle deviendra un jour. Il se publie 34,000 journaux sur notre globe. En admettant un tirage de mille exemplaires pour chacun d'eux (1) cela fait 34 millions de numéros par vingt-quatre heures. Or, si chaque famille sur le globe recevait au

(1) Ce chiffre est certainement exagéré. Toutes ces publications ne sont pas quotidiennes. Si une *Revue* mensuelle tire à 2.000 cela lui fait 62 exemplaires par jour.

moins une feuille par jour, il faudrait presque décupler le tirage actuel (1).

Mais nos journaux sont encore plus insuffisants comme qualité que comme quantité. Un journal devrait être un instantané de toutes les branches de l'activité humaine; il [est un amas incohérent d'articles insérés pour le bénéfice de ses rédacteurs. Les journaux ne sont pas faits pour ceux qui les lisent, mais pour ceux qui les écrivent. Ils sont rédigés sans aucun système et remplis en majeure partie de niaiseries. Lors de l'affaire de Panama, l'*Illustration* de Paris donna une série de gravures consacrées à M. Cornélius Hertz : sa maison, sa chambre à coucher, la vue s'étendant devant ses fenêtres. Si on accorde tant d'importance à un maître chanteur, quelle place ne devrait-on pas faire à un bienfaiteur de l'humanité comme M. Bessemer? Quelle place? C'est très simple. Aucune ! (2)

Pour montrer les progrès accomplis par l'Angleterre, M. Leclerc s'exprime ainsi : « Quand un homme de lettres éminent meurt, les articles que lui consacrent les journaux de Londres et de la province sont étonnants de précision et d'étendue. L'espace qui leur est consacré est tel qu'on l'aurait refusé autrefois à *un politicien en renom ou à un lutteur* » (3). Ainsi on loue les journaux parce qu'ils consacrent une plus grande place à la nécrologie d'un Huxley qu'aux exercices d'un boxeur ! Peut-on donner un meilleur exemple du peu d'importance des besoins intellectuels même dans les pays les plus civilisés du globe ?

Nous ne voulons pas dire que ces besoins n'existent pas. Nous voulons dire qu'ils ne sont pas encore à leur place véritable, c'est-à-dire à la *première*. On pourrait nous faire un reproche que nous désirons écarter. Nous ne contestons pas que les besoins intellectuels se pro-

<hr>

(1) Il y a environ 300 millions de familles sur notre globe.
(2) Voir ce que nous avons dit p. 245.
(3) *Les professions en Angleterre*. Paris. Colin 1894, p. 259.

duisent en même temps que tous les autres. Dans la horde la plus sauvage, l'esprit et le cœur ont leurs manifestations, si modestes soient-elles. Nous voulons dire seulement que les besoins intellectuels passent au *premier plan* de la conscience beaucoup après les autres. De nos jours les phénomènes intellectuels ne produisent même pas encore partout des *représentations* bien nettes. Ils mettront probablement un temps fort long pour atteindre la phase de la volition et de la passion. Nous ne pouvons pas prévoir quand arrivera ce temps fortuné. Mais il arrivera certainement. Ici la psychologie nous est garante de la sociologie. Les besoins intellectuels sont d'une nature très délicate. Lents à se produire, ils deviennent d'autant plus impérieux, quand ils existent. L'homme vit presque exclusivement pour le cerveau. A part la nutrition et la fonction génésique, dont les jouissances sont aussi sensiblement amplifiées par le raffinement, toute notre activité a pour but les satisfactions de l'ordre psychique. Penser, sentir, aimer, rêver, voilà les sommets magnifiques vers lesquels aspire toute âme humaine.

Les organismes sociaux sont encore très primitifs. Ils n'ont pour ainsi dire pas franchi le stade de la vie végétative. Des milliers de créatures dans les sociétés modernes n'ont ni le temps ni le désir (sans doute ceci est la conséquence de cela) de s'occuper d'une façon continue de besogne intellectuelle. Mais plus les peuples se civilisent, plus l'intellectualisation des sociétés augmente. Le processus social suivra les mêmes phases que le processus biologique. Nos ancêtres animaux n'ont eu d'abord que la vie végétative, puis la vie animale. C'est de perfectionnement en perfectionnement que s'est formé un être comme l'homme, chez qui la vie psychique domine complètement. Telle sera aussi la marche de l'évolution sociale.

Déjà nous apercevons, dans certains pays, quelques signes avant-coureurs indiquant que les besoins intellectuels vont se faire de plus en plus impérieux et vont finir par affecter la conscience sociale. Nous voyons poindre des passions de l'ordre mental.

« Nous avons découvert et expérimenté une folie nouvelle, la folie scolaire », dit M. Benoist (1). De 1878 à 1893 on a dépensé en France 594 millions de francs en construction d'écoles primaires. L'entretien de ces écoles coûte à l'État, aux communes et aux départements près de 186 millions de francs par an. Quand on compare ce chiffre à celui des années antérieures on voit que les Français s'imposent de lourds sacrifices pour l'instruction. De plus la loi du 16 juin 1881 dit formellement qu'il ne sera plus perçu de rétribution dans les écoles primaires publiques.

Nous voyons ici tous les signes caractéristiques d'une passion sociale. Certes l'instruction publique est d'une importance de premier ordre. Mais c'est une erreur de croire, cependant, que les peuples sortiront de l'état d'enfance par le seul fait que tous les citoyens sans exception auront passé par l'école publique. Il ne suffit pas de recevoir un enseignement, il faut savoir aussi quel enseignement. Certaines écoles sont positivement funestes : elles déforment l'intelligence au lieu de la former. Napoléon Ier organisa l'instruction publique en France, non dans l'intérêt du peuple mais dans son intérêt à lui. Il aurait mille fois mieux valu qu'il ne se fût pas occupé de l'instruction et qu'il ne l'eût pas gratifié d'un budget sur les revenus de l'État. Il ne faut pas l'oublier, il y a des écoles où l'on enseigne des choses sciemment fausses. Ces écoles, bien entendu, font plus de mal que de bien.

Un autre symptôme montrant que la culture intellectuelle va devenir une volition sociale, c'est la masse croissante des fondations scientifiques privées. Aux États-Unis, c'est par millions de dollars qu'on chiffre chaque année les libéralités des particuliers en faveur des hautes études. Telle université du nouveau monde

____

(1) *Revue des Deux-Mondes* du 15 août 1895, p. 808.

a déjà des dotations énormes, des locaux superbes et des laboratoires magnifiques presque avant d'avoir des étudiants.

Beaucoup de clichés sont des signes du temps. L'un des plus répandus a été à son heure : « le maître d'école a vaincu à Sadowa ». Il n'importe pas d'examiner ici si cette affirmation contient une grande ou une petite part de vérité. Nous devons relever seulement qu'elle caractérise très bien une direction particulière de l'opinion publique. Certains États ont déjà presque atteint l'idéal au point de vue de l'instruction primaire. En Wurtemberg, le nombre des illettrés est tombé au-dessous de 1 0/0. Souhaitons qu'il en soit de même, le plus tôt possible, dans tous les autres pays.

III

§ 1. — APPARITION TARDIVE DU SENTIMENT NATIONAL. — Il est difficile de séparer la culture générale de la culture nationale. Toute idée doit forcément se communiquer dans une langue quelconque; donc, sans culture nationale, il semble qu'il ne puisse pas exister de culture générale. Il n'en est pas absolument ainsi. La vie sociale est extrêmement complexe. Mille facteurs entrent en scène. Tout d'abord la culture nationale ne comprend pas seulement les idées, qui se transmettent par les mots, mais encore les sentiments. Ceux-ci se manifestent dans la religion et l'art. Il peut y avoir une peinture belge et une musique belge sans qu'il y ait une langue belge. Mais il y a plus. L'homme peut parler deux langues. Il peut considérer l'une comme son idiome naturel, lui vouer un amour passionné et, tout de même, il peut recevoir ses idées par l'entremise d'une langue étrangère. Ce cas se présente actuellement dans beaucoup de pays de l'Europe. En Belgique, par exemple, beaucoup d'écoles gouvernementales, établies en pays flamand, donnent l'instruction en français (1).

La culture nationale et la culture générale ne vont pas toujours ensemble. Quelquefois même elles peuvent se trouver en antagonisme. Tel a été le cas dans l'Europe occidentale pendant presque tout le moyen âge. Alors la culture générale se donnait en latin. Une lutte de plusieurs siècles se produisit entre l'esprit universaliste et l'esprit nationaliste.

Dante dans son *De Vulgare eloquio* « fait une histoire de la langue italienne en tant que branche du tronc romain. Il discute les qualités de ses différents dialectes et cherche à prouver les avantages d'une langue littéraire commune pour l'Italie entière » (2). Bientôt, joignant l'exemple au précepte, il écrit la *Divine Comédie*. Malgré le retentissement énorme de cette œuvre admirable, Dante ne gagne pas entièrement sa cause. La langue moderne ne triomphe pas. Pétrarque écrit son *Africa* en hexamètres latins. Si, dans ses moments perdus, il rime quelques sonnets en italien, il croit que la postérité ne s'en occupera guère. Avec l'apparition des grands humanistes du xve siècle, l'italien est complètement abandonné. Même les épitres familières s'écrivent en latin pendant plus de cent ans. On a pu attribuer à Poggio Bracciolini, les *Annales* de Tacite (3). On veut même que le fameux *De Natura Rerum* soit de Bartolomeo de Montepulciano ou de Cencio Romano, deux humanistes du xve siècle. Quoi qu'il en soit de ces attributions, elles supposent que ces trois individus devaient manier le latin avec

(1) Nous choisissons la Belgique comme exemple, parce que c'est le pays où la question des langues est réglée de la façon la plus libérale et la plus équitable.

(2) Voir J.-A. Symonds : *The Renaissance in Italy, The age of Despots*, Londres, Smith et Elder, 1880, p. 239.

(3) Voir P. Hochart, *De l'authenticité des Annales et des Histoires de Tacite*, Paris, Thorin, 1890 et du même auteur, *Nouvelles considérations au sujet des Annales et des Histoires de Tacite. Ibid.*, 1894.

une perfection rare, s'ils sont parvenus à tromper les plus grands connaisseurs pendant tant d'années.

Le latin n'a pour ainsi dire pas cessé d'être la langue écrite de l'Italie depuis l'antiquité; sa prédominance est donc naturelle dans ce pays. Elle n'est pas moins forte, cependant, dans d'autres contrées plus éloignées de Rome, comme la France, l'Espagne et l'Angleterre. Mais les conquêtes du latin s'étendent beaucoup au delà des limites de l'empire d'Auguste et de Trajan. L'Allemagne fut latinisée presque complètement. Le *Sachsenspiegel*, le plus ancien recueil du droit coutumier allemand, fut rédigé en latin entre 1215 et 1235. Jusqu'au commencement du xviiie siècle, les professeurs des universités allemandes firent leurs cours en latin.

Mais c'est en Hongrie que la langue de Virgile remporte ses plus beaux triomphes. Au xviie siècle, elle est même employée dans la conversation. Jusqu'en 1848, on s'en sert au Parlement. En Pologne aussi le latin est la langue de la chancellerie et des tribunaux encore à l'époque de Jean Sobieski.

Ce que le latin est pour les peuples de l'Europe occidentale, le vieux slavon l'est en partie pour ceux de l'Europe orientale. Pendant près de neuf siècles, « il fut la langue littéraire en Serbie, en Bulgarie, en Russie et jusqu'en Dalmatie » (1). Il faut arriver presque jusqu'au xviiie siècle pour apercevoir un mouvement en faveur des langues nationales dans ces pays. En Asie, nous voyons aussi le Chinois dominer pendant une certaine époque au Japon et en Indo-Chine.

Tout cela montre que les hommes sont en état d'éprouver des besoins intellectuels sans songer à employer leur langue maternelle pour les satisfaire.

Mais les populations peuvent aussi témoigner une complète indifférence pour la culture nationale parce qu'elles ont de l'indifférence pour toute culture en général.

Les intérêts intellectuels ne mènent pas seuls les af-

(1) *Histoire générale*, tome III, p. 905.

faires humaines. Ces intérêts ne peuvent passer au premier plan que dans certaines circonstances particulières. Ainsi l'excès de fiscalité provoqua des révoltes en Sicile, en 1893. De malheureux affamés à Girgenti ou à Licata ne pouvaient pas se sentir solidaires des Piémontais uniquement parce qu'ils avaient la même langue littéraire. Pour se débarrasser de la fiscalité épouvantable qui les ruine, les Siciliens auraient consenti certainement à rompre les liens politiques qui les rattachent à l'Italie. La langue et la nationalité peuvent faire l'objet de la passion générale quand les autres fonctions s'accomplissent d'une manière satisfaisante. Hidalgo, qui donna au Mexique le signal de la révolte contre le gouvernement de Madrid, était un Espagnol et non un Indien. Les Castillans de l'Europe opprimaient cruellement ceux de l'Amérique. Aussi ces derniers, pendant une certaine époque, n'avaient d'autre désir que de rompre les liens politiques qui les unissaient à leurs compatriotes. En un mot, les intérêts économiques, politiques et même dynastiques peuvent quelquefois l'emporter sur les intérêts intellectuels. En Lotharingie, région médiane entre la France et l'Allemagne, les frontières des États n'ont jamais coïncidé avec celles des langues. En Belgique, on parle flamand dans le nord et wallon dans le midi. Si on proposait cependant aux Belges de se diviser en deux régions, dont l'une s'unirait à la Hollande et l'autre à la France, ils n'accepteraient certainement pas.

Mais à part les besoins matériels, même parmi les aspirations de l'âme, il y en a qui priment parfois celle de la culture nationale. Nous citerons surtout la religion. M. G. Charmes dit avec beaucoup de raison : « le sentiment national ne peut naître que par la destruction du fanatisme religieux. Tant que celui-ci subsistera, les musulmans ne seront ni Turcs, ni Arabes, ni Tunisiens..., ils seront uniquement les serviteurs de l'Islam » (1). La nationalité est le produit d'éléments

(1) *Revue des Deux-Mondes* du 15 février 1882, p. 863.

fort divers. Si l'un d'eux domine trop les autres, elle no peut pas se développer. De plus, tant que la science, la philosophie et l'art ne se sont pas suffisamment différenciés de la religion, la prépondérance de celle-ci reste énorme. Même quand cette séparation s'est effectuée, la religion peut primer tout le reste. De nombreux Huguenots Français ont combattu contre les armées de Louis XIV pendant la guerre de la succession d'Espagne. Chez eux les intérêts religieux l'emportaient sur les intérêts nationaux.

Pour toutes ces raisons et pour beaucoup d'autres, qu'il serait trop long d'énumérer ici, l'idée que les hommes sont solidaires parce qu'ils parlent la même langue est fort récente dans le monde. Cela revient à dire que le lien national n'est pas entièrement conscient dans les sociétés humaines. Encore en 1814, Arndt fut obligé d'exprimer catégoriquement dans des vers célèbres que la patrie de l'Allemand s'étendait sur tout le territoire où résonnait la langue allemande. Cette idée n'était donc pas universellement admise à cette époque puisqu'on croyait nécessaire de l'inculquer aux populations.

On peut donner des preuves innombrables de l'apparition tardive du sentiment national.

Il y avait bel et bien des nationalités dans le monde antique, quoi qu'on en ait dit. Nous pouvons citer l'Egypte, la Grèce, la Phénicie, la Perse, Rome. Ces sociétés possédaient une culture intellectuelle originale; c'étaient donc des nationalités. Mais, à cette époque, les phénomènes de la vie nationale restaient encore inconscients. On voit bien les Romains se créer une littérature indépendante; mais on ne les voit jamais jalouser l'expansion du grec dans les limites de leur propre empire. Que la Gaule parlât grec ou latin, on s'en souciait peu sur les bords du Tibre. La lutte des langues s'effectuait dans l'antiquité comme de nos jours. La Sicile orientale parla certainement le grec à l'époque de Denis de Syracuse. Elle fut latinisée plus -

tard. Mais aucun historien romain ne nous parle de cette dénationalisation et ne se soucie de savoir quand et comment elle se réalisa.

Au moyen âge, le sentiment national est aussi inconscient ou à demi-conscient. Il sommeille. « Bien que le langage usuel fût différent en Italie et en Allemagne, dit M. Freeman (1), l'usage d'une même langue pour les besoins politiques dans l'Europe occidentale tendait à diminuer le sentiment des distinctions nationales... En vérité, le sentiment national n'existait pas en Italie au xii° siècle. Chaque homme avait la plus vive affection pour sa cité, mais personne alors ne se représentait l'Italie comme une unité sociale. »

Un historien français, qui s'est spécialement voué à l'étude de l'Europe orientale, M. Denis, félicite les Hongrois de n'avoir pas voulu tyranniser les Slaves et les Latins au x° siècle (2). Il constate aussi que la paix de Thorn (3) n'éveilla dans l'âme des historiens prussiens de l'époque « ni protestation, ni douleur... La haine des chevaliers étouffait chez eux tout sentiment national » (4). Par contre, toujours selon M. Denis, « les Slaves poussèrent un long cri de joie. » Il en donne comme preuve cette phrase de Dlugosz : « Je me réjouis fort de la reprise des pays *arrachés autrefois à la Pologne.* » On le voit, Dlugosz parle en simple politique ; il ne fait pas la moindre allusion au slavisme. « L'erreur des derniers rois indigènes de la Bohême, dit encore M. Denis (5), fut qu'ils poursuivirent une politique dynastique et non nationale... Fascinés par l'éclat de

(1) *Historical Essays,* 1re série, Londres, Macmillan, 1875, p. 260.

(2) *Histoire générale,* tome I, p. 721.

(3) Elle fut signée après une guerre acharnée entre la Pologne et les chevaliers de l'ordre teutonique. Ceux-ci perdirent la moitié de leur territoire et se reconnurent vassaux du roi Casimir IV et de ses successeurs. Ce fut une des plus terribles défaites de l'élément germanique dans les régions de la Vistule.

(4) *Hist. gén..,* tome III, p. 768.

(5) *Ibid.,* tome II, p. 775.

la civilisation germanique, ils appellent des colons étrangers, et, en leur abandonnant une partie du territoire... ils préparent les plus redoutables complications » (1). M. Denis transporte au x°, au xiii° et au xv° siècles les idées du nôtre. Nul ne se préoccupait de magyariser ou de slaviser à ces époques. Tous les Européens n'avaient qu'une seule ambition : parler latin, ce qui était synonyme, pour eux, de devenir des gens éclairés et civilisés. « Les successeurs de saint Etienne, dit le même historien (2), n'oubliaient pas ses conseils, et, comme lui, ils protégeaient les étrangers et les hôtes, « car un royaume d'une seule langue et d'une seule coutume est faible », disait le fondateur du christianisme en Hongrie. » On le voit, saint Etienne et les Magyars, plusieurs siècles après lui, avaient des opinions diamétralement opposées à celles qu'ils ont aujourd'hui.

Au xvii° siècle, la Transylvanie était peuplée de paysans roumains, cruellement opprimés par une oligarchie de seigneurs magyars. Quand Michel le Brave, prince de Valachie, s'empara de la Transylvanie (1699), il ne songea pas un seul instant à protéger les paysans, ses compatriotes ; il s'appuya, au contraire, sur l'aristocratie magyare. « Les peuples n'avaient pas plus de valeur alors que les troupeaux qu'on mène à l'abattoir », dit M. Xénopol (3). Qui se souciait de leur langue ? Catherine II, quand elle s'annexa les anciennes provinces polonaises, ne fit rien, non plus, en faveur des paysans Petits-Russiens, si cruellement opprimés par leurs seigneurs catholiques.

On pourrait multiplier ces exemples.

Le sentiment national est sans doute toujours obscu-

(1) Les Polonais agirent exactement de même. Ils appelèrent les Allemands à christianiser et à coloniser la Prusse orientale, c'est-à-dire à établir un cordon germanique entre les plaines de la moyenne Vistule et la mer.

(2) *Hist. gén.*, tome III, p. 703.

(3) *Ibid.*, tome V. page 825.

rément ressenti, mais il ne commence à arriver en pleine lumière de la conscience que fort lentement. Il éclate parfois dans les moments de crises et s'allie, alors, à des considérations de l'ordre économique ou politique. Il arrive souvent que les oppresseurs d'un peuple parlent une autre langue que les opprimés. Le combat prend une teinte nationale dans ces circonstances, mais d'une façon accidentelle. C'est en Bohême que nous voyons pour la première fois, formulée d'une façon assez nette, l'idée de la nationalité. « Les Bohémiens, dit Jean Huss, doivent être les premiers dans le royaume de Bohême, comme les Français dans le royaume de France... Les lois, la volonté divine, *l'instinct naturel* ordonnent qu'ils occupent la première place » (1). On voit sous quel singulier vocable le sentiment national apparait dans l'histoire : « *L'instinct naturel.* »

La brillante culture italienne du xv⁰ et du xviᵉ siècles établit un contraste tranché entre les habitants de la péninsule apennine et les ultramontains (2). Ces derniers sont traités de barbares, et, par opposition, les Italiens commencent à se sentir compatriotes.

Au fur et à mesure que le latin était remplacé par les langues modernes, et que les littératures populaires produisaient des œuvres remarquables, le sentiment de la nationalité allait en s'accusant. Au xviᵉ et au xviiᵉ siècles les principaux pays de l'Europe eurent un âge d'or littéraire. A partir de ce moment, la conscience de la nationalité devient plus nette. On connaît la célèbre phrase d'Henri IV : « Je veux bien que la langue espagnole demeure à l'Espagnol, l'allemande à l'Allemand, mais toute la française doit être à moi. » On ne saurait s'exprimer plus catégoriquement. C'est bien là l'idée moderne des nationalités. Richelieu disait aussi

(1) *Hist. gén.*, tome III, page 679.

(2) Le même fait s'était déjà passé en Grèce, où la brillante civilisation hellénique établissait un contraste non moins grand entre les Grecs et les autres peuples.

« qu'en matière d'État il préférait un Français Huguenot à un Espagnol ». Mais Richelieu était un grand homme. Tous ses contemporains étaient loin de penser comme lui. Au XVIIe siècle, la France avait réalisé l'unité politique, mais nullement l'unité de culture. Les Languedociens, au sud de la Loire, avaient conscience d'être une individualité ethnique indépendante. « Les Nimois envoient saluer le roi à la limite du Languedoc, dit M. G. d'Avenel, parce qu'il est sur le chemin de retourner en France. Les Français sont aussi étrangers en Provence que les Allemands à Paris » (1). C'est seulement après le grand siècle littéraire de Louis XIV et surtout après le vif courant d'idées des encyclopédistes que les hommes parlant les différents dialectes de la langue d'oïl et ceux parlant les dialectes de la langue d'oc se sentirent vraiment compatriotes.

La conscience de la nationalité se dégage pendant de longs siècles. Dans quelques pays européens, elle est si complètement entrée dans les idées, qu'on ne s'y représente plus un état de choses où cette conscience n'existe pas. On a souvent affirmé, en Europe, que les Hindous devaient supporter avec impatience le joug des Anglais, parce qu'ils sentaient leur nationalité opprimée. Seely, professeur d'histoire à l'Université de Cambridge, voulant démontrer qu'il n'en est pas ainsi, s'exprime en ces termes : « Nous considérons les choses d'une façon erronée. La fusion de la nationalité et de l'État, qui nous semble aller de soi, est, en réalité, un cas beaucoup plus exceptionnel que nous ne le supposons » (2). Ainsi, les Anglais ne peuvent plus se représenter des populations sans sentiment national, et il faut leur expliquer qu'il en existe.

Dans beaucoup de grands pays européens, le processus de la formation de la nationalité s'est accompli d'une façon inconsciente. Telles sont la France et l'An-

(1) *Histoire générale*, tome V, p. 572.
(2) *Expansion of England.* Londres, Macmillan, 1885, p. 204.

gleterre. Ces nationalités se sont constituées lentement pendant le moyen âge et les temps modernes, sous l'égide de la culture romaine. Ces enfants sont devenus adultes sans s'en apercevoir. Et, quand une fois ils ont été majeurs, ils ont, pour ainsi dire, complètement oublié l'époque de leur croissance. Aussi, comprend-on assez mal, en Occident, les passions qui s'agitent en Autriche sur la question des langues et des nationalités. Parlant des différents idiomes des populations de la couronne de Saint-Etienne, M. Block dit : « On comprend que le gouvernement hongrois tienne à ce qu'il y ait une langue commune, dût-il l'imposer. La diversité des langues, c'est l'anarchie, pire que l'anarchie, c'est la main de l'un levée contre l'autre, c'est la haine entre frères, une situation monstrueuse. Que certaines populations tiennent à leur langue particulière, cela se comprend, comme bien d'autres choses se comprennent, sans que ces choses nous inspirent nécessairement pour cela une grande sympathie » (1). M. Block ne voit pas que les Slovaques, les Serbes et les Roumains cherchent à acquérir ce que les populations de la Gaule et de la Grande-Bretagne ont obtenu par la substitution du français et de l'anglais au latin. Ils veulent se donner ce que les Français et les Anglais possèdent déjà : *un outillage intellectuel,* dans leur propre langue. On devrait sympathiser, autant que possible, avec ces efforts qui témoignent d'une puissante aspiration vers la culture et le progrès. Que dirait M. Block si on obligeait son fils à recevoir l'instruction moyenne et supérieure, non pas en français, mais en dialecte toulousain ? On ne voit pas trop non plus en quoi le respect des aspirations nationales des Slovaques et des Roumains doit provoquer « la haine entre frères et l'anarchie ». Il nous semble, au contraire, que la magyarisation brutale, comme la russification brutale, comme la germanisation violente doivent provoquer des résis-

(1) *L'Europe politique et sociale*, p. 428.

tances profondes, des animosités ardentes et des antagonismes irréconciliables.

§ 2. INCONSCIENCE DE LA LUTTE MENTALE. — Un autre ensemble de faits montrent encore combien peu les phénomènes intellectuels affectent la conscience sociale. Beaucoup de personnes ne semblent pas se douter qu'il y a des luttes mentales. Elles ne se représentent pas d'autre objectif collectif que les conquêtes territoriales et d'autre procédé de combat que les massacres sur les champs de bataille. C'est là une profonde erreur. Il y a d'autres objectifs et d'autres procédés. Tout d'abord les motifs inférieurs de l'ordre économique. Bien souvent la possession d'une rivière poissonneuse ou d'un marché a mis les armes aux mains des hommes et a provoqué des combats acharnés. Mais il y a aussi des motifs supérieurs de l'ordre intellectuel. En tout premier lieu, la religion. Des missionnaires chrétiens allèrent prêcher l'évangile en Saxe au VIIIe siècle. Ils y furent insultés et massacrés. Charlemagne ne put tolérer un pareil affront. Il exigea, sans doute, la sécurité et le respect des missionnaires. N'ayant pas obtenu des satisfactions suffisantes, il se vit obligé de faire la guerre aux Saxons, et, pendant trente ans, entreprit contre eux une série de sanglantes expéditions. Quand il resta vainqueur, « il promulgua un édit interdisant, sous peine de mort les pratiques du paganisme, imposant le baptême, la stricte observance des lois de l'Église et le paiement de la dîme » (1). Ces mesures montrent quel était l'objectif de Charlemagne. Il ne s'agissait pas tant d'une extension de son domaine politique que d'une extension du christianisme.

Quand les doctrines réformées s'étendirent en Europe, plusieurs monarques jugèrent bon de les combattre. De là une longue série de guerres qui n'avaient pas la

____

(1) *Histoire générale*, tome I, p. 517.

conquête pour but. Philippe II, en soutenant la Ligue, n'avait pas l'intention de profiter des troubles du royaume de France pour lui enlever des provinces. Il voulait surtout supprimer l'hérésie dans ce même royaume. Après la religion, la culture nationale a été l'objectif de quelques guerres en notre siècle. Jellachich combattit les Magyars en 1848, et Charles-Albert les Autrichiens. Ni l'un ni l'autre n'avaient pour but des annexions de provinces. Ils voulaient seulement secouer le joug étranger, c'est-à-dire faire supprimer les entraves empêchant le libre développement des nationalités Croates et Italiennes.

On se trompe également quand on croit que les violences et les massacres, la guerre, en un mot, sont l'unique procédé de combat existant entre les hommes. Il n'en est pas ainsi. Le procédé doit changer avec l'objectif. Si ce dernier est de l'ordre intellectuel, il ne peut être réalisé que par des procédés intellectuels. On croit pouvoir imposer des convictions par la force. Cette erreur règne depuis des siècles. Et cependant elle ne soutient pas la moindre critique. Prenons l'exemple dont nous avons parlé plus haut : celui de Charlemagne et des Saxons. Le décret que nous avons rapporté serait resté lettre morte si des prêtres n'étaient allés fonder des paroisses dans toutes les communes de la Saxe, s'ils n'y avaient pas établi un culte offrant un attrait supérieur à celui de la vieille religion du pays. Il est impossible d'organiser une police assez vigilante pour obliger tous les habitants d'une vaste région à aller chaque dimanche à l'église. Charlemagne, certainement, n'organisa pas cette police en Saxe. De plus, la puissance des Carlovingiens fut fort éphémère. La Saxe se christianisa longtemps après la chute de leur empire. Les Saxons passèrent au catholicisme, parce que cette religion, à un certain moment, exerça plus d'attrait sur eux que le paganisme. La conversion s'opéra par suite de phénomènes psychiques et non par suite de phénomènes physiologiques, comme les tortures ou les massacres.

Après les guerres de religion du XVI° siècle, les catholiques parvinrent à reconquérir certaines provinces perdues : la Bavière, par exemple. Quand les protestants furent chassés de ce pays par la force des armes, il fut envahi par les Jésuites. Ceux-ci fondèrent des collèges, des universités, prêchèrent dans les églises avec une ferveur nouvelle, établirent des ordres religieux, pratiquèrent la charité sur une grande échelle, réformèrent les mœurs du clergé, mirent fin aux scandales de l'Église catholique d'avant Luther. C'est par ces mesures et non par la seule expulsion des protestants que le catholicisme fut sauvé en Bavière. Mais les millions de petites actions quotidiennes, que comporte une lutte mentale, échappent à l'attention des hommes, tandis que les guerres et les grands massacres frappent vivement les imaginations. La Saxe est devenue catholique après Charlemagne et la Bavière l'est redevenue après Charles-Quint, non seulement grâce à la guerre, mais grâce à des procédés de l'ordre mental, à une série d'actions ayant agi sur les âmes et non seulement sur les corps.

On croit qu'il suffit d'une conquête pour produire une dénationalisation. On cite toujours la Gaule qui, après les massacres de César, a parlé le latin. C'est l'éternelle erreur du *post hoc ergo propter hoc*. A l'époque où les dernières légions romaines ont abandonné la Gaule, à l'époque donc où ce pays a repris son indépendance, une faible partie de sa population parlait le latin. Cette langue était seulement répandue dans les villes et parmi les hautes classes. Le celtique dominait partout dans les campagnes. La Gaule s'est latinisée pendant le moyen âge et les temps modernes, et ce mouvement se poursuit encore de nos jours. Tous les ans le nombre des Bretons bretonnants, par exemple, diminue peu. La latinisation de la Gaule ne s'est donc pas accomplie par la force, puisque Rome n'en a plus eu aucune après la chute de l'empire d'Occident. La latinisation de la Gaule s'est accomplie par une série de procédés intellectuels :

l'enseignement dans les écoles, la prédication dans les églises, le culte religieux, les conversations privées entre individus des classes supérieures et inférieures, les tribunaux, les commandements dans l'armée, la production littéraire et scientifique, etc., etc. Mais ces innombrables facteurs, agissant pendant de longues périodes, échappent à l'attention, et on s'imagine que les massacres de César ont tout fait. Les Mongols et les Turcs n'ont pas moins massacré que les Romains. Cependant la Russie ne parle pas aujourd'hui un dialecte mongolique. La Grèce, la Bulgarie, la Roumanie et la Serbie ne parlent pas un dialecte turc. Or la Bulgarie, par exemple, est restée plus longtemps sous la domination turque que la Gaule sous la domination romaine.

La confusion entre la lutte et la guerre a empêché un grand nombre de phénomènes sociaux de devenir conscients. Ainsi les langues et les cultures nationales se livrent des combats acharnés et perpétuels. Mais ces combats s'accomplissent tantôt par le procédé des massacres, tantôt par des procédés invisibles d'une nature complètement pacifique. Aucune frontière linguistique n'est immuable sur notre globe. En Europe, en Asie, en Afrique, les limites des langues varient constamment. On en pourrait donner d'innombrables exemples (1). Il en est de même des croyances religieuses, des coutumes et des mœurs, des formes artistiques, des systèmes philosophiques qui caractérisent les cultures nationales. Pendant le moyen âge, l'architecture ogivale, sortie de l'Ile-de-France, envahit toute l'Europe occidentale du Portugal à la Norvège. Puis au xve et au xvie siècles, elle recule devant l'architecture de la Renaissance, sortie de la Toscane. De nos jours le khédive d'Egypte fait décorer son palais en style Louis XVI. De nouveau des motifs français s'emparent de territoi-

(1) Nous renvoyons le lecteur à nos *Luttes entre sociétés humaines,* 2e édition, p. 102.

res lointains. Mais les Européens habitant l'Egypte deviennent amoureux de la ravissante architecture arabe. Ils bâtissent des maisons dans ce style. Ils pousseront peut-être les indigènes à les imiter. Alors les motifs occidentaux reculeront de nouveau devant les orientaux. A l'intérieur des États, la lutte est aussi partout. Un problème des plus difficiles agitait la France il y a peu d'années, la séparation de l'Église et de l'État. Cette question se ramène, en dernière analyse, à une lutte entre deux conceptions de l'univers.

Les alternatives de victoire et de défaite des langues, des idées, des croyances, des formes artistiques, des cultures nationales s'accomplit sans trêve ni repos par une masse innombrable de procédés minuscules qui échappent à la conscience sociale. La guerre, au contraire, a un retentissement énorme, grâce à la somme épouvantable de souffrances qu'elle occasionne. Le plus grand nombre de guerres ont eu les conquêtes pour but; elles étaient sanctionnées par un déplacement des frontières politiques. De là l'opinion généralement répandue que le seul objectif des luttes internationales était l'annexion des territoires et le seul procédé de combat les massacres sur les champs de bataille. La guerre de conquêtes ayant occupé jusqu'à présent le premier plan, les autres n'ont pas affecté la conscience sociale d'une façon suffisamment nette.

§ 3. INDIFFÉRENCE A L'ÉGARD DE L'OUTILLAGE INTELLECTUEL. — Le comte Ouvarof était ministre de l'instruction publique, en Russie, sous l'empereur Nicolas Ier. Il avait dans ses attributions la surveillance de la censure. Malgré sa sévérité draconienne, on le trouvait encore trop libéral. Cela lui valait de nombreux désagréments. Il aurait désiré se les éviter et eût été enchanté qu'on ne publiât plus rien. « Au moins quand il n'y aura plus de littérature, dit-il un jour, on pourra dormir tranquille. » Un demi-siècle après le comte Ouvarof, on n'est pas beaucoup plus avancé dans son pays.

Le gouverneur d'une province de l'empire russe disait à l'auteur de ce livre : « Il vaut mieux ne pas écrire. »

No pas écrire! Mais si les Juifs n'avaient rien écrit, Jahveh serait-il devenu le Dieu de la race blanche et le christianisme aurait-il jamais existé? Qui songerait aujourd'hui à la petite tribu des Béni-Israël, si quelques hommes de cette tribu n'avaient écrit la Bible? Et la Grèce? Nos fils passeraient-ils maintenant les plus belles années de leur adolescence à étudier sa langue, si elle avait suivi le conseil du haut fonctionnaire russe, dont nous venons de rapporter le mot. Qui s'occuperait des populations de l'antique Hellade? On ne s'en soucierait pas plus aujourd'hui que de celles du Mozambique. Les Scythes barbares n'ont rien écrit. Les terribles Mongols du tchinguiz khan, les Turcs de Soliman le Magnifique n'ont rien écrit. Ces peuples ont passé ou passeront sans laisser aucune trace dans l'humanité, tandis qu'une poignée de Juifs et de Grecs, parce qu'ils ont écrit, influent encore tous les jours sur notre destinée, bien des siècles après être descendus dans le tombeau. Une nation ne vaut que par ses œuvres intellectuelles. Une nation est à proprement parler une officine de pensées et de sentiments. Vouloir qu'une nation ne pense pas, c'est vouloir l'effacer du grand livre de l'histoire!

Les Russes désirent maintenant dénationaliser les Allemands des provinces Baltiques. Quand on entreprend une guerre, tout le monde comprend combien il est avantageux de posséder un outillage militaire supérieur, ou du moins égal à celui de l'ennemi; tout le monde comprend que c'est là un gros atout dans le jeu. Mais personne ne semble se douter qu'il en soit également ainsi dans les luttes intellectuelles. Les Russes s'étonnent que leurs mesures de dénationalisation réussissent si peu dans les provinces baltiques. Ils comprennent très bien cependant qu'une troupe armée de sagaies peut difficilement l'emporter (toutes choses égales d'ailleurs) sur une troupe armée de canons à tir rapide et de fusils à magasins.

Or l'outillage intellectuel de la Russie est d'une infériorité lamentable. Il s'y publie à peine 7.722 volumes par an, tirés à près de 20 millions d'exemplaires. Cela fait un seul volume pour six Russes et, encore, dans ce nombre, il y a les ouvrages qui ne sont pas destinés à la lecture, comme les dictionnaires, les almanachs, etc. Il y a à peine 1.500 librairies dans toute la Russie (1). Cela en fait une par 14.000 kilomètres carrés (presque exactement la superficie de l'Alsace-Lorraine). Il n'y a que 600 bibliothèques publiques : une par 200.000 habitants, tandis qu'en Nouvelle-Zélande il y en a une par 1.400. Nous avons montré l'extrême importance de la presse. Elle est comme le sens de l'ubiquité (2). Or pour un million d'habitants il y a en Suisse 230 publications périodiques et en Russie, 9 ! Aux Etats-Unis 23 pour 100 de la population totale fréquente les écoles ; en Russie, 3 pour 100 ! Bien peu de personnes s'émeuvent de cet état de choses dans l'empire des tsars. Bien peu cherchent à l'améliorer. Quelques-unes des causes importantes de l'infériorité de l'outillage intellectuel russe sont la censure préalable des livres et des journaux et les entraves législatives sans nombre regardant la librairie et l'imprimerie. On pourrait les abolir d'un trait de plume, sans qu'il en coûtât un sou. On ne le fait pas. Preuve que la supériorité de l'outillage intellectuel n'est pas encore devenue une volition sociale.

Voyez au contraire ce qui se passe pour l'outillage militaire. On lit dans la correspondance de Berlin de l'*Indépendance belge* du 25 avril 1896 : « On est sur le qui-vive dans le monde militaire ; le bruit court que

_____

(1) Et encore ces librairies sont le plus souvent des papeteries vendant des fournitures de classe. De plus, elles sont fort inégalement réparties. Saint-Pétersbourg en a 285 et toute la Sibérie (près de 15 millions de kilomètres carrés), seulement 6.

(2) Voir page 99.

la France va faire l'essai du canon à tir rapide. L'Europe serait obligée de transformer son artillerie. On se verrait placé devant une dépense de plusieurs milliards... L'Allemagne est décidée à ne pas prendre l'initiative, mais, si la France et la Russie venaient à la prendre, elle suivrait immédiatement. »

On le voit, l'empire des tsars est en retard d'une façon lamentable sur l'Allemagne, au point de vue de l'outillage intellectuel ; mais, pour ce qui est de l'outillage militaire, elle est prête même à prendre de l'avance sur sa voisine de l'ouest.

Les nations de l'Europe occidentale, bien que possédant un outillage intellectuel supérieur à celui de la Russie, sont, elles aussi, encore bien arriérées. On peut évaluer, au plus bas mot, à 30 ou 35 milliards de francs le coût de l'outillage militaire de l'Europe. Comparez à cela les sommes engagées dans les entreprises de librairie ou dans celles de la presse. Quelle triste figure elles font ! Additionnez ce qu'ont coûté tous les laboratoires scientifiques du globe, tous les musées et toutes les écoles, cela ne fera pas le dixième de ce qu'on a dépensé depuis trente ans en cuirassés et en nouveaux fusils.

Dans chaque État il y a un ensemble d'individus chargés de s'occuper de l'outillage militaire : le ministre de la guerre, son conseil, la direction générale de l'artillerie. Les gouvernements entretiennent des envoyés dans les pays étrangers pour se tenir au courant des améliorations de l'outillage et de l'organisation de l'armée des voisins, afin de n'être pas pris au dépourvu.

Y a-t-il quelque chose d'analogue pour l'outillage intellectuel ? Quand un pays fait des publications plus parfaites ou introduit des méthodes d'instruction plus rapides, ses voisins s'en montrent-ils émus ? Poussent-ils des cris d'alarme patriotique ? Y a-t-il des délégués chargés spécialement de tenir leur gouvernement au courant de ces améliorations ? Nulle part. On ne considère pas comme un danger national la supériorité de l'outillage intellectuel du voisin.

Notre formidable état militaire cause aussi pas mal de soucis, de préoccupations et de fatigues. On ne dit pas cependant : « S'il n'y avait plus de conquêtes, on pourrait dormir tranquilles », comme disait le comte Ouvarof à propos de la littérature, parce que tout le monde désire faire des conquêtes.

Encore un trait caractéristique. Les souverains accordent souvent des titres nobiliaires à des généraux victorieux et à des administrateurs habiles. Y a-t-il jamais eu d'exemple dans l'Europe continentale d'un individu ayant reçu le titre de duc ou de marquis pour la plus magnifique des œuvres d'art ou la plus précieuse des découvertes scientifiques (¹). On va tout au plus jusqu'au titre de comte. Ce fait montre que les services scientifiques et artistiques sont tenus pour moins utiles que les services militaires ou administratifs. La postérité en juge autrement. Combien d'individus ont été créés ducs par Louis XIV pour des services rendus à l'État. Leur gloire peut-elle soutenir la comparaison avec celle du pauvre acteur appelé Molière?

L'intérêt qu'excite l'outillage militaire et l'indifférence, presque complète à l'égard de l'outillage intellectuel viennent de ce que l'extension territoriale est arrivée à la phase de la passion, tandis que les phénomènes intellectuels n'affectent presque pas encore la conscience sociale.

§ 4. — INDIFFÉRENCE A L'ÉGARD DE L'EXPANSION NATIONALE. — Les hommes se sont imposé depuis des siècles les plus durs sacrifices et les plus extrêmes fatigues pour faire des conquêtes. Mais elles avaient en vue la richesse et la puissance et nullement l'expansion de la nationalité. Louis XII désira s'emparer du duché de Milan et du royaume de Naples. Il pensait

(¹) L'Angleterre fait exception. Certains savants et certains artistes y ont reçu le titre de lord.

que ces pays pourraient lui donner de gros revenus et augmenter son prestige politique. Mais il se souciait peu de savoir s'ils étaient peuplés d'Italiens ou de Français. Il n'avait aucunement pour but, en entrant en campagne, de franciser ces populations. On préférait de beaucoup autrefois conquérir un territoire riche, peuplé d'étrangers (comme les Flandres par rapport à la France), qu'un pays pauvre, peuplé de compatriotes.

Colomb ne cherchait pas des terres à coloniser, mais la route de l'Inde pour y faire le commerce. Les Espagnols, ayant découvert de l'or en Amérique, firent surtout des conquêtes pour avoir des métaux précieux. Leur occupation territoriale vint comme par surcroît. Cependant, les immenses acquisitions de l'Espagne fascinèrent les autres nations. L'Amérique devint pour ainsi dire à la mode. Henri IV, Richelieu et Colbert crurent bon d'y fonder des établissements. Ils subissaient les effets de la kilométrite. Mais personne ne se souciait alors de l'expansion démographique, si l'on peut s'exprimer ainsi. « Montesquieu ne voit dans l'établissement des colonies d'autre objet que de faire le commerce à de meilleures conditions qu'on ne le peut avec les peuples voisins.... Le but de leur établissement est l'extension du commerce, non la fondation d'une ville ou d'un nouvel empire ». Les encyclopédistes pensaient exactement comme Montesquieu. Voici l'opinion de M. de Sacy sur le Canada que la France venait de perdre. « M. de Voltaire, dit-il, ne semble pas regretter cette perte et pense que si la dixième partie de l'argent, englouti dans cette colonie, avait été employé à défricher nos terres incultes de France, on aurait fait un gain considérable. Cette réflexion est d'un citoyen philosophe. On ne peut nier cependant que le commerce des pelleteries, peu dispendieux en lui-même, ne fût une source de richesse » (1).

(1) Voir Gailly de Taurines. *La Nation canadienne*. Paris, Plon 1894, p. 317.

L'empire Britannique n'a eu en aucune façon pour origine, le désir de l'expansion démographique. La Nouvelle-Angleterre a été peuplée par des gens que l'intolérance chassait de leur pays. Si on avait établi la liberté de conscience au XVIIe siècle, jamais ces gens n'auraient quitté leur patrie. Les établissements de la Virginie et des régions voisines proviennent en partie de la fascination que les grands domaines fonciers exercent sur les esprits. Les Anglais sont allés aux Antilles pour cultiver certaines denrées coloniales, aux Indes pour faire le commerce, en Australie pour déporter des galériens, au Cap pour faire niche à la France (1).

Au commencement de ce siècle l'anglais était à peine parlé par vingt millions d'hommes sur notre globe. Il l'est aujourd'hui par plus de cent vingt millions. Cette colossale et rapide expansion de la nationalité anglaise a produit une impression profonde sur les esprits de nos contemporains, comme la grande extension de l'Espagne, en Amérique, impressionna vivement les hommes au XVIe siècle. Grâce à cela, l'expansion démographique a non seulement affecté la conscience de quelques peuples, mais, encore, elle est en passe de devenir une véritable passion. On a cherché partout des colonies de peuplement, ou, à défaut, des possessions qu'on espérait assimiler. Les nations, arrivées trop tard au partage et auxquelles échurent des terres moins favorables, s'estimèrent sacrifiées par la destinée. Le désir de l'expansion démographique s'est fondu avec l'idolâtrie des kilomètres carrés, vieille passion humaine.

On commence à se préoccuper aujourd'hui de l'expansion de la race, comme on le dit improprement. Les Français regrettent, par exemple, de ne pas croître aussi vite que les Allemands. Ils considèrent cette circons-

<hr>

(1) Ils s'en sont emparés en 1806. Le Cap appartenait aux Hollandais. Mais la Hollande était alors, pour ainsi dire, une province française.

tance comme fort dangereuse. On voudrait envoyer des essaims d'émigrants dans les colonies afin que le nombre des nationaux augmentât le plus vite possible.

Les études démographiques sont cultivées avec ardeur. On dresse des tables de mortalité et de survie qui permettent de prédire, pour ainsi dire à l'avance, quelle sera la population d'un pays à une époque déterminée. Tout cela commence à intéresser, même à passionner l'opinion. Mais quant à l'expansion nationale, à l'expansion du type de civilisation, il affecte encore la conscience sociale d'une façon à peine perceptible.

On lit dans une correspondance du *Journal des Débats* (1), datée de Sofia. « Notre langue jouit ici d'une grande faveur... Sans compter le prince, entouré de Français qui n'ont pas oublié leur pays, la société cultivée parle toute français : *j'en suis surtout frappé en Roumélie* ». Imaginez un parisien, allant faire un voyage à Madagascar, s'apercevant que ce pays a été conquis par la France et se donnant la peine d'en informer ses compatriotes dans les colonnes d'un journal sérieux. Quelles rires soulèverait une communication de ce genre ! Les conquêtes politiques se font en pleine lumière. La presse, tous les jours, raconte leurs moindres péripéties. Mais les conquêtes mentales passent complètement inaperçues. Beaucoup de Français, auxquels nous avons parlé de l'expansion extraordinaire de leur langue, n'ont pas voulu nous croire. Dans tous les cas, il n'est venu à l'esprit d'aucun d'eux de recueillir des données statistiques sur cette expansion, d'en étudier la marche et les procédés. On compte tous les cinq ans les citoyens français dans la mère-patrie et les colonies. Jamais il n'est venu à l'idée de personne de compter tous les cinq ans l'avancement ou le recul du français dans le monde. Les Canadiens soutiennent une

---

(1) Elle est de M. J. Legras. Numéro du 6 sept. 1893, édition du matin.

lutte des plus âpres en Amérique contre l'anglicisation. Cela ne réveille aucun écho sur les bords de la Seine ou de la Loire. Les Français d'Amérique obéissent à un autre gouvernement, donc les Français d'Europe ne se soucient plus de leur destinée.

Jamais il ne vient non plus à l'esprit des Français de faire le moindre effort pour favoriser l'expansion de leur langue et de leur culture nationale. Ce résultat s'obtient sans qu'ils s'en soucient et, pour ainsi dire, malgré eux. La France fournit l'outillage intellectuel à une grande partie de l'Europe et de l'Amérique. Elle pourrait le faire sur une échelle beaucoup plus vaste. Elle n'y songe jamais. Beaucoup de livres français se vendent plus à l'étranger que dans le pays. Cependant, nous n'avons jamais vu un ouvrage français écrit spécialement en vue de ce public pan-européen. Le français est la langue internationale par excellence. Il joue le rôle du dialecte attique dans l'ancienne Hellade. Cependant il ne se publie en France aucun journal international. Nous entendons par ce mot un organe où les renseignements sur toutes les sociétés du groupe européen soient partagés à doses égales, un organe destiné à être lu dans tous les pays civilisés. On signale aussi les défauts de l'orthographe du français. On montre combien elle empêche l'expansion de cet idiome. Qui s'en émeut ? Les plus illustres académiciens proclament qu'il ne faut rien changer aux traditions anciennes parce que cela troublerait leurs habitudes ! Dirait-on cela des exercices de l'infanterie ou de la cavalerie ? Ils ont beau troubler des habitudes vieilles comme le monde, on s'y soumet parce qu'on sent qu'il y va de la grandeur de la patrie. Mais on ne voit aucun péril national dans le recul de sa langue, ni aucun avantage national dans son expansion. La preuve c'est qu'on ne remue pas deux doigts pour accélérer cette dernière.

Ce que nous disons de la France s'applique aux autres pays européens, sauf l'Allemagne et quelques nationalités de la Turquie et de l'empire d'Autriche. En Russie,

on se trouve en ce moment dans une période de transi.
tion des plus curieuses. Il est défendu dans ce pays de
prêcher en russe dans les églises catholiques et protes-
tantes de crainte que les orthodoxes ne perdent leur foi.
On subordonne donc encore en Russie les intérêts de la
nationalité à ceux de la religion ; le désir de l'expansion
nationale ne passe pas encore au premier plan. Mais
déjà beaucoup de personnes, en Russie, proposent de
nationaliser les églises hétérodoxes. Le gouvernement
ne sait quel parti prendre.

En Angleterre on se préoccupe beaucoup de l'extension
démographique, politique et commerciale, mais nullement de l'expansion de la nationalité. Si l'anglais avait
une orthographe plus simple et une vocalisation plus
sonore et plus claire, il aurait beaucoup de chances de
l'emporter sur le français et devenir la langue internationale du monde civilisé. Mais personne ne se soucie de
cela dans la Grande-Bretagne. Au contraire, les Anglais
mettent une certaine coquetterie à prononcer leurs
voyelles d'une façon sourde et indistincte. Ils semblent
se réjouir de ce que les étrangers ne peuvent pas les
prononcer comme eux. Quant à proposer la simplification de l'orthographe pour favoriser l'expansion de la
langue, personne n'y songe en Angleterre.

Mais à part la langue, une des plus puissantes caractéristiques de la nationalité est l'art. Nous avons déjà
signalé l'immense extension de l'architecture ogivale,
en Europe, au moyen âge. Certes il n'est venu à l'esprit
d'aucun Français au xiiie ou au xive siècle de s'en
réjouir (sauf bien entendu ceux qui en retiraient un
profit direct). Nous ne sommes guère plus avancés
aujourd'hui. L'art européen fait de nombreuses conquêtes
en Asie. Qui s'y est jamais intéressé, qui les a signalées
avec amour ?

Les sociétés modernes sont tellement absorbées par
l'extension territoriale qu'elles oublient jusqu'à l'existence de l'expansion intellectuelle. On est tombé dans
un profond découragement en France après 1871. C'est

à tort. Perdre des batailles n'est rien. On peut aussi en gagner. Après Azincourt vint Jeanne d'Arc et après Rossbach, Iéna. Le grand malheur, la vraie catastrophe nationale, le désastre irréparable, c'est de perdre son rang économique et intellectuel. L'idolâtrie kilométrique nous empêche seule de comprendre qu'un pays peut reculer au point de vue territorial et avancer au point de vue national. C'est ce qui est arrivé à la Grèce dans l'antiquité. Réduite en province romaine, elle ne jouait plus aucun rôle militaire et n'annexait plus de provinces. Mais sa langue et sa civilisation faisaient des conquêtes continuelles en Asie et en Afrique. L'orient s'hellénisa plus vite sous la domination romaine que sous la domination macédonienne.

Les politiques à courte vue prétendent que la France était faible dans les dernières années du règne de Louis XV. Nous affirmons que jamais elle n'a été plus puissante. Une simple bourgeoise parisienne, Mme Geofrin, fit une marche triomphale à travers les cours de l'Europe. Jamais les conquêtes de la langue française ne furent plus rapides qu'à l'époque des encyclopédistes. Voltaire n'était pas seulement « roi » en France. Il l'était dans tous les pays voisins. L'Europe entière vivait des idées de la France et, si ce pays recula d'une façon sensible au point de vue du rayonnement intellectuel ce fut grâce aux « conquêtes » des Jacobins et de Napoléon. Aujourd'hui, de nouveau, malgré Sedan, la France regagne du terrain. Un roman de Bourget se vend à un nombre d'exemplaires beaucoup plus considérable, dans les pays non français, qu'un roman de Spielhagen, dans les pays non allemands. Les Allemands font des efforts admirables pour répandre leur langue. Ils ont simplifié leur orthographe, modifié leur ancien style autrefois si obscur ; ils mettent maintenant les prépositions aussi près que possible des verbes. Mais leur idiome reste toujours synthétique et peu harmonieux. Son prestige peut difficilement contrebalancer celui du français, et, nous le répétons, si le besoin de l'expansion nationale était ressenti sur les bords de la Seine, la marche conquérante du français deviendrait bien plus rapide encore.

En un mot, l'expansion du type de culture, de la nationalité, n'affecte presque pas encore la conscience sociale. Elle n'est l'objet d'une volition ardente, surpassant toutes les autres, dans aucun pays européen. Mais cela commence à poindre. Nous lisons dans un article de M. Dareste (1) : « Le besoin d'une langue internationale est vivement senti par tous les Slaves. Ne serait-il pas d'une importance énorme que ce fût la langue française? Il s'est formé à Prague une alliance pour propager l'étude de notre langue. Mais combien ce mouvement n'aurait pas plus d'efficacité si, de France, il recevait encouragement et appui » ! Ce que M. Dareste comprend si bien, combien peu de ses compatriotes le comprennent encore? On a bien fondé il y a quelques années une association nommée l'Alliance Française pour favoriser l'expansion du français, mais l'activité de cette société est bien loin de passionner l'opinion. A peine si les journaux parlent de ses séances, tandis que les moindres expéditions militaires sont racontées avec les détails les plus circonstanciés.

IV

Le corps humain est un ensemble d'organes au service d'une intelligence. Le cerveau est l'organe dominateur de notre être. Nous vivons surtout par lui ; la plus grande partie de nos jouissances s'y concentre. De même une nationalité est un ensemble d'institutions économiques, politiques et judiciaires au service d'une culture intellectuelle. Les manifestations psychiques constituent le trait caractéristique d'une civilisation. La France est la France parce qu'elle a eu Corneille,

(1) *Revue des Deux-Mondes* du 1er août 1895, p. 675.

Racine, Voltaire, Victor Hugo, Lebrun, Boucher, Delacroix, etc. Les villes sont caractérisées par leurs monuments. Les guides des voyageurs pour Paris parlent de Notre-Dame, de la Sainte-Chapelle, du Panthéon etc. Les jouissances sociales viennent toutes de produits intellectuels : les édifices et les jardins publics, manifestations de l'art, les pièces de théâtre, les concerts, les cérémonies de l'église, le culte religieux, les conférences d'orateurs éloquents, les conversations mondaines, etc, etc.

Mais cette domination complète du cerveau est un fait relativement récent dans l'évolution biologique. Elle s'est réalisée surtout dans l'espèce humaine, une des dernières venues parmi les espèces animales. Pendant de longues périodes géologiques, la vie cérébrale était faible et vacillante. Elle semblait l'emporter de bien peu sur les autres fonctions organiques.

Les sociétés humaines, elles aussi, sont des êtres assez récents. Elles n'ont pas encore atteint une phase très élevée. Elles ressemblent à ces animaux de l'époque tertiaire qui avaient un cerveau des plus réduits. Mais l'évolution sociale les poussera vers une intellectualisation toujours plus grande. Les sociétés humaines ont commencé par se préoccuper uniquement de la nourriture quotidienne ; elles arriveront un jour à accorder la première place dans leurs préoccupations aux œuvres de l'esprit.

Comme nous l'avons exposé dans ce long chapitre, les manifestations intellectuelles ne sont presque pas encore entrées dans la phase des représentations bien nettes (sauf pour la religion). Elles atteindront pourtant tôt ou tard la phase de la volition et même celle de la passion. Alors elles seront au premier plan de la conscience. Tout leur sera subordonné, comme tout est subordonné maintenant à la folie kilométrique.

Nous voyons des signes avant-coureurs de volitions intellectuelles passées au premier plan dans quelques pays de l'Europe orientale. Ainsi en Bohême le désir de créer une culture nationale indépendante, le désir de ne pas se laisser dénationaliser est devenu une passion populaire. Toutes les classes de la société en sont pénétrées, tous les efforts sont tendus vers ce but suprême. Il semble même l'emporter sur ce qui touche l'homme de plus près : les besoins économiques (1).

Quand les aspirations nationales seront devenues conscientes, les sociétés offriront un aspect bien différent de celui qu'elles offrent aujourd'hui. Actuellement l'organe dominateur est l'armée et le but principal de l'activité collective, la prédation. Alors l'organe dominateur sera l'élite intellectuelle et le but de l'activité, la science, l'art et la religion.

(1) Voir la note de la page 212 sur le moulin à vendre à un patriote éprouvé. Il s'est constitué dernièrement à Budapest une société dont les membres s'engagent à ne pas aller dans les restaurants et dans les maisons de commerce où l'on parle l'allemand. (Voir le *Journal des Débats* du 7 août 1891). On voit également ici la subordination d'un intérêt économique à un intérêt national, parce que les maisons où l'on parle l'allemand peuvent débiter de meilleurs articles que celles où l'on parle le magyar.

CHAPITRE XXI

Les Volitions de l'avenir.

L'évolution biologique, qui des êtres inférieurs a abouti à l'homme, est caractérisée par un accroissement constant de l'intellectualisation. L'évolution sociale suit la même marche, passant d'un genre de vie presque bestial à la vie civilisée. Quand un mouvement a suivi une direction déterminée pendant une période d'une longueur énorme, il faut des causes d'une puissance énorme aussi pour modifier sa trajectoire. Tant que les conditions géologiques du globe ne changeront pas sensiblement, l'espèce humaine ira en s'intellectualisant toujours davantage, ou bien elle sera transformée (ce qui revient au même) en une autre espèce ayant des facultés mentales supérieures. Sans doute, dès que les conditions géologiques commenceront à empirer, les espèces les plus parfaites disparaîtront les unes après les autres. Mais cela sera dans un avenir extrêmement lointain. Nous n'avons pas à nous préoccuper de circonstances qui se produiront dans quelques millions d'années.

L'intelligence de notre espèce ira donc en s'accroissant pendant les siècles à venir. L'horizon mental de l'homme s'étendra dans l'espace et dans le temps. Ses volitions embrasseront un territoire plus grand, des périodes plus longues, des branches plus nombreuses.

Aujourd'hui nos préoccupations dépassent rarement les limites de notre association politique, ou, tout au plus, les limites de notre groupe de civilisation. Les individus songeant actuellement aux intérêts généraux de l'humanité ne sont peut-être pas une centaine sur tout le globe. Ce nombre va augmenter inévitablement. Pour deux raisons. D'abord parce que les progrès de l'outillage intellectuel facilitent tous les jours davantage la représentation du globe entier; ensuite, parce que les progrès de l'outillage économique créent un ensemble d'intérêts toujours de plus en plus solidaires qui doivent finir par affecter la conscience sociale. Au XVIIᵉ siècle on pouvait se préoccuper médiocrement du prix de la soie au Japon et du Japon lui-même, soit dit par parenthèse. Mais de nos jours le prix de cette denrée dans l'Empire du soleil levant exerce une influence considérable sur le bien-être d'un grand nombre de Français et d'Italiens.

La science et la solidarité des intérêts économiques obligeront un nombre d'individus toujours plus grand de s'occuper des intérêts généraux de l'humanité. On a souvent posé la question de savoir où sont les limites de l'organisme social et si l'humanité entière n'est pas un seul organisme. De nos jours, il faut répondre par la négative, précisément parce que l'humanité n'a pas encore de sensorium commun. Mais les progrès de l'outillage en préparent de plus en plus la formation. Quand il sera constitué, quand il fonctionnera d'une manière satisfaisante, l'humanité formera un organisme unique. Les progrès de l'outillage tendent à accroître l'horizon mental. Il arrivera donc fatalement un jour où tous les hommes auront conscience de former un ensemble solidaire.

L'accroissement de l'intelligence augmentera aussi la puissance de projection dans l'avenir. Un cerveau plus puissant est non seulement capable de retenir plus de faits, mais aussi de plonger plus loin dans le futur. Les hommes les plus stupides vivent au jour le jour; les plus intelligents se font un programme pour la vie entière. De même les hordes sauvages ne se soucient pas du lendemain; les sociétés civilisées entreprennent des œuvres dont les résultats se produisent après de longues années (le reboisement des montagnes, par exemple). Plus l'homme se civilise, plus il ose se lancer dans des travaux de longue haleine. Il étend ses préoccupations d'avenir toujours plus loin.

Nous songeons déjà à la civilisation de l'Afrique; nous escomptons les bienfaits qui pourront en provenir. Mais tout ce que nous faisons est encore un jeu d'enfants en comparaison de ce que nous réserve l'avenir.

Quand l'humanité aura pris conscience de son unité, elle s'engagera dans des entreprises dont la réalisation exigera des siècles.

On a calculé dernièrement que les mauvaises routes font perdre à la population de la Virginie, 21 millions de francs par an (1). Il a fallu, naturellement posséder des données statistiques nombreuses pour établir ce chiffre. Sans ces données, cette perte n'aurait pas affecté la conscience sociale. Plus les hommes seront instruits, plus ils penseront non seulement à ce qu'ils gagnent, mais encore à ce qu'ils *pourraient gagner*. De nos jours, peu de personnes songent aux pertes provenant de la mauvaise organisation sociale (2). Notre imagination est prodigieusement timide. Le revenu de l'humanité est des plus misérables. On pourrait l'augmenter immensément par quelques mesures législatives qui ne demandent aucune dépense. Cependant, faute d'un peu d'imagination, on ne prend pas ces mesures. Si nous pouvions nous représenter nettement les bienfaits de la fédération européenne, elle deviendrait immédiatement une passion sociale irrésistible. Elle n'a pas encore atteint cette phase, précisément parce que nous ne nous représentons pas ses bienfaits. Mais une plus grande intellectualisation produira aussi chez les hom-

---

(1) *Revue Scientifique* du 24 août 1895, p. 250.

(2) Voir à ce propos, nos *Gaspillages de Sociétés modernes*, où nous avons évalué ces pertes à 62 milliards de francs par an, au plus bas mot.

mes une faculté supérieure d'idéalisation. Capables de se représenter avec moins de peine un état de choses futur, supérieur à l'état présent, les hommes progresseront plus vite.

Enfin l'intelligence humaine gagnera aussi en variété. Dans les siècles passés, il n'y avait pour ainsi dire qu'une seule passion à l'ordre du jour de la conscience (nous écrivons cette phrase avec les réserves faites au chapitre XVII). Nous avons vu que la néfaste passion kilométrique a régné presque exclusivement depuis plus de deux cents ans. Or, plus l'intelligence humaine s'affinera, plus grand sera le nombre des préoccupations qu'elle embrassera du même coup. Ce qui se passe de nos jours le démontre surabondamment. Les intérêts des classes supérieures ne sont plus seuls à l'ordre du jour. La kilométrite n'est pas aussi notre unique préoccupation ; nous avons la question ouvrière, les questions nationales, etc. Dans l'avenir, il semble que toutes les branches de l'activité humaine, seront l'objet de volitions plus nettes et plus déterminées.

I

Les finances des États étaient gérées autrefois avec un grand désordre. Les écritures, surtout, étaient des plus primitives. Grâce aux progrès de la comptabilité et à l'organisation plus parfaite des bureaux, on peut dresser aujourd'hui très exactement les profits et les pertes des grandes entreprises politiques. De plus, les budgets étaient autrefois des secrets d'État. Les revenus et les dépenses des nations jouissent à présent de la plus large publicité. Ces circonstances produisent, peu à peu, des changements considérables dans les volitions sociales. Ainsi la guerre de 1877 a causé une forte déception à la Russie. Pourquoi ? En partie, parce qu'on en a fait un bilan très exact. Elle coûtera au peuple russe près de 140 millions de francs d'impôts pendant cent ans, soit environ 14 milliards 600 millions de francs (1). A part la délivrance des Bulgares dont on se soucie maintenant assez peu en Russie, cette guerre a rapporté la conquête du port de Batoum. Mais d'abord rien n'empêchait les Russes de construire un chemin de fer de Tiflis à ce port, même quand il était sous la domination turque. Les Anglais ont bien construit la ligne de Smyrne à Aïdin sans annexer l'Asie-Mineure. Rien n'empêchait les Russes d'outiller le port de Batoum de la façon la plus complète. Une compagnie privée aurait pu le faire avec la plus grande facilité, comme une compagnie française a construit le port de Beyrout.

Mais, de plus, si le gouvernement russe avait installé un port à Soukhoum-Kalé, si elle avait transporté *pour rien* toutes les marchandises aboutissant à ce port, cela n'aurait pas coûté le centième des annuités exigées aujourd'hui par les emprunts provenant de la guerre de 1877.

On ne faisait pas autrefois des calculs de ce genre et de si exacts. On les fait maintenant. Cela contribue à dépopulariser les entreprises militaires. Aussi voyons nous se dessiner actuellement en Russie, un courant d'opinion diamétralement opposé aux conquêtes brutales. La société russe semble s'imprégner de plus en plus du désir de mettre en valeur l'immense territoire qu'elle possède. De vastes entreprises surgissent de toutes parts. De nombreuses fabriques se construisent. L'extension du réseau ferré se poursuit avec activité. La Russie a déjà 39.563 kilomètres de chemins de fer. Elle en aura bientôt 53.000. L'outillage des ports est aussi grandement perfectionné. Bref, les Russes commencent à comprendre que le moyen le plus rapide d'acquérir des richesses est de les produire. Il nous semble que tôt

(1) Au plus bas mot. Les emprunts, contractés pour cette guerre, exigent une annuité de près de 55 millions de roubles; ils seront amortis (ou devaient l'être), en 99 ans.

ou tard tous les peuples arriveront à la même conclusion.
Les hommes cesseront d'être de grands enfants. Ils ne
s'acharneront pas toujours après des niaiseries, comme
les conquêtes territoriales. Ils deviendront réalistes. Ils
calculeront quel minimum de produits il leur faut pour
assurer leur bien-être et ils tâcheront d'exploiter la planète de façon à obtenir ce minimum. La volition à l'ordre du jour de la conscience sociale sera dans l'avenir
d'assurer à chaque famille, habitant sur la terre, un revenu moyen de 5.000 francs au moins. C'est la poule au
pot d'Henri IV, mais sur une plus grande échelle.

Les hommes s'apercevront un jour que le globe possède des ressources pour ainsi dire illimitées. Au lieu
de la démence kilométrique, l'âpre désir s'allumera dans
leur sein de mettre en valeur tous ces trésors pour augmenter leur jouissance. Alors la passion de produire
passera au premier plan et celle de voler le prochain, au
second.

Quand il en sera ainsi, on songera à une exploitation
complète de la planète. Personne n'a aujourd'hui de
vues d'ensemble à ce sujet. Par hasard, par une série
d'efforts individuels, sans aucun plan général, la surface des terres défrichées et exploitées augmente tous
les ans. Et, chose étrange, presque personne ne s'intéresse à ce fait, qui est, cependant, la base même de
notre prospérité. Les journaux économiques, les plus
spéciaux, en parlent d'une façon accidentelle. Nulle part
on ne trouve un compte rendu périodique de la prise
de possession de la planète. Non seulement il nous a
été impossible de nous procurer des renseignements
sur l'accroissement annuel des surfaces cultivées, mais
même de savoir de combien de kilomètres s'étend le
réseau ferré du globe. Nulle part les renseignements
de ce genre ne sont centralisés méthodiquement.

« En évaluant la population de l'Afrique à 180 millions d'hommes au minimum et à 6 kilogrammes de
sel la consommation annuelle par tête d'habitant, on
constate que l'Afrique a besoin d'un million de tonnes

de sel par an (1) ». On se livrera dans l'avenir à des calculs de ce genre, non seulement pour une denrée, mais pour toutes ; non seulement pour un continent, mais pour tous. Sachant quels sont les besoins de l'humanité, on cherchera à les satisfaire. Quand on aura établi que les habitants de notre globe ont besoin de 65 milliards de kilogrammes de sucre tous les ans, on ne se contentera plus d'en produire 6 milliards et, cela étant, on ne parlera pas de surproduction.

Mais pour tirer de notre planète le maximum de rendement possible, il faut l'exploitation rationnelle de sa surface. On n'ira pas cultiver du blé sur des terrains qui pourraient produire le vin le plus exquis. On ne laissera pas pousser des arbres là où on pourrait avoir des champs de blé magnifiques. L'immense bassin de l'Amazone, la *selva* brésilienne, fournira du bois pour le globe entier. On abandonnera les mines d'une exploitation difficile, pour concentrer le travail dans les mieux situées au point de vue des transports (2).

Puis on songera aussi à répartir les travailleurs d'une façon avantageuse. Aujourd'hui des millions d'hommes, dans les fourmilières de la Chine, du Bengale et de la Lombardie doivent se contenter de quelques poignées de riz ou de maïs, quand des continents entiers, où ils pourraient produire des richesses incalculables, restent en friche, faute de bras pour les exploiter. On partagera le globe entre les différentes races, selon leur aptitude à s'acclimater dans des régions déterminées. Les blancs appelleront à leur aide les Hindous et les Chinois pour mettre en valeur les magnifiques régions équatoriales, où ils ne peuvent pas vivre eux-mêmes.

Enfin le perfectionnement de l'outillage général de

---

(1) *Journal des Débats* du 5 septembre 1891.

(2) Au moyen âge chaque province de la France devait se suffire à elle-même. On plantait des vignes en Beauce et on semait du blé dans le Médoc. Il n'en est plus ainsi. Ce qui s'est accompli pour un seul État s'accomplira plus tard, sur une plus vaste échelle, pour le globe entier.

la planète deviendra, sans doute, une des passions de l'avenir. Quelque Freycinet des siècles futurs tracera un plan de travaux publics embrassant le globe tout entier, à répartir en une longue série d'années (1).

En un mot, à l'économie politique nationale, l'humanité substituera un jour l'économie universelle. On considèrera le globe comme une seule unité. On dépassera l'horizon étroit et mesquin de l'association politique, comme on a dépassé autrefois celui de l'association physiologique, basée sur la parenté réelle.

En 1321, Philippe V, roi de France, convoqua les États généraux et leur proposa de frapper une monnaie unique pour tout le royaume. Les députés s'y opposèrent de toutes leurs forces. Bien plus, ceux des villes du Languedoc demandèrent qu'on laissa cours aux monnaies seigneuriales. Ces pétitions « montrèrent la force de la vie locale isolée et défensive : on était accoutumé aux monnaies et aux mesures locales ; c'était même un orgueil que d'avoir ses mesures. La portée générale de la réforme demandée échappait (2) ». Les Européens d'aujourd'hui sont exactement comme les Français du xive siècle. Ils s'imaginent aussi que l'isolement contribue à l'accroissement de leur bien-être. Mais l'humanité aura son 89 économique. On abolira toutes les barrières entre nations, comme on les a abolies, en France, entre provinces, quand on comprendra combien elles diminuent le bonheur des masses populaires.

Mais il ne suffit pas seulement de produire des richesses en quantité suffisante, il faut savoir encore

---

(1) Il y a actuellement environ 720.000 kilomètres de chemins de fer sur la terre. Or, pour avoir, sur tous les autres continents, un réseau aussi serré que celui de l'Europe (et celui-ci est encore bien insuffisant, surtout en Espagne, en Russie et en Turquie), il faudrait 2.400.000 kilomètres *de voies nouvelles*. On le voit, il y a encore pas mal de besogne sur la terre.

(2) *Histoire générale*. Tome III, p. 59.

comment elles seront distribuées. Sous ce rapport les volitions de l'avenir seront, nous le croyons, diamétralement opposées à celles du passé.

« Ne peut-on pas trouver funeste, évidemment au point de vue de l'intérêt général de la société, dit M. Worms (1), que certains hommes vivent des produits d'un travail auquel ils n'ont pris aucune part, tandis que d'autres ne reçoivent, pour rémunération de leurs labeurs, que la moindre partie des bénéfices produits par leur propre industrie ? Est-il bon, socialement, que les uns soient gorgés de richesses, et que d'autres meurent de faim ? alors que la seule raison en est peut-être dans le fait que les uns sont nés dans un palais, et les autres dans une chaumière ».

Des pareilles idées marquent la plus profonde révolution qui se soit accomplie dans l'esprit humain depuis les temps historiques. Si quelque chose peut nous faire espérer un avenir meilleur, c'est la diffusion toujours plus grande d'opinions de ce genre. Elles sont l'affirmation de la solidarité humaine, dans toute sa puissance et toute son étendue. La fédération universelle sortira de ces idées, comme la plante sort de la semence. Il y a peu d'années encore, on trouvait parfaitement naturel et même « glorieux » de faire massacrer des millions d'hommes pour procurer des satisfactions d'orgueil et d'amour-propre à quelques centaines de privilégiés. La cruauté de l'homme a dépassé autrefois toute imagination. Ce qu'il a inventé de supplices diaboliquement féroces confond l'esprit. L'animal tue par nécessité, l'homme seul tue par plaisir (2). Naguère encore

(1) *Organisme et Société*, p. 325. Les trois quarts de ce livre étaient écrits quand nous avons reçu l'ouvrage de M. Worms dont nous donnons cette citation. Les personnes qui liront son travail et le nôtre seront frappées, sans doute, par quelques concordances remarquables. Elles sont d'autant plus intéressantes qu'elles sont fortuites. Nous sommes heureux de les signaler. Elles montrent que, sur certains points au moins, l'accord commence à se faire en sociologie.

(2) Il fallait s'y attendre d'ailleurs. Les facultés supérieures de

on trouvait naturel de faire périr des malheureux esclaves, dans les supplices les plus atroces, pour quelque peccadille, pour un plat manqué, ou d'autres bagatelles de ce genre. Et cet être féroce trouve maintenant
injuste que son semblable travaille toute la journée
sans une rémunération suffisante ! Ce sentiment est
tout nouveau. C'est une transformation radicale de la
nature humaine ! Combien nous devons nous estimer
heureux de l'avoir vu commencer sous nos yeux ! L'axe
de la société s'est déplacé. La pyramide était sur la
pointe ; la voilà enfin sur la base !

Oui, le socialisme ouvre une ère nouvelle dans l'histoire. Ère qui tôt ou tard sera bienfaisante, glorieuse et
vraiment humaine et qui fera considérer avec une indi-
cible horreur la boue sanglante où nous pataugeons
jusqu'ici ! Les historiens de l'avenir considéreront, par
exemple, le congrès socialiste d'Erfurt comme un événement autrement important que la bataille de Water-
loo. Sans doute le socialisme, comme toutes les grandes
révolutions, sera marqué par de cruelles épreuves. Les
hommes, hélas, manquent tant de sagesse ! Ils préfè-
rent les moyens brutaux inefficaces aux procédés de la
persuasion seuls durables. Puis, comme toute réaction,
le socialisme ira sans doute au delà du but. On passera
probablement par une période de spoliation des riches
au profit des pauvres, comme on a pratiqué, depuis des
siècles, la spoliation des pauvres au profit des riches.
Mais après des oscillations extrêmes, on arrivera à la
direction droite, c'est-à-dire à la justice. On comprendra, par une expérience douloureuse, que la spoliation
venant d'en bas, comme celle venant d'en haut, sont
également funestes pour le bonheur de tous. Alors la
passion qui dominera l'humanité sera : à chacun selon
ses œuvres. Alors le socialisme véritable aura triomphé.

l'homme lui permettent de faire plus de bien, mais aussi plus de
mal. Il peut prévoir l'avenir de plus loin. Aussi, par crainte des
représailles, il massacre parfois des populations entières.

II

Passons à la politique internationale de l'avenir.

Il y a tout lieu de le croire : la volition, qui viendra bientôt à l'ordre du jour, sera celle de la fédération. Cela paraît inévitable. La fédération est dans l'air. Elle commence à s'organiser. Les nombreuses sociétés de la paix, qui se forment de toutes parts, font de la propagande et préparent le terrain. Ces sociétés ont déjà acquis un résultat de la plus haute importance. Elles ont cessé de provoquer la pitié ou le ridicule. Autrefois, les gens sérieux haussaient les épaules, secouaient la tête avec mépris et disaient : « pauvres utopistes ! » La question était jugée. Aujourd'hui, les organes les plus conservateurs parlent des sociétés de la paix avec bienveillance. Ils disent « souhaitons que les généreux efforts de leurs membres soient couronnés de succès ». Ces vœux sont à eux seuls toute une révolution. Autrefois la guerre était tenue pour *bienfaisante*. C'est pourquoi on faisait des guerres. Maintenant les massacres sont tenus pour un mal *inévitable*, mais pour un mal cependant. C'est un grand pas en avant. Le jour où la guerre ne paraîtra ni glorieuse, ni utile, on n'en fera plus et quand on n'en fera plus on s'apercevra que ce fléau prétendu inévitable peut être évité sans aucune difficulté.

D'autre part, les sociétés de la paix ne se contentent pas de faire de la propagande. Elles s'organisent, elles ont un bureau central à Berne. Les congrès annuels, la conférence interparlementaire, sont des embryons d'un parlement pan-européen.

Mille signes avant-coureurs font comprendre que les humains se débarrassent de plus en plus de la kilométrite. Le général Montgomery-Moore, commandant des forces anglaises au Canada, a prononcé ces mémorables paroles dans un discours à Montréal : « Aussi longtemps que le Canada désirera conserver un lien avec l'Angleterre, il pourra compter sur toutes les forces du Royaume-Uni pour le défendre. Mais si le Canada désirait être annexé à son voisin du sud ou mener une existence indépendante, il n'y aura pas un seul coup de fusil tiré par l'Angleterre pour l'empêcher de conduire sa destinée conformément à son désir. Tel est le sentiment actuel en Angleterre (1) ». Ces nobles et généreuses paroles sont le glas funèbre de l'idolâtrie kilométrique. Elles acquièrent encore plus d'importance étant prononcées par un militaire. Si les Anglais ont été capables de se débarrasser des erreurs anciennes, d'autres nations le seront aussi.

Bientôt les hommes voudront travailler et jouir. Ils seront affamés de sécurité internationale. Il se passera en Europe, sur une plus vaste échelle, ce qui s'est passé dans chaque pays, sur une échelle plus petite. En France le pouvoir royal l'a emporté sur la féodalité parce qu'il était soutenu par la volonté populaire. Et il était soutenu par cette volonté, parce que les Français ne voulaient plus de guerres de pillage de commune à commune, de province à province. Bien des fois les forces anarchiques ont levé la tête en France. Elles ont provoqué des guerres civiles. Toujours elles ont été vaincues, à la longue, parce que la politique royale était conforme aux volontés des Français. Il en sera de même en Europe. Les individus et les gouvernements qui pousseront à la fédération seront soutenus par l'opinion publique et tôt ou tard ils triompheront. Les États-Unis d'Europe se feront inévitablement.

Quand aux volitions de l'avenir, regardant la structure intérieure de la société, celles qu'on peut prévoir sont si nombreuses qu'il serait impossible d'en parler ici sans entrer dans des développements trop considérables. Nous les réservons pour un autre travail.

____

(1) *Journal des Débats* du 1er mars 1896.

III

Il y a lieu de penser que les phénomènes intellectuels passeront au premier plan de la conscience sociale dans un avenir assez rapproché. L'expansion du type de culture ou, autrement dit, de la nationalité deviendra une passion comme aujourd'hui l'extension territoriale. Pour atteindre ce but nouveau, il faudra faire ce qu'on a fait pour atteindre l'ancien : organiser l'armée des combattants de la façon la plus parfaite, la pourvoir d'un outillage aussi satisfaisant et aussi complet que possible.

En Prusse et en Russie tous les fils de famille se croient obligés de passer par l'armée. Ils considèrent comme honorable de *servir* leur pays. Des individus fort riches consentent à occuper les grades les plus modestes de la hiérarchie militaire. Ils commencent par être sous-lieutenants et un grand nombre d'entre eux quittent le régiment avant d'être parvenus aux postes supérieurs. Le service, bien entendu, ne rapporte rien à ces individus; au contraire, il leur coûte parfois des sommes considérables.

Eh bien ! quand l'expansion intellectuelle sera devenue la passion dominante de la société, les fils de famille au lieu de s'engager à l'armée, s'engageront dans les régiments scientifiques. La science sera alors complètement organisée. Elle aura ses maréchaux : les grandes sommités, comme Pasteur, qui dirigeront tout un ensemble d'études, qui dresseront des plans de campagne complets pour arracher les secrets de la nature. Sous leurs ordres, travailleront les chefs de sections, correspondant aux généraux de division et de brigade. Les soldats de cette armée seront des volontaires qui se mettront à la disposition des chefs pour les aider dans leurs recherches.

Un jour l'armée de la science sera à la tête de la hiérarchie sociale, comme l'armée des militaires l'est actuellement. Cette dernière finira, au contraire, par jouer un rôle des plus subordonnés, comme pour nous les chasseurs et les bouchers. Elle ne disparaîtra, jamais, hélas! parce que les hommes ne deviendront jamais des anges. Mais le métier de soldat ne sera pas tenu pour très honorable et, au lieu de porter des galons dorés et de brillants panaches, les militaires, dans l'avenir, tâcheront de dissimuler leur profession.

Après l'organisation du personnel scientifique, les plus grands soins seront donnés à l'outillage intellectuel. Il viendra un jour où on fera autant de folies pour les écoles, les laboratoires et les instruments scientifiques qu'on en fait aujourd'hui pour les forteresses, les cuirassés et les fusils. Les engins de destruction exigent des milliards. Les peuples gémissent, se lamentent, mais... ils courbent la tête devant la cruelle nécessité et... donnent les milliards. Il en sera de même dans l'avenir de l'outillage scientifique. On inventera, par exemple, en France, un télescope plus parfait que tous ceux de l'Angleterre. Les Anglais ne voudront pas rester en arrière. Ils se lamenteront, mais se cotiseront pour construire des télescopes aussi parfaits que ceux de leurs voisins d'outre-Manche. La tension internationale sera aussi grande qu'aujourd'hui, plus grande peut-être. Mais quelle différence dans les résultats! Maintenant, l'objectif principal de l'homme est une contradiction. Il croit, l'insensé, pouvoir s'enrichir en détruisant la richesse. Nos procédés de combat sont les massacres, les pillages, le vol : un ensemble de crimes qui dégradent l'espèce humaine autant qu'ils l'appauvrissent. Alors, toute nouvelle dépense sera bienfaisante, car, augmentant nos connaissances, elle augmentera aussi notre pouvoir sur la nature, donc notre prospérité.

Quand l'expansion nationale sera devenue une passion, on en suivra les péripéties avec le même ardent intérêt qu'on met aujourd'hui à suivre l'extension du territoire. De nombreuses publications sont consacrées

actuellement à la comparaison de la puissance militaire des États. On en fera, à l'avenir, pour exposer
leur puissance mentale. Les *Almanachs de Gotha* donneront alors les chiffres les plus précis sur les écoles,
les laboratoires, la production artistique, littéraire et
scientifique. On dénombrera périodiquement les individus appartenant à la nationalité, comme on dénombre
aujourd'hui les citoyens des États. Il est bien difficile
actuellement de savoir, par exemple, combien il y a de
Français ou d'Espagnols de par le monde (1) parce que
dans beaucoup de recensements on néglige de réunir
des données sur la nationalité. Mais, quand l'expansion
intellectuelle sera à l'ordre du jour, on récoltera les indications les plus minutieuses à ce sujet. On en tirera des
conclusions qui affecteront vivement la conscience sociale. On dira : il y a dix ans, notre langue était parlée
par tant d'individus ; maintenant elle est parlée par un
nombre supérieur ou inférieur. On éprouvera les
ivresses du triomphe dans le premier cas, les amer-
tumes de la défaite dans le second. Puis on trouvera
aussi des procédés pour constater l'expansion des idées
et du type de culture. Les statistiques de la librairie
seront faites avec autant de soin qu'on apporte aujour-
d'hui à celle des régiments et des canons. Les gouvernements nommeront des délégués auprès des nations
étrangères pour se tenir au courant des améliorations
des méthodes d'instruction et des progrès de l'outillage
scientifique.

Peut-on prévoir une phase encore plus avancée où la
passion de la culture nationale, étant satisfaite, ren-
trera, elle aussi, dans le domaine de l'inconscience ?
Oui, mais dans un avenir encore bien éloigné. Néanmoins voici comment ce phénomène se produira. Nous
pouvons le montrer par analogie. Au XVIe siècle personne ne voulait la tolérance. Les catholiques désiraient

(1) C'est-à-dire de personnes parlant français et espagnol et se
considérant comme appartenant à ces nationalités.

extirper l'hérésie, au besoin par le fer et par le feu. Les protestants avaient exactement les mêmes idées par rapport aux catholiques. Peu à peu, l'idée de la tolérance prend le dessus et les deux adversaires prêchent aujourd'hui le respect de leurs opinions mutuelles. Comment s'est opéré ce changement ? La justice, ayant été pratiquée pendant de longues années à l'égard des deux cultes, la passion religieuse s'est calmée. De même quand les passions nationalistes sont excitées, on veut, coûte que coûte, l'assimilation de ses adversaires, au besoin par la force brutale. Les Magyars font ce qu'ils peuvent pour extirper de leur territoire les langues serbe, roumaine et slovaque. Les procédés violents qu'ils emploient, comme ceux qu'emploient les Allemands en Alsace-Lorraine et les Russes en Pologne, excitent les haines les plus vives, les résistances les plus indomptables. On comprendra un jour qu'il est impossible d'assimiler par la violence, puisque cette violence même est, précisément, ce qui empêche l'assimilation. On ne peut chauffer l'eau en la refroidissant. Alors on finira par pratiquer la justice la plus stricte à l'égard de chaque nationalité. Ce sera un état analogue à la tolérance religieuse. L'État se désintéressera absolument des questions nationales, comme il s'est désintéressé des questions confessionnelles. Il tiendra une balance égale entre les différents groupes ethniques, comme il tient maintenant une balance égale entre les différents cultes. Alors les passions nationales se calmeront. Il viendra un jour où on tiendra à appartenir à la nationalité la plus parfaite et où on abandonnera la sienne aussitôt que celle du voisin paraîtra supérieure. Alors les variations des frontières linguistiques continueront à s'effectuer, mais elles n'affecteront plus la conscience sociale.

On croyait autrefois que la richesse était une quantité finie. Celle du voisin paraissait une partie du trésor qu'on aurait pu posséder soi-même. De là, le système mercantile, source de tant de guerres sanglantes. Puis, on comprit un beau jour que la richesse consiste dans l'adaptation de la planète à nos besoins. La richesse est donc infinie, puisqu'on peut toujours imaginer un état où les choses seront mieux accommodées à notre convenance que dans le moment présent. Loin donc de tâcher d'arracher les richesses du voisin, nous comprenons qu'il vaut mieux en produire nous-mêmes. Car tout le temps, employé à spolier les autres est perdu pour nous-mêmes. On comprend donc que les guerres commerciales sont absurdes. Il en sera des questions nationales comme des questions économiques. Plus le développement intellectuel du voisin est grand, plus nous pouvons en profiter nous-mêmes. Contrecarrer ce développement, c'est amoindrir le nôtre. Personne ne voudra commettre cette sottise. Mais, si le développement intellectuel du voisin nous est avantageux, il y a solidarité complète entre lui et nous. Quand on aura compris tout cela, les intérêts de la culture générale de l'humanité seront mis, par chaque individu, au-dessus des intérêts nationaux et les volitions des hommes dépasseront la limite de la nation, comme elles ont dépassé autrefois la limite de la parenté.

V

Supposons que tout ce qui constitue notre idéal actuel soit réalisé. Serons-nous plus heureux ? Nous considérons, par exemple comme but de notre activité économique un revenu moyen de 5.000 francs par famille. Si cette moyenne était réalisée, les hommes seraient-ils satisfaits ? Non, bien certainement. L'idéal, comme l'horizon, fuit devant nous à mesure que nous avançons. Quand tout le monde aura 5.000 francs de revenu ce fait cessera d'affecter la conscience sociale et les hommes s'estimeront malheureux parce qu'ils n'ont pas 10.000 francs par famille. Le bonheur dépend de deux facteurs principaux. En premier lieu, la conscience du plaisir. Pour cela, comme nous l'avons montré plus haut, il faut un changement permettant de distinguer l'état actuel de l'état passé. A ce point de vue, on peut affirmer que le bonheur des hommes est en raison directe de la rapidité du progrès social. Plus vite le milieu se modifie, plus nous avons de jouissances. L'année dernière, je ne pouvais pas faire plus de 70 kilomètres à l'heure dans les trains express. Cette année j'en fais 80. Ce surcroît de rapidité me cause une satisfaction. Mais si la vitesse de 80 kilomètres était maintenue pendant de longues années, si j'oubliais absolument le temps où l'on marchait avec plus de lenteur, cette marche accélérée ne me ferait plus aucun plaisir.

Voilà pourquoi la science contribue, dans une forte mesure, au bonheur de l'humanité. Quand nous connaissons bien le passé, nous pouvons établir de nombreuses comparaisons entre l'état actuel et les états antérieurs et, s'il y a progrès, nous pouvons éprouver de vives satisfactions. Quand on songe aux atrocités des inquisiteurs, à la torture employée dans les procès criminels, on s'estime heureux de vivre à une époque où toutes ces infamies et ces horreurs n'existent plus.

Le second élément du bonheur vient de la corrélation entre ce qui est et ce qui nous paraît devoir être, en un mot, de la corrélation entre notre idéal et la réalité. Elle ne pourra jamais être complète. Voilà pourquoi les esprits très supérieurs, ayant un horizon très vaste, doivent souffrir en proportion de leur intelligence. Dans la vie humaine, les périodes de méditation et d'enfantement sont suivies de périodes d'action. Un inventeur imagine un nouvel instrument. Quand son idée est mûre, ses mains (ou les mains d'autres individus) se mettent en mouvement pour réaliser son projet. De même, dans la vie des nations, il y a ce qu'on appelle les périodes de critique, pendant lesquelles s'élabore l'idéal nouveau et les périodes d'activité où il s'exécute. Les périodes d'élaboration sont toujours les pages sombres, les pages douloureuses de l'histoire. Nous traversons une de ces périodes aujourd'hui. Nous concevons parfaitement l'idéal nouveau : une fédération de peuples embrassant le globe tout entier ; une ruche ouvrière travaillant sans trève ni répit à dompter la nature et à la soumettre à nos lois. Mais, hélas ! quel abime entre cet idéal glorieux et magnifique et les mesquines niaiseries pour lesquelles nous versons encore des flots de sang généreux !

CHAPITRE XXII

Conclusion.

On s'étonnera peut-être que dans un travail consacré
à la volition sociale nous n'ayons pas parlé des foules.
Mais, d'abord, il faut bien s'entendre sur le sens de ce
mot. On ne peut lui en attribuer d'autre que celui-ci :
assemblage d'un certain nombre d'hommes, réunis
dans un même endroit et se voyant les uns les autres.
On ne doit pas confondre, comme on le fait si souvent,
les foules avec les masses populaires. Pour ce qui est de
ces dernières, nous les avons eues constamment en vue.
Nous avons essayé de montrer comment les idées et les
sentiments se répandaient dans leur milieu. Mais,
quant aux foules, dans la véritable acception du terme,
nous n'avons pas jugé utile d'en parler, parce que leur
action est, en somme, des plus médiocres. Les deux
grands moteurs des transformations sociales sont les
idées et l'outillage. Or, qu'on nous montre une foule
réunie ayant trouvé une idée ou un instrument nouveau. D'ailleurs, même lorsque la foule agit, elle suit,
en réalité, l'impulsion de quelques meneurs. La foule a
donné parfois le coup de grâce. Mais il a fallu, auparavant, un long effort mental pour miner les statues
qu'elle semblait renverser. On attribue la chute de la
royauté française à la journée du 10 août. Quelle profonde erreur ! La dynastie Capétienne, pendant les
huit siècles de son existence, avait subi des émeutes
autrement terribles sans en être affaiblie le moins du

monde. Si elle a succombé le 10 août 1792, c'est par suite du mouvement des esprits, non par suite de désordres qui auraient pu être facilement réprimés par quelques régiments.

Par le mot *foule*, on ne peut entendre qu'une réunion d'hommes sans organisation. Donner ce nom à des assemblées comme le Sénat de Rome ou le Parlement britannique, c'est vraiment trop abuser des mots. Les assemblées chaotiques et accidentelles ne jouent presque aucun rôle dans l'histoire et les assemblées organisées ne sont pas des foules. Voilà pourquoi nous n'avons pas parlé de ces dernières.

C'est ici l'occasion de relever une autre erreur dont les conséquences peuvent être des plus funestes et qu'il faut combattre avec la plus grande énergie. C'est ce qu'on pourrait appeler le fatalisme ou le déterminisme social. L'homme, assurent quelques-uns, n'est pas le vrai moteur de l'évolution historique. Les grandes transformations politiques s'opèrent en vertu de certaines nécessités naturelles contre lesquelles il nous est impossible de lutter.

Il faut bien s'entendre ; nous ne soulevons pas ici la question du libre arbitre. Ce que pense un homme est le résultat de tous les faits antécédents qui ont influé sur lui. A ce compte, on peut admettre le déterminisme. C'est le terrain psychologique, dont nous n'avons pas à nous occuper. Mais étant donné ce que pense un individu, l'acte qu'il accomplit, à la suite, vient d'une cause interne et non externe. Les nerfs moteurs sont mis en mouvement par le cerveau et non pas, directement, par un agent extérieur. Il n'y a pas de société en dehors des individus qui la composent. Imaginer une France, en dehors des Français, est une pure abstraction. Les mouvements sociaux sont une totalisation de mouvements cérébraux et musculaires et rien de plus. Tout acte social se résout en un certain nombre d'actes psychiques.

On a raison de dire qu'en dehors des volitions individuelles, il y a des volitions sociales. L'action réciproque des hommes les uns sur les autres produit une résultante particulière. Cinquante individus, réunis dans une salle, pourront penser autre chose et agir d'une façon différente que s'ils étaient séparés. Cela est incontestable. Mais les actes psychiques que commettront ces hommes proviendront de leurs idées et de leurs sentiments internes et nullement du seul fait qu'ils sont réunis ensemble. Le moteur immédiat restera toujours un acte psychique.

On peut admettre le déterminisme psychologique, mais non le déterminisme social. Les actions des hommes sont toujours conformes à ce qui leur parait être leur intérêt. Hâtons-nous de dire qu'il ne s'agit, en aucune façon, du seul intérêt économique. Non, nous entendons l'impulsion victorieuse, celle qui exerce le plus d'attrait à chaque moment donné, bref la volition la plus puissante. Or, ce que l'on considère comme son intérêt provient, à son tour, des idées et des connaissances que l'on a. On s'imaginait autrefois faire une mauvaise spéculation en donnant de l'or et en prenant une marchandise et une bonne spéculation en donnant une marchandise et en prenant de l'or. De là les guerres coloniales et des flots de sang versé. Si les hommes n'avaient pas pensé que la possession des métaux précieux est plus avantageuse que celle des autres denrées, jamais les guerres coloniales n'auraient eu lieu. En d'autres termes, ces guerres n'étaient pas une nécessité, inhérente à la nature, comme l'affirment les déterministes, mais la conséquence d'une idée. Si l'idée eût été autre, les événements historiques se seraient développés différemment. Le déterminisme ne dépasse pas le domaine de la psychologie. La liberté sociale est entière. Si nous étions tous convaincus que la fédération de l'Europe est la combinaison la plus conforme à nos intérêts, la fédération serait faite aussitôt. Aucune force extérieure ne pourrait l'empêcher.

Sans doute, les facteurs naturels ont une certaine action sur les idées humaines, mais on l'a, bien souvent, par trop exagérée. Le climat et la nature de l'Inde donnent, incontestablement, une autre conception de l'univers que le climat et la nature de l'Angleterre. Mais il y a des idées, d'une importance capitale pour l'humanité, qui subissent peu l'influence du milieu physique. Un exemple. L'empereur Guillaume II pense que la conquête, c'est-à-dire la flibusterie internationale, est la plus « glorieuse » et la plus utile des entreprises. C'est, en partie, parce que le jeune souverain de l'Allemagne a ces idées que la fédération européenne ne se fait pas. Nul ne contestera que si elle était faite la face du monde serait totalement modifiée. Mais l'idée que la conquête est un bien a des relations bien faibles avec la température moyenne de Berlin et la quantité de pluie tombant annuellement dans cette ville. Le climat de la Prusse pourrait rester exactement le même et les idées de son souverain pourraient changer du tout au tout. M. Liebnecht subit les mêmes conditions climatériques que l'empereur d'Allemagne, Cela ne l'empêche pas d'avoir des idées diamétralement opposées à celles de Guillaume II. Quelle que soit l'influence du climat indien, quand les Hindous auront acquis nos connaissances scientifiques, ils auront des idées différentes, ils auront d'autres volitions et accompliront d'autres actions.

Les obstacles aux réformes sociales viennent des cerveaux humains, non de la nature extérieure. L'attraction des corps est conditionnée par les distances et les masses, nullement par les couleurs. De même, les mouvements sociaux sont conditionnés directement par des phénomènes psychiques, non par des agents chimiques et physiques.

Nous avons signalé au commencement de ce volume l'extrême importance de la théorie organique. Elle seule pourra tirer la science sociale des ornières de l'empirisme et la placer dans une voie féconde. On nous permettra de dire encore quelques mots sur cette théorie en terminant.

Huxley a écrit un ouvrage sur l'évolution de la morale. Comme il était naturaliste et darwinien, il ne pouvait pas ignorer ou négliger le phénomène de la lutte pour l'existence. Au contraire, il la voyait partout et la nature lui paraissait sans entrailles. Quand on ne peut plus fonder la morale sur des préceptes surnaturels sur quelle base faut-il l'appuyer ? Huxley dit : « L'homme s'élève contre la loi de la nature, la déclare haïssable, en rejette le joug, et à celle-ci, dans les relations avec ses semblables, et en partie avec les autres êtres, substitue une loi nouvelle. A l'égoïsme, loi de la nature, il substitue l'altruisme, loi de la conscience... Il faut bien comprendre que le progrès éthique de la société consiste, non à imiter le processus cosmique, non plus qu'à le fuir, mais bien à le combattre. Il peut sembler audacieux de proposer que le microcosme se mette en révolte contre le macrocosme, que l'homme entreprenne de soumettre la nature à ses fins plus élevées ; mais il me parait que la grande différence intellectuelle entre les temps anciens et le temps présent consiste en la fondation solide que nous avons acquise pour l'espoir que pareille entreprise pourra, dans une certaine mesure, être couronnée de succès ». La base de la morale « c'est que nous avons pour devoir primordial de diriger notre intelligence et notre énergie pour les employer au service de nos semblables » (1).

La faiblesse de cette argumentation saute aux yeux. Selon Huxley la base de la morale c'est que nous avons le devoir de faire du bien à nos semblables. Mais d'où vient ce devoir? Toute la question est là. Huxley ne la résout pas. Il ne peut pas combler l'abîme existant entre la froide cruauté de la nature et la bienveillance que doivent se témoigner les hommes. Il ne trouve pas

(1) Cité par la *Revue scientifique* du 18 Janvier 1896, p. 73.

le joint. S'il avait songé à la théorie organique, il l'aurait découvert aussitôt. Il y a des milliards et des milliards de collectivités sur la terre, où la solidarité est parfaite entre les unités constituantes : ce sont les corps biologiques.

Quand deux amibes se rencontrent par hasard, si leur substance est très différente, l'une peut manger l'autre ; si leur substance est très semblable, leurs protoplasmes peuvent se fusionner directement et elles peuvent composer un nouvel être plus grand et plus complexe (1).

Toutes les fois que cela peut augmenter l'énergie vitale, la solidarité l'emporte sur l'antagonisme. La nature nous offre des modèles d'associations presque parfaits. Le corps de l'homme en est un. Non seulement, nous n'avons donc pas besoin de « combattre le processus cosmique », comme dit Huxley, mais au contraire, nous n'avons qu'à l'imiter servilement. Si les sociétés civilisées pouvaient constituer un ensemble aussi admirablement pondéré que le corps humain, elles seraient supérieures à ce qu'elles sont aujourd'hui dans une mesure immense. Quel est, en définitive, le problème dernier de l'humanité ? Constituer un vaste organisme, dont toutes les parties seraient solidaires. Quand tous les hommes travailleront à une œuvre commune, la prospérité de chacun d'eux atteindra le maximum réalisable ici-bas. N'est-ce pas ce que nous voyons dans les organismes biologiques, où la vigueur de chaque cellule provient du concours harmonieux de toutes les autres ?

La théorie organique nous montre ainsi le droit chemin à suivre dans les rapports internationaux. Elle n'est pas moins bienfaisante en ce qui concerne la structure interne des sociétés. Cette théorie nous débarrassera sans doute de la béatification funeste de l'État que nous voyons s'étaler dans les écrits de tant de publi-

____

(1) Y. Delage. *La Structure du protoplasme,* p. 325.

cistes et surtout dans ceux de Hégel (1). « La nature va du simple au complexe, dit M. Milne-Edwards, elle procède au moyen d'une différenciation morphologique. » Cette proposition est aussi vraie en sociologie qu'en biologie. On peut en déduire que la société la plus parfaite sera toujours celle où l'État aura le moins d'attributions. Il s'ensuit encore qu'une société sera d'autant plus prospère et heureuse, que son organe intellectuel, son élite, sera mieux différenciée et mieux adaptée à sa fonction.

Depuis de longs siècles les masses populaires avaient été opprimées par de petites minorités. Quand les peuples ouvrirent enfin un peu les yeux, ils voulurent secouer le joug. Ils voulurent réagir et s'imaginèrent que tout irait pour le mieux s'ils exerçaient une action prépondérante sur la marche du gouvernement. De là des tendances démocratiques qui aboutirent à l'établissement du suffrage universel. Mais, quand ces gouvernements démocratiques eurent fonctionné pendant quelque temps, on éprouva une grande déception. On s'aperçut qu'ils ne valaient guère mieux que les oligarchies et les monarchies. On devra faire un nouveau pas en avant. On devra comprendre que le bon gouvernement vient surtout de l'existence d'une classe dirigeante, nettement différenciée et adaptée à ses fonctions. M. P. Leroy-Beaulieu, pour combattre la théorie organique, dit que « les molécules du cerveau sont, dans le corps de l'homme, composées d'une autre matière que les molécules du pied, de la main ou de l'estomac » (2). Justement le mal vient de ce qu'il n'en est pas ainsi dans les sociétés. M. P. Leroy-Beaulieu (il ne le contestera pas,

(1) Selon lui, « l'État est rationnel en soi; il est la réalité absolue. Il a le droit suprême en face des individus. Il existe comme la nature de par la raison supérieure des choses. *Il est divin dans son essence.* » Toutes ces belles théories conduisent directement au despotisme, à l'intérieur, et à la plus abjecte anarchie internationale.

(2) *Traité d'Economie politique,* tome IV, p. 672.

sans doute) connaît mieux les finances de la France qu'un simple manœuvre. Si tous ceux qui sont chargés de faire le budget de son pays en savaient aussi long que cet éminent économiste, les finances françaises seraient beaucoup mieux gérées. Il y aurait alors adaptation à la fonction.

On aura beau faire, un pays sera toujours gouverné par une faible minorité. C'est conforme à la nature des choses, et, dans les pays qui semblent les plus démocratiques, il en est absolument ainsi. Le gouvernement de la France appartient aujourd'hui à cinquante ou soixante mille politiciens ; le gouvernement de New-York (nous l'avons montré au chapitre III) appartient à Tamany Hall.

La classe dirigeante est l'ensemble des individus intéressés aux affaires publiques. S'ils les considèrent comme un *moyen* de s'enrichir, la fonction économique n'est pas encore différenciée de la fonction politique ; l'organisme social est à un échelon inférieur de l'évolution. Ou bien, si le cas est passager, il est malade. La société offre l'image d'un corps rongé par un parasite. Elle est d'autant plus affaiblie, que le parasite est plus vivace et plus habile.

Si, au contraire, la classe dirigeante ne poursuit que des buts politiques (donner à l'État l'organisation qui lui paraît la plus utile), on est en présence d'un organisme plus élevé dans l'échelle des êtres ou d'un organisme à l'état de santé.

On dit que la classe dirigeante gouvernera toujours dans son propre intérêt. Sans aucun doute. Mais il ne s'ensuit pas qu'il faille pour cela supprimer la classe dirigeante. Tout ce qu'on fera dans ce sens n'aura qu'un seul résultat : substituer une oligarchie occulte et malfaisante à une aristocratie honnête et avouée (voir page 65).

Oui, la classe dirigeante, partout et toujours, gouvernera dans son propre intérêt. Il en a été ainsi dans le passé et il en sera ainsi dans l'avenir. Mais comment comprendra-t-elle cet intérêt ? Voilà toute la question. Eh bien ! comme l'intérêt d'un individu est la réalisation de son idéal et comme cet idéal est formé par ses connaissances, ce sont elles, en définitive, qui décident tout. Un aristocrate allemand, le comte de Kanitz, a proposé dernièrement de confier à l'État le monopole de la vente du blé. Il espérait, de cette façon, relever le prix de cette denrée. M. de Kanitz s'imagine que sa prospérité dépend uniquement de la quantité d'or qu'il pourra recevoir en échange de son blé. S'il connaissait mieux l'économie politique, il n'aurait pas nourri cette fallacieuse illusion et n'aurait jamais fait sa proposition.

Quand la science sociale sera plus avancée, elle élaborera des vues nettes et catégoriques sur les conditions qui assurent la prospérité des collectivités. Ces vues constitueront les volitions des classes dirigeantes, dès qu'elles ne chercheront pas dans le gouvernement une source de profit économique. Toujours ces volitions seront égoïstes. Il ne peut pas y en avoir qui ne le soient pas. Il faudrait pour cela qu'elles ne procédassent pas d'un moteur psychique individuel et qu'elles n'eussent pas pour objectif la réalisation d'un idéal ; or, c'est impossible. L'auteur de ce livre désire avec ardeur la formation d'une fédération européenne. C'est par pur égoïsme ; il est parfaitement convaincu, en effet, que cette fédération déculperait, pour le moins, le nombre de ses jouissances. L'impulsion égoïste n'empêche pas un projet d'être hautement bienfaisant pour une collectivité. Aussi, nous le répétons, l'égoïsme des classes dirigeantes n'est pas un mal. Le mal gît dans l'étroitesse de leurs idées. Leur passion principale est aujourd'hui le privilège. C'est-à-dire, en définitive, le droit, accordé par les autorités constituées de spolier le prochain, action vile et dégradante s'il en fut. Quand les aristrocrates seront plus éclairés, ils comprendront leur intérêt d'une façon différente.

La fonction forme l'organe. Quand une nouvelle

discipline scientifique s'élabore, elle se donne une organisation (1). Comme tout se tient dans le corps social, le groupe scientifique exerce son action sur le groupe politique et contribue à modifier la structure de ce dernier. On s'adresse à des ingénieurs et non à des médecins, quand on veut bâtir un pont. C'est parce que le génie et la médecine sont deux sciences constituées. Quand la sociologie sera aussi avancée, on s'adressera à des sociologues pour gouverner la société (2). Il se formera un corps spécial de politiciens, dans le sens véritable de ce mot, comme il y a aujourd'hui un corps d'officiers et d'avocats.

Un dernier mot. Nul plus que nous ne reconnait les lacunes et les imperfections de ce livre. Il est bien loin de nous satisfaire. Nos forces sont modestes. Mais, à vrai dire, l'édification de la psychologie sociale dépasse sensiblement les forces d'un seul homme. Elle exigera les efforts combinés de nombreux travailleurs. De plus capables que nous pousseront leur charrue à côté de notre faible sillon. Peu à peu le champ sera labouré dans toute son étendue. La psychologie sociale deviendra une science constituée, possédant une doctrine complète et une méthode rationnelle. Alors elle influera puissamment sur les sociétés humaines. Elle rendra les organismes collectifs de l'avenir aussi différents de ceux du présent que les animaux primitifs sont différents de l'homme.

---

(1) Consistant en organes de publicité, en réunions périodiques ou permanentes, en écoles, laboratoires spéciaux, en sociétés répandues sur un certain territoire et affiliées entre elles, etc.

(2) Il paraît même quelque peu ridicule aujourd'hui de se qualifier de sociologue. Mais, sans doute, dans l'avenir, ce terme deviendra aussi usuel que celui d'ingénieur.

INDEX ALPHABÉTIQUE

TABLE DES MATIÈRES

LIVRE I

LIVRE II

LIVRE III

PARIS. — IMP. V. GIARD & E. BRIÈRE, ÉDITEURS, 16, RUE SOUFFLOT.

www.ingramcontent.com/pod-product-compliance
Ingram Content Group UK Ltd.
Pitfield, Milton Keynes, MK11 3LW, UK
UKHW020720120726
13693UKWH00001B/88